覇権国家アメリカ「対中強硬」の深淵

米中「新冷戦」構造と高まる台湾有事リスク

朝日新聞元ワシントン特派員
Sonoda Koji
園田耕司

朝日新聞出版

覇権国家アメリカ「対中強硬」の深淵

米中「新冷戦」構造と高まる台湾有事リスク

目次

第5章 「あいまい戦略」見直し迫られる米国の台湾海峡政策

第7章 台湾海峡有事のメカニズムと軍事衝突シナリオ 235

カバー写真　朝日新聞社（バイデン米大統領、習近平・中国国家主席）、ＡＰ／アフロ（トランプ前米大統領）
図版　鳥元真生

装幀　日下充典

覇権国家アメリカ「対中強硬」の深淵

米中「新冷戦」構造と高まる台湾有事リスク

文中の敬称は省略した。肩書きは当時。

序章

「蜜月」から一転、不信募らす米中首脳

本音で語り合った政権ナンバー2のバイデンと習近平

その日の朝には夜通し降り続いていた雨はやみ、北京の空に晴れ間が広がっていた。

2011年8月18日午前10時半過ぎ、天安門広場に面した人民大会堂。

米副大統領のジョー・バイデンは、建物の入り口で待っていた中国国家副主席の習近平の姿を見ると、両手を広げてにっこりとほほ笑んで歩み寄った。

唯一の超大国、米国のオバマ政権ナンバー2のバイデン。そして、2000年代に入って驚異的な経済発展を遂げ、米中2極体制(G2)時代の到来を意識する中国の胡錦濤政権ナンバー2の習。2人はがっちりと握手を交わすと、肩を並べて談笑しながら深紅のじゅうたんのうえを歩き始めた。

「私はいつも中国の人々とその偉大なる歴史を尊敬している。1979年に訪れたときも、万里の長城を含む驚くべき奇跡を見る機会を得た」[1]

会議の席に着いたバイデンは、向かい側の席に座った未来の中国のリーダーの顔を見ながら親しげに語りかけた。

バイデンに笑顔を見せる習。2年後の全国人民代表大会(全人代)で胡錦濤の後を継いで国家主席に選出され、中国人民13億人の頂点に立つことが固まっていた。

バイデンは、自身が若き上院議員のころに初めて中国を訪問し、当時副首相の座にあった鄧小平に会った思い出を懐かしそうに話していたが、「しかし……」と言葉を継いだ。

「1979年と2011年の間ほど、中国の歴史の中で最も発展した時期はないだろう。驚くべきことだ。あなたと同僚の方々の全員が称賛されるべきだ」

バイデンは、米中という両大国がともに手を携えて協力し合う重要性を熱っぽく訴えた。

「これから50年後、100年後、歴史家や学者は我々に対し、強力で恒久的で友好的な関係を築くことができたかどうか、審判を下すことになるだろう」

そしてこう続けた。

「米国にとって、中国との緊密な関係以上に、重要な対外関係はない」

当時、ホワイトハウスの米国家安全保障会議（NSC）アジア上級部長としてバイデンの訪中に同行したダニエル・ラッセル（のちに米国務次官補）は、バイデンと習のすべての会談に同席している。

ラッセルは筆者の取材に応じ、当時の習の印象について、こう回顧する。

「習は極めて政治家らしく見えた。いわゆる『党官僚』という印象はなく、胡錦濤とは全く違っていた[2]」

ラッセルによると、習はバイデンとの会談で「とてもオープンな姿勢で話していた」という。

「（習は）自分が国際情勢についてどのように考え、中国は今どのような困難に直面し、自分として成し遂げたいことは何なのかを語った」

ラッセルら経験豊かな米外交官たちは、中国の共産党幹部の多くは党の見解に沿った話ばかりをしているという印象をもつ。

ところが、習はバイデンに自分の意見を堂々と述べていた。その姿に、バイデンら米側出席者は感銘すら覚えたという。

バイデンもそんな習に対し、率直に自らの意見を語ったという。

ラッセルの証言によれば、バイデンは会議の席で習と自身の意見が異なるときも遠慮はせずに、「自分のパンチを引っ込めようとしなかった」という。

「しかし、それは決して攻撃的なものではなかったし、敵意があるものでもなかった。バイデンは共産主義よりも、民主主義のシステムの方が優越すると固く信じていた。だからそれを隠そうとしなかっただけだ」

米中両大国のそれぞれ政権ナンバー2の立場にありながら、民主主義、共産主義という政治理念の違いを超え、お互いの思いを語り合った2人。バイデンは翌12年には当時のオバマ大統領に会うために米国を訪れた習を接待したり、13年にも再び北京に赴いたりして、習との関係を深めていった。バイデン自身、習との関係を「私は世界の政治指導者の中でだれよりも習近平と最も多くの時間を過ごした」と語る。[3]

ラッセルはバイデンと習の関係をこう語る。

「2人は、極めて強い個人的な関係を持っていた」

ロシアのウクライナ侵攻、対立深める米中首脳

それから10年余り。ロシアがウクライナに侵攻して約1カ月後のこと。

22年3月18日午前9時過ぎ、ワシントンのホワイトハウス地下にあるシチュエーションルーム（危機管理室）では緊迫した雰囲気のもと、米大統領バイデンがテレビモニターに映し出された中国国家主席・習近平と向き合っていた。

バイデンは、ロシア大統領のウラジーミル・プーチンと関係を深める習に不満を募らせていた。ロシアのウクライナ侵攻直前、習はプーチンと北京で会談し、ロシアとの間で「無制限」の協力を約束していた。バイデンの耳には、米情報機関からすでに「ロシアが中国に対して武器支援を打診した」といった情報が頻繁に入ってきていた。

2022年3月18日、ホワイトハウスのシチュエーションルーム（危機管理室）でロシアのウクライナ侵攻についてテレビ電話で協議する米大統領バイデン（右）と中国国家主席の習近平＝ホワイトハウスのツイッターから

習との会談は、バイデンが持ちかけたものだった。ホワイトハウス関係者はその理由をこう打ち明ける。

「中国がロシアへの武器支援に踏み切り、その武器がウクライナで使用されることは米国にとっての『レッドライン』だ。それを習に警告するためだった」

バイデンが会談の中で習に対して強調したのは、ウクライナに侵攻したロシアの国内からは外国企業が撤退しており、ロシアは経済的な大打撃を被っているという点だった。バイデンは、中国が対ロ支援に踏み切れば、欧米との関係に支障をきたし、中国が経済成長を続けるのは難しくなるだろうと諭した。

習と長年交流を重ね、習が欧米との協力のもとでの中国の経済成長が重要だと考えていることを見抜いているからこそのバイデンの揺さぶりだった。

一方、習もバイデンに対して不満を抱いていた。

旧知のバイデンは大統領に就任したあと、前大統領トランプの始めた制裁関税など一連の対中強硬策を改めようとしなかった。それどころか、日本やインドといった同盟国・友好国を巻き込み、「中国包囲網」づくりを進めているように見えた。平和的台頭を自任する中国にとってみれば、バイデン政権の進める「中国包囲網」は、米ソ冷戦時代のソ連に対する「封じ込め」政策にほかならなかった。

とくに習にとって最大の懸念は、中国が「核心的利益」と位置づける台湾に対し、バイデンが軍事支援の姿勢を強めていることだった。中国にとってみれば台湾問題はあくまでも内政問題である。米国が台湾の独立運動に手を貸すことは、中国にとっての「レッドライン」を意味した。

習はバイデンに対し、欧米の科すロシアへの大規模な経済制裁に反対する意向を示したうえ、台湾問題に言及し、こう警告した。

「米国の一部の人々は台湾独立勢力に誤ったシグナルを送っている。これは非常に危険だ」[4]

バイデンと習はお互いを「古い友人」だと認識している。しかし、米中両大国を率いるリーダーとなったバイデンと習の間に、かつてのような親密な関係は見られない。そこにあるのは、大国の首脳として互いを強く牽制し合い、不信を募らせる姿だ。

ラッセルは現在のバイデン、習の関係を「とてもぎこちないものだ。ますます難しい状況に陥っている」と肩を落とす。

「2大国のリーダーがお互いを知るために10年間をかけ、多大な努力をして関係を築いてきたのに……」

中国への「関与政策」を終わらせ、「競争政策」を始めたトランプ政権

本書のテーマは、米中対立である。筆者は18年以降、米国の首都ワシントンにおいてトランプ、バイデン両政権の対中政策と米中間で高まりゆく政治的、軍事的な緊張を取材してきた。

本書のバックグラウンドとして簡単に米中対立の現状を説明したい。

ワシントンにおいて、加熱する米中対立が「新冷戦」と評されるようになって久しい。「新冷戦」という言葉がワシントンの安全保障コミュニティで頻繁に使われるきっかけとなったのは、トランプ政権のもとで行われた18年10月の米副大統領ペンスの対中政策演説だった。ペンスは、米国に対する中国の経済的、軍事的脅威はもとより、中国国内の人権弾圧、途上国に対する中国の「借金漬け外交」、米国内選挙に対する干渉など幅広い分野を包括的に指摘し、トランプ政権の対中強硬姿勢を国内外に印象づけた。[5]

ペンス演説は、トランプ政権が歴代米政権の対中政策を大きく転換させたことを象徴するものだった。それ以前の歴代米政権は1972年のニクソン訪中以来、中国が米国主導の国際経済体制に入り、経済成長を遂げていくことを積極的に支援する政策をとってきた。これを「関与政策」という。歴代

米政権は、中国がリベラルな国際秩序のもとで経済的繁栄を享受することで、共産主義国家の中国においてもいずれは政治的な民主化が進み、米国と同じように民主主義的価値観を共有する国へと生まれ変わることを期待していたのである。

しかし、世界で2番目の経済大国に成長した中国は習近平のもと、民主化へと向かうどころか、権威主義体制を強めていった。このため、トランプ政権は、歴代米政権の中国の民主化という期待が幻想だったことを認めたうえで、中国の経済成長を手助けする「関与政策」を終わらせ、新たに米国が経済、外交、軍事とあらゆる分野で、中国との競争に打ち勝つという「競争政策」を開始した。トランプ政権のもと、米国は中国を友好国ではなく、米国の覇権を脅かすライバル国として認識したのである。

「民主主義vs.専制主義」、分断される世界

その後のバイデン政権のもと、米国はさらに対中強硬姿勢を強めている。

2020年米大統領選でトランプに競り勝ったバイデンは、オバマ政権のもとで習と個人的な関係を築いたように、もともとは対中穏健派とみられていた。しかし、バイデンは大統領に就任すると、トランプ政権の「競争政策」をそのまま受け継ぎ、中国を「国際秩序を再構築する意図と能力を持つ唯一の競争国」と位置づけた。[6] バイデンは民主主義的価値観を重視し、世界に広めようとする国際主義派のリベラリストである。中国とのディール（取引）外交で実利を得ることを重んじた経済ナショナリストのトランプに比べ、リベラリズムというイデオロギー色を帯びたバイデンの対中姿勢はより

強硬ともいえる。バイデンは、中ロを中心とする権威主義国家に対抗する意思を鮮明に示し、「民主主義vs.専制主義」を唱える。当初、中国側の抱いていたバイデンに対する淡い期待は打ち砕かれ、バイデンに対する中国の深い失望は、やがて反感へと変わる。中国は、米国を脅威だと共通して認識するロシアとの関係を強化する。かつて激しいイデオロギー対立のあった米ソ冷戦のように、世界は再び米国率いる西側諸国と、中ロ率いる権威主義国家との間で分断されつつあるのだ。

米中衝突最大のリスク、台湾海峡有事

米中対立が深まる中、「冷戦」が「熱戦」へと変わる最大のリスクが、台湾海峡有事である。

欧州でロシアによるウクライナ侵攻が起きたことを受け、アジアでは中国による台湾侵攻が現実味をもって語られるようになった。実際、22年8月には米下院議長ナンシー・ペロシの訪台に中国が激しく反発し、その報復として台湾海峡で大規模な軍事演習を行い、「第4次台湾海峡危機」と呼ばれる事態が起きた。翌年2月には米本土に飛来した中国の気球を米軍が撃墜する事態も発生。いずれも軍事的に緊迫する局面において、米中双方のコミュニケーションが欠如している状況をさらけ出した。複数の米政府当局者たちは筆者の取材に対し、現在の米中関係が「極めて危険な段階に入っている」という認識を隠さない。相手国の意図を読み違えて米中間の偶発的衝突が起きる危険は高まっている。

台湾問題をめぐって強調したいのは、習近平の台湾統一に向けた決意を過小評価するべきではないという点である。中国は「台湾は中国の一部」と主張するが、民主主義的価値観がすっかり定着した台湾人の民意は中国本土との統一を拒否している。中国が台湾統一を目指す限り、中国にはもはや武

力統一以外の選択肢がないのが実情だ。習はペロシ訪台から約2カ月後の第20回中国共産党大会で、最大限の努力で平和統一を目指す姿勢を示しつつも、「決して武力行使の放棄を約束しない」と明言した。[7] 習は指導部人事によって、自身への権力集中を絶対的なものとした。習の決断を妨げるものはもはやだれもいない。仮に習が党創設者の毛沢東を超えたいという政治的野心をもつのであれば、台湾統一の達成は、党史上だれも成し遂げていない歴史的な偉業となる。習が党を率いる自身に台湾統一という歴史的宿命が課されていると信じるならば、武力行使をしてでも台湾を統一したいという危険な誘惑に駆られる可能性は否定できない。

一方、冷静になって論じられるべきは、中国は今のところ、本格的な台湾上陸作戦を行う軍事能力を持ち合わせていないという点である。ワシントンの安全保障専門家たちは、台湾を制圧・占拠するためには、数十万人規模の中国軍兵士の台湾本島への上陸が必要だとみている。しかし、現在の中国軍には、大量の兵員を海上輸送、航空輸送する能力が決定的に欠けている。このため、民間船舶を動員しなければいけないが、民間船舶は米艦船からの容易な標的になるだけで、民間船舶の活用は台湾侵攻時に現実的ではない。

とはいえ、中国が台湾に対し、現段階で武力行使をできないというわけではない。中国は米国を上回るレベルの世界最先端のミサイル技術をもち、弾道ミサイルや巡航ミサイルを台湾に向けて配備している。台湾本島への上陸作戦を行わなくても、台湾に対して壊滅的な打撃を与えることは可能だ。また、中国は潜水艦や機雷を使って台湾を海上封鎖する能力を十分にもっており、仮に中国が海上封鎖に踏み切れば、周辺海域における極度の軍事的緊張から米中間で偶発的な軍事衝突が起き、米中双方のミサイル攻撃などの応酬へと事態がエスカレートしていく可能性はある。

台湾海峡有事は日本にとって極めて深刻な事態をもたらす。中国にとってみれば、米軍の作戦拠点となる在日米軍基地を叩くことは必須であり、その場合は日本列島が米中衝突の戦場へと変わる。台湾海峡有事は、米中台のみならず、日本を巻き込んだ全面的な戦争へと発展する可能性がある。

ただし、筆者は現在の米中対立の状況をめぐり、「米中戦争は避けられない」などといたずらにおびえたり、中国脅威論を過大にあおったりすることは、生産的ではないと考える。最も大切なことは、米中対立の構造を正しく把握し、どうすれば両国間の対立が衝突へと発展しないように競争関係を安定的に管理できるかを考えることにある。真におびえるべきは、事実を直視しないリアリズムの欠如である。米中対立の構造を正しく理解すれば、それを前提に対応策を打つことができる。そして、その先に、台湾海峡有事を含めた最悪の事態を回避する道を見つけることができるはずだ。

本書の目的と構成

本書の大きな目的は、筆者のワシントン特派員としての取材と、米ジョンズ・ホプキンス大学高等国際関係大学院（ＳＡＩＳ）での研究をもとに、なぜ米中対立は起きているのか、という構造を解き明かすことにある。

筆者は本書の中で、米中対立を「既存の覇権国家」と「潜在的覇権国家」の争いとしてとらえている。現状の国際システムは、冷戦終結以来、米国が維持してきた「一極体制」の時代が終焉し、「多極体制」へと移行しつつあることで、不安定さが増している。世界で唯一の覇権国家・米国は、長年の対テロ戦争による疲弊により、膨張し続けた国際的な役割を縮小して自国の内政問題に集中する「内向き」志向を強めている。一方、その間に急激に経済力、軍事力をつけて台頭してきた中国は、これを米国の衰退ととらえ、米国に対する挑戦を強めている。しかし、米国は、自分たちの覇権国家としての地位を守るため、アジアにおいて新たな覇権国家が出現することを決して許すことはない。米国はこれまでも第2次世界大戦では帝国日本、ナチスドイツの挑戦を退け、東西冷戦ではソ連に勝利し、覇権を維持してきた。現在の米中対立も、こうした過去に米国と「潜在的覇権国家」との間で繰り返されてきた覇権争いの延長線上にある。米国は内政上の要望から突き動かされる「内向き」志向との間で板挟みになりながらも、自分たちの同盟国・友好国を巻き込むことで覇権国家の地位を維持しようとしている。我々が眼前にしている米中対立は、米国が自らの覇権を守るため、中国の覇権国家化を全力で防ごうとする、いわば既存の覇権国家の逆襲というべき現象である。

本書の構成は、最初に、米中両国の意図と戦略を分析し、米中対立の基本的な構造を分析する。なぜ米中両国が覇権争いに突き動かされているのか、内政上の理由も含めて考える。次に、米中衝突の最大のフラッシュポイント（発火点）になるとみられている台湾問題に焦点を当て、両国の台湾政策を検証する。起きうる可能性のある台湾海峡有事シナリオを検証し、日本がどのように米中対立に巻き込まれてリスクを抱えているかも論じる。そして、最後に、どうすれば「冷戦」が「熱戦」へと変わることを防ぐことができるかを考える。

具体的な章立ては次の通りである。

第1章は、米大統領バイデンに焦点を当て、米国の対中姿勢の変容に迫る。バイデンは民主党のオバマ政権当時に習近平と親交を結ぶなど対中穏健派で知られていたが、大統領就任後は対中強硬姿勢を強める。最大の疑問は、なぜバイデンは対中強硬派へと転じたのかという点である。元米政府高官やバイデン側近の証言をもとに、バイデンと習との交流、トランプと対中強硬ぶりを競い合った20年米大統領選、中国に対する米国内世論の変化を追いながら、バイデンが対中姿勢を転換させていく過程を検証する。

第2章は、共和党のトランプ政権について論じる。トランプ政権は歴代米政権の取ってきた中国に対する「関与政策」を終わらせ、その代わりに中国との競争に勝利することを目標にした「競争政策」を始めた。なぜトランプ政権は米国の対中政策を大転換させたのか。「競争政策」を打ち出した17年の国家安全保障戦略（NSS）の執筆者を始め、元米大統領首席戦略官スティーブン・バノンら政権中枢の証言をもとに、トランプ政権が対中強硬政策を打ち出した背景を探る。

第3章は、さらに過去へとさかのぼり、そもそも米国はなぜ中国の台頭を手助けするような「関与政策」を始めたのか、という疑問を解き明かす。中国に対する「関与政策」の始まりと位置づけられているのが、1972年のニクソン訪中だ。共和党の米大統領リチャード・ニクソンと彼の右腕である米国家安全保障担当大統領補佐官ヘンリー・キッシンジャー（のちに国務長官）は米ソ冷戦のさなかに現実主義外交を展開し、当時国際社会で孤立していた中国と国交を正常化する道筋を作った。ニクソン訪中に同行した元米政府高官の証言などをもとに、米中和解の過程を検証し、その後の米中関係にもたらした功罪を考える。

第4章は、習近平体制下の中国へと目を移す。中国は平和的台頭を主張するものの、現実には急速な軍事力の伸展を背景に、周辺国に対してパワーを前面に打ち出した威圧的な外交を行っている。中国は東シナ海の尖閣諸島周辺での領海侵入はもとより、東南アジア諸国と領有権や海洋権益を争う南シナ海では軍事拠点化を進め、台湾には軍事的圧力を強める。なぜ中国は欧米主導で築き上げた既存の国際秩序を脅かす行動を取るのか。中国を突き動かす原動力は何か。中国独特の歴史的被害者感情とパワー重視の外交に着目し、米国の覇権に挑戦する中国の論理を分析する。

第5章からは台湾問題を論じる。この章では、米国の台湾海峡政策をめぐる意図と戦略を分析する。最初に米国と台湾の独特な外交関係に触れ、歴代米政権は台湾を軍事支援しているにもかかわらず、なぜ台湾防衛を明言しない「あいまい戦略」を取り続けているのかを説明する。そのうえで、国際社会を緊迫させているロシアのウクライナ侵攻が米国の台湾海峡政策にどのような影響を与えたかを分析し、台湾海峡有事の際、米国は実際に台湾防衛に駆けつけるのかどうかという問題を考える。

第6章は、中国側の視点から台湾問題を考える。そもそもなぜ中国は台湾を「核心的利益」と位置づけ、台湾との統一を自分たちの最優先課題として固執し続けるのか。なぜ中国は民進党政権に執拗ともいえる圧力をかけ続けているのか。習は台湾との平和統一を目指すとしつつも、武力行使を辞さない構えを見せ続けている。習は自国が多大な犠牲を払うというリスクを冒してでも、本気で台湾を武力統一する覚悟があるのか。中国の台湾政策をめぐるこれらの疑問に対する答えを探る。

第7章は、台湾海峡有事のメカニズムと軍事衝突シナリオについて論じる。最初に、過去の台湾海峡危機を検証し、とくに1958年の第2次危機に関して核戦略専門家ダニエル・エルズバーグの証言をもとに、米国が中国本土の核攻撃を検討していた緊迫の過程を検証する。次に、ペロシ訪台をきっかけに起きた「第4次台湾海峡危機」をめぐり、なぜここまで米中間で軍事的緊張が高まったのかを分析し、最後に具体的にどのような台湾海峡有事シナリオが有力なものとして想定されるのかを考える。

第8章は、米中対立の中での日本の安全保障政策を考える。日本は尖閣諸島国有化直後から中国の激しい攻勢にさらされ、「内向き」志向の米国からの「見捨てられ」の恐怖を感じていた。このため、日本は米国をインド太平洋地域に何とか引き込むことに注力してきたが、今ではその立場は逆転している。台湾海峡をめぐる米中間の緊張の高まりに今度は日本が「巻き込まれ」の局面を迎え、日米同盟は米国主導のもと「対中抑止同盟」としての性格を強めている。そんな中、日本は自分たちの安全保障上の脅威にどう対処しようとしているのか、そして、日本は米国の対中戦略の中にどのように組み込まれているのか、検証する。

終章では、これまで論じてきたことを踏まえ、米側の観点から、米中衝突という最悪の事態を防ぐためにどうすれば良いかを考える。米中対立の大きな要因が覇権争いという構造的な問題に根差す以上、米中対立が簡単に解消することはない。しかし、米中対立がこのまま激化の一途をたどることは極めて危険である。あるホワイトハウス高官は、現在の米中対立の緊迫状況を、サラエボでの偶発的事件で世界戦争が始まった第1次世界大戦前夜に酷似している、という見方を示している。最も重要なのは、米中双方ともに競争はしても衝突という最悪の事態は望んでいないという点にある。米中両国は、競争が衝突へと発展しないように、「新冷戦」といわれる両国関係を安定的に管理するためのルール作りに取り組む必要がある。かつてバイデンが習に語ったように、50年後、100年後の世界で、歴史家たちがどのような審判を下すのかは、まさに両国指導者たちの行動にかかっているのだ。

それでは、本論に入り、対中穏健派だったバイデンが次第に対中強硬派へと転じていく過程をみてみよう。

第1章 バイデンが「対中強硬」へと転じた理由

1．バイデンと習近平にはどのような個人的関係があったのか

バイデン、習近平と一緒に中国国内を旅する

「私は世界の政治指導者の中でだれよりも習近平と最も多くの時間を過ごした」。こう語る米大統領ジョー・バイデン（民主党）は、オバマ政権の副大統領だったころ、中国の国家副主席だった習と長時間にわたって語り合うことで理解を深め、２０１１年に一緒に中国国内を旅したことがある。

この章では、対中穏健派として知られていたバイデンが、その習を相手に強硬路線へと傾いた深層に何があったのかを考える。最初に、バイデンと習近平にはどのような個人的関係があったのか、中国で2人が交わした会話の全容を知る元米政府高官の証言から検証する。次に、バイデンが現職大統領ドナルド・トランプ（共和党）と争った20年米大統領選を軸に、バイデンを対中強硬へと突き動かした内政上の理由を考察する。最後に、「リベラルvs.保守」の二極化が進む米国社会に、対中強硬は何をもたらしているのかを論じる。

バイデンが米副大統領として初めて訪中した11年8月19日、北京飯店で行われた米中ビジネスラウンドテーブル。

バイデンと中国国家副主席の習が隣同士で座った会議は、和やかな雰囲気に包まれていた。２人は

お互いの顔を見合わせ、笑顔を見せた。

会議の冒頭、バイデンが中国側に熱心に呼びかけたのは、米国への投資だった。バイデンは、世界ナンバー1、ナンバー2の経済大国である米中両国がリーマン・ショックからの世界経済の回復を牽引していると強調し、こう語った。

「オバマ大統領と私は、中国のビジネス界から米国への直接投資を歓迎している。それは明確な利益をもたらすものだ[1]」

08年秋のリーマン・ショックをきっかけとした金融危機のさなかに誕生したオバマ政権の最優先課題は、米経済の立て直しだった。米国の経済成長率は、08年は0・1%とかろうじてプラスに踏みとどまったものの、オバマ政権が発足した09年にはマイナス2・6%と0%を割り込んだ。

米国とは対照的に、中国はその後も9~10%という驚異的な経済成長率を維持し続けた。米国発の金融危機は、衰退する米国と台頭する中国という命運をくっきりと浮かび上がらせたように見えた。中国は米中2極体制(G2)時代の到来に自信を深めた。

そんな中で行われたバイデンの訪中には、力強い経済成長を続ける中国から米国への投資を呼び込むという目的があった。

オバマ政権が最も注目していたのが、近い将来、中国のリーダーとなる習だった。習には欧米諸国と緊密な協力関係を築き、中国のさらなる経済発展を実現したいという強い思いがある、とみていた。

ホワイトハウスは、バイデンの訪中について事前に「最も大きな目的の一つは、習国家副主席を知ること。今回の訪中は、米中関係の将来に対する投資だ」という声明を出していた。[2] バイデンの訪中

2008年の四川大地震で被災した高校を訪れ、バスケットボールで生徒たちと交流した後に撮影に応じる米副大統領バイデン（中央左）と中国国家副主席の習近平（2011年8月21日）＝朝日新聞社

は、米中関係の発展のために、習と個人的な関係を築くという重大な使命を帯びていた。

習との会談の間、バイデンの言葉の端々には、典型的な中国共産党幹部とは異なり、自分に本音を語る習への信頼感がにじみ出ていた。

「我々はこれまで多くの時間、議論をしてきた」。こう言ってバイデンは隣に座る習の顔を見た。

「私の悪い評判の一つは、率直に話しすぎるところだが、習氏も私と同じように率直に話すタイプなのでとてもうれしい」

バイデンがこうジョークを飛ばすと、習もバイデンの顔を見てほほえんだ。

バイデンは11年8月の訪中時、中国に4日間滞在し、そのうち習とは3日間会談した。初日の18日は北京で習との会談や晩餐会に参加し、19日は引き続き北京で習とビジネス対話に出席。さらに、20、21両日は四川省成都を訪問し、習と一緒に08年の四川大震災で被害を受けた高校で生徒たちと交流した。その夜は成都で習と再び夕食をともにした。

習が12年2月に首都ワシントンなど米国を訪問した際には、バイデンがホスト役を務めて接待し、習の帰国直前には習の滞在するロサンゼルスまで飛んで夕食をともにするなど、10時間以上の時間を一緒に過ごした。

習近平、バイデンに決意を打ち明ける

ワシントン政治を熟知した経験豊かな政治家と、将来が約束された未来のリーダー。世代どころか、かたや民主主義の優越性を信じ、かたや権威主義の効率性を重視するという価値観も全く異なる2人は何を語り合ったのか。

バイデンの副大統領当時、ホワイトハウスの国家安全保障会議（NSC）アジア上級部長を務めたダニエル・ラッセル（のちに国務次官補）は、バイデンと習の会議のすべてに出席した。

ラッセルは筆者の取材に対し、バイデンに対する習の姿勢は「極めてオープンな態度だった」と語る。[3]

「ほとんどの共産党幹部は党の教義（ドグマ）を繰り返すだけだが、習は違った。彼は明らかに本当の会話をした」

ラッセルによると、習はなぜ中国にとって共産党が必要なのかという根本的な考えを語ったという。共産党のルールの強化に取り組む考えを打ち明け、それがなぜ必要か、という点も丁寧に説明したという。

習はバイデンに対し、「中国共産党の指導体制の問題を正す必要がある」と自身の決意を打ち明けたという。

習が具体的に言及したのが、中国共産党の集団指導体制だった。鄧小平が1980年代に導入した

集団指導体制は、重要な意思決定を合議や多数決の原則に基づいて行う仕組みだ。最高指導者・毛沢東への個人崇拝を生み、50万～200万人もの人々が犠牲になったとみられている文化大革命の反省を受け、政権トップの暴走を防ぐ安全装置とされてきた。

集団指導体制は当時の胡錦濤政権のもとでも徹底されていたが、習はこんな反省を口にしたという。

「我々の集団指導体制は過度に進み、コンセンサス（総意）を取り付けることが難しくなった。それぞれ異なるグループが党や国の利益ではなく、自分たちのグループだけの利益を追い求めるようになった」

習は党や政府内に蔓延する政治腐敗の問題に言及し、党と人民との距離が離れていることに懸念を示した。さらに、自身が今後取り組むべき大きな課題として、「経済格差の是正」を挙げた。中国の市場開放は、中国全体を急速に豊かにする一方、都市部と地方部に住む人々に著しい経済格差を生み、中国社会における大きな不安定要因となっていた。

習の話しぶりは、勉強家であることをもうかがわせた。習の話を聞きながら、ラッセルは「ソ連共産党の崩壊を始め、イラクのフセイン政権のバース党など他国の一党独裁システムをよく勉強している」と感心した。

バイデンも習に対し、極めて率直に自分の考えを話した。

もとよりバイデンと習の価値観は全く異なる。ラッセルはバイデンを「民主主義システムが共産主義システムより圧倒的に優越していると信じている人物」と評する。

バイデンは中国については「自分たちの能力を過大に評価し、米国や西欧諸国の能力を過小評価している」と考えていたという。

ラッセルによると、バイデンは習に対してもこうした自説を曲げなかったが、「その様子は攻撃的でも、敵対的でもなかった」と振り返る。バイデンは中国の権威主義体制を全く支持しないが、習には「個人的に嫌な感情を全く抱いていなかった」という。

一方、習はバイデンの一言一句に注意深く耳を傾けていたという。米大統領や副大統領はどのように自国の軍に対応しているのか。米大統領らの意思決定のプロセスはどのようなものか。どのようにして経済問題に対処するのか。これらの問題に習は強い関心を示したという。

こうした習の姿勢にバイデンらは感銘を受けた。ラッセルは「我々は、習氏がこれから中国をどの方向へと導こうとしているのかを理解した」と振り返る。

中国、防空識別圏の一方的設定

しかし、習が12年11月、第18回中国共産党大会で党総書記に選出されると、事態が変わり始める。党の最高権力者となった習は、かつてバイデンに語ったように、集団指導体制の見直しに着手した。ただし、その手法は苛烈だった。就任後間もなく「大トラもハエも一緒にたたけ」という「反腐敗闘争」を開始し、汚職高官らを追及しながら、自身へ権力集中を図り始めた。習と対立した党幹部や政府高官らは、習の進める反腐敗キャンペーンのもと、次々と失脚した。

習のもとの中国は強烈な大国意識を持ち、欧米主導で形作られた現状の国際秩序に強い不満を抱くという強硬な対外姿勢も明らかになってきた。

日中韓3カ国の防空識別圏（ADIZ）

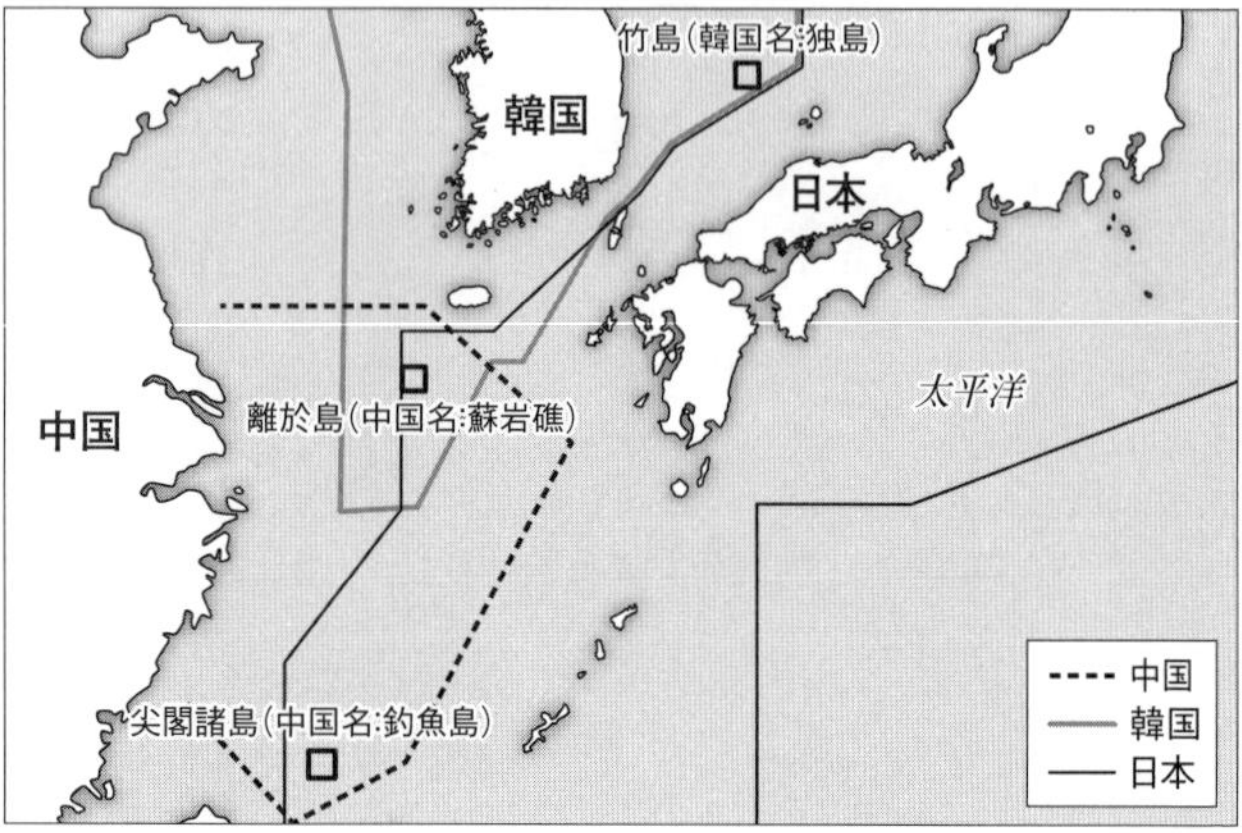

習は13年3月の全国人民代表大会（全人代）で、中国国家主席に選出されると、就任後初の演説で、「我々は『中華民族の偉大な復興』という『中国の夢』を実現させるために努力しなければいけない」と宣言した。[4]「中華民族の偉大な復興」とは、中国が欧米と日本に侵略され続けた屈辱の歴史を二度と繰り返さないために、中国を強く豊かにするという習政権の大方針である。しかし、米国は、習のもとでの中国のナショナリズム高揚に警戒心を抱き始める。当時、北京で駐在武官を務めていた前米国務次官補デイビッド・スティルウェルは、習政権のもとで変わり始めた中国を肌身で感じていた。

スティルウェルは筆者の取材に対し、中国側は米中間の偶発的衝突を防ぐための防衛当局同士の協議の開催を拒むようになったと振り返る。[5] 習が最高指導者となったことは、中国にとっての「分水嶺だった」と語った。

習政権下の中国が周辺国に対し、一方的な現状変更にためらわない姿勢を示す事件は、13年11月23日に起こった。

中国国防省が突然、日韓両国の防空識別圏（ＡＤＩＺ）と重なるように中国のＡＤＩＺの設定を発表したのだ。

ＡＤＩＺは無断で領空に侵入してきそうな不審機が近づいてきた時に、戦闘機が警告のために緊急発進（スクランブル）するための基準となる区域だ。

中国が発表したＡＤＩＺは、日本の尖閣諸島や韓国の離於島上空を含んでいた。双方が緊急発進すれば、偶発的な衝突に発展する恐れもある。事前の相談もなしにＡＤＩＺを設定された日韓両国は撤回を求めたが、中国は全く取り合おうとしなかった。

中国が新しいＡＤＩＺを発表して10日余りたった12月４日。周辺国が中国に対して激しく反発するなか、副大統領だったバイデンは再び中国に赴き、習と向き合うことになる。

バイデンの警告「米中には多くの不一致点がある」

中国訪問の前日の13年12月３日、バイデンはまず日本に立ち寄り、首相の安倍晋三と会談した。２人は会談で中国が発表したＡＤＩＺ問題を中心に協議した。

「中国の力による一方的な現状変更の試みを黙認せず、引き続き日米で連携して対応していきたい」[6]

安倍はバイデンにこう述べ、日本政府としての方針を伝えた。

日本政府内には、バイデンと習との親密な関係からバイデンを「親中派」とみて警戒する向きもあり、安倍の発言は米国も日本と同様に厳しい態度で中国に臨むように暗に促したものといえた。

バイデンはその後の安倍との共同会見で、中国の一方的なＡＤＩＺ設定に「深い懸念」を表明した。[7]

「今回の行為は地域の緊張を高め、事故と判断ミスのリスクを上げている」と語り、安倍にこう約束した。

「中国指導部と会談した際、こうした懸念を具体的に直接伝える」

翌4日、バイデンの姿は北京の人民大会堂にあった。

2年余り前、副大統領として初めて北京を訪れた際、国家副主席だった習から厚いもてなしを受けた場所だ。その習は中国人民13億人の頂点に立つ国家主席に就任していた。

バイデンは会談の席で再び習と向き合った。

習は親しみを込めた口調でバイデンに「私の古い友人」と呼びかけた。「あなたの今回の訪問が、米中のさらなる相互信頼と協力を深めてくれるだろう」と期待感を示した。[8]

習が会談で繰り返したのが「新型大国関係」という言葉だった。

「我々は、米国とともに、正しい方向へ進む準備はすでにできている。それは、お互いの『核心的利益』と主な懸念を尊重する『新型大国関係』を築くということだ」

「新型大国関係」は、習が米中関係の目指すべき理念として中国外交の基軸に据えたスローガンである。米中両国がお互いの国益を尊重し合って衝突を避け、ウィンウィンの関係を築くという意味が込められている。一方で、中国が「核心的利益」と位置づける台湾などの「内政問題」をめぐって、米国の口出しを防ぐ思惑が込められていた。「G2」を確立するための中国側の提言といえる。

ただし、習の「新型大国関係」の提唱をめぐり、日本などアジア地域における米国の同盟国は強い警戒心を抱いていた。とくに、習はバイデンとの会談に先立ち、13年6月に米カリフォルニア州を訪問して米大統領オバマと会談した際、「広い太平洋は二つの大国にとって十分な空間がある」[9]と述べ、

「太平洋分割」構想とも受け取れる発言をしていた。中国はすでに東シナ海、南シナ海で海洋進出の動きを強めており、習の発言は日本政府内では「中国が米国と直接取引し、西太平洋支配に乗り出すのではないか」という懸念が起きた。

バイデンと習との会合は、4時間半近くにも及んだ。

会談の翌日、バイデンは北京滞在中に行った米中のビジネスリーダーたち向けの演説で、中国が設定を発表したＡＤＩＺの問題を習に提起したと明らかにした。[10]

バイデンは中国の一方的なＡＤＩＺの設定により、「周辺国には強い不安が起きている」と批判し、こう続けた。

「私は習近平との会話の中で、極めて直接的に、我々の断固たる立場と（中国への）期待感を伝えた」

バイデンは語気を強めた。

「（地域の）平和と安全に対する中国の責任は強まっている。つまり、それは（中国が）緊張を高める行動を避けることを確約することにある」

バイデンはこの演説の中で、習が前日に繰り返した「新型大国関係」という言葉を一切使わず、「米中関係は極めて複雑だ」と語った。習の提唱する新たな米中関係の位置づけに同意していない、という意思表示を含んでいた。

さらに、バイデンは、「（米中には）多くの不一致点がある」と述べ、とくに人権問題について言及し、「（両国の意見に）深い隔たりがある」と語った。11年8月に習と会談した際、中国を手放しで称賛したときとは対照的な口ぶりだった。

バイデンは演説の最後に、こんな意味深長なことを話している。

「私が1979年に初めて中国を訪問した際、『中国の経済成長は、米国と世界にとって良いことだ』と確信を持った。その思いは今でも変わらない」

そのうえで、中国側にこう呼びかけた。

「そのためには、信頼を醸成し、協力する習慣をもつことが必要だ」

バイデンの発言は自身が今でも、中国に対する「関与政策」を支持するという考えを述べたものだった。「関与政策」とは、第2次世界大戦後に米国が主導して築き上げた国際経済体制に中国が参加することを歓迎する政策だ。中国がのちに大きな経済成長を遂げる原動力となった世界貿易機関（WTO）加盟も、この米国の「関与政策」による後押しが大きい。

しかし、バイデンは演説で、ADIZの一方的な設定など中国が周辺地域で行っている威圧的な活動や、中国国内の人権問題にクギを刺し、中国が大国として責任を持った行動をとるように強く要求した。中国の行動に改善が見られなければ、米国は中国を信頼できなくなり、長年支持してきた「関与政策」を続けられなくなる――。バイデンの最後の発言は、習への警告とも受け取れるものだった。

しかし、中国がその後に行動を改めることはなかった。東シナ海や南シナ海での一方的な行動は周辺国との間でさらなるあつれきを引き起こした。中国当局は人権派弁護士らを厳しく取り締まり、チベットや新疆ウイグル自治区での人権弾圧を強めていった。

元米政府高官「習近平は独裁者に」

米副大統領当時のバイデンと習の会議のすべてに出席した元国務次官補ダニエル・ラッセルは、国家主席就任以降の習の変貌ぶりに驚きを交えてこう話す。

「率直に言って、我々は習氏が国家副主席の当時、彼が将来こんなにも早く動き、攻撃的となり、大きなリスクを冒し、危険で挑発的な政治を追求するとは思わなかった」

ラッセルは、「中華民族の偉大なる復興」という大号令のもと、富国強兵にひた走る習政権下の中国に厳しい見方を示す。

「自分たちの富と権力を世界を良くするために使うのではなく、中国が望むことだけに使っている。その権力の行使のあり方は、抑制的なものではなく、近隣諸国の希望や利益を全く考慮に入れない。中国は自分たちの行動が国際規範や国際法に沿ったものか、自らに問おうとはしない」

国家副主席当時の習はバイデンに対し、集団指導体制の見直しを打ち明けた。しかし、国家主席に就任した習は、集団指導体制を見直すなかで自身への権力集中を図っていった。習は18年3月の全人代で憲法を改正し、それまで「2期10年」と定めていた国家主席の任期制限を撤廃。習は23年3月の全人代で、異例の3選を決めた。江沢民、胡錦濤ら過去のトップは集団指導体制に基づき後進に道を譲ってきたが、その集団指導体制は、ここに事実上の終焉を迎えたといってよい。

ラッセルは、「(習は)個人崇拝を進め、退任を拒んでいる」と指摘し、こう語る。

「習は、明らかに独裁者になる方向へと向かっている。独裁者は、国内政治においてすべての敵対勢力を排除し、政治ライバルや自身に同意しない人々を追放する。そして、異なる意見には耳を傾けず、自分の聞きたい意見だけに耳を傾ける。その結果、彼が聞きたくないことはだれも話さなくなる」

ラッセルによれば、もともと中国への「関与政策」を支持する対中穏健派だったバイデンに警戒心を抱かせたのは、最高指導者に就任して以降の習の態度や中国の振る舞いが大きいという。

ラッセルは「バイデンの（中国への）考え方は変わった。米国の中国政策も変わった。これは中国の行動がもたらした変化だ」と説明し、こう続けた。

「バイデンは習政権のもとの中国は、戦闘的であり、攻撃的であり、強力であるという事実に直面した。だから、バイデンは中国の行動に応じて対応するようになったのだ」

一方、中国の脅威を警戒しつつも変わらなかったものがあるという。「民主主義システムは専制主義システムよりも圧倒的に優れている」というバイデンの信念だ。

米上院議員として長年上院外交委員会のメンバーを務め、冷戦終結と旧ソ連の崩壊を経験したバイデンは、すべての政治システムの中で、民主主義が最も優れていると信じている。ラッセルによると、バイデンは、権威主義国家の中国は自らの能力を過大評価し、民主主義国家の米国の能力を過小評価していると考えているという。

興味深いエピソードがある。バイデンは13年12月の北京訪問時、米国大使館内で米国へのビザ取得のために列を作って並んでいる中国の若者たちの姿を見かけると、こう呼びかけた。

「イノベーション（技術革新）は、政府や宗教指導者に対し挑戦できる自由な場所においてのみ起きるということを、君たちは学んで欲しい[11]」

米国と中国が競争しても、民主主義という最も優れた政治システムをもつ米国が負けるはずはない――。バイデンのこうした本音が思わぬ形で飛び出し、大きな波紋を広げたのが、20年米大統領選の民主党候補者指名争いをめぐる予備選だった。現職大統領ドナルド・トランプと激しく争ったこの大統領選をきっかけに、バイデンの対中強硬の姿勢は固まっていくことになる。

2.米大統領選はバイデンの対中政策にどのような影響を与えたか

「悪党」発言の衝撃

「この男は悪党（Thug）だ[12]！」

バイデンが中国国家主席の習を非難したこの強い表現に、会場内の空気は張り詰めた。20年2月25日、サウスカロライナ州チャールストンで開かれた米大統領選に向けた民主党候補者指名争いをめぐるテレビ討論会。ステージ上に並ぶ7人の候補者の中にバイデンの姿もあった。

司会者から対中姿勢を問われたバイデンは、「私は副大統領職を辞するまで、習近平とは世界のリーダーの中でも最も多くの時間をともにした」と話した。そして、左手の人さし指を立てながら語気を強めた。

「この男は民主的ではない！　この男は悪党だ！　数百万人にのぼるウイグル族を『再教育施設』という名の強制収容所に収容している！」

さらに、北京政府の方針のもとに香港で警察がデモ隊を弾圧している状況を念頭に、「香港で今起きていることを見よ！」と語った。

バイデンは、習との関係をめぐり、自身が習を説得して中国が地球温暖化対策の国際ルール「パリ協定」を批准したと指摘した。

バイデンはまた、13年に中国が防空識別圏を一方的に設定した当時の北京における習とのやりとりを披露した。

「習が『私に何を望むのか？』と聞いた時、私はこう返した。『我々は（中国の防空識別圏の）空域を飛行する。我々はＢ１爆撃機でその空域を飛行する。はっきり言おう。中国はルールに従わなければいけない』と」

中国のトップリーダー習とは長年の付き合いで直接意思疎通できる利点を持ちつつも、個人的な情に流されることなく、「強い米国」のリーダーとして厳しい姿勢で対峙する——。習を「悪党」と呼ぶことで、バイデンが対中強硬姿勢を明確にした瞬間だった。

バイデンの「悪党」発言は、過去の失言による失敗を踏まえたものだった。

バイデンは大統領選出馬表明をして間もない19年5月1日のアイオワ州での集会で、「中国が我々を打ち負かすって？　冗談はやめてくれよ」と語り、こんな軽口をたたいた。[13]

「中国は（国内の）大きな分断という事実にどう対応するかもわかっていない。自分たちのシステムの内側にある政治腐敗にどう対処するかもわかっていない」

そしてこう続けた。

「彼らは我々にとって競争相手ではない」

この発言は、「米国の民主主義が中国の専制主義よりも圧倒的に優れている」という、バイデンの政治信条を反映したものだ。習が以前、バイデンに打ち明けた中国内政上の難しさをオブラートに包んで表現じたものとみられる。

しかし、この発言は米国内で「中国の脅威を過小評価している」と受け取られた。トランプはすかさずこの点を突き、「（バイデンは）中国に極めてナイーブ（考えが甘い）だ」と攻撃した。トランプ陣営はさらに、バイデンの次男ハンター・バイデンには中国とのビジネス上の取引があるとアピールし、バイデンはハンターと中国との癒着から中国に「弱腰」だと批判を繰り広げた。

バイデンは大統領選でトランプに勝つため、「対中弱腰」から「対中強硬」へとイメージチェンジする必要に迫られていた。

米国民主流の「コンセンサス」に従うバイデン

元米国務省政策企画室勤務のチャールズ・スティーブンソンは、バイデンがテレビ討論会で習を「悪党」と呼ぶのを見て、バイデンらしくない発言だと驚いた。スティーブンソンは筆者の取材にこう語る。[14]

「バイデンのこれまでの中国に対する考え方と比べると、極めて敵対的な表現だった」

スティーブンソンは1981～85年、上院議員時代のバイデンの政策スタッフとして働いた。スティーブンソンによると、バイデンは「米国の外交政策に深く関与し、米外交において自身が何らかの役割を演じることに喜びを感じる政治家」だったという。

米国人の中国人に対する見方

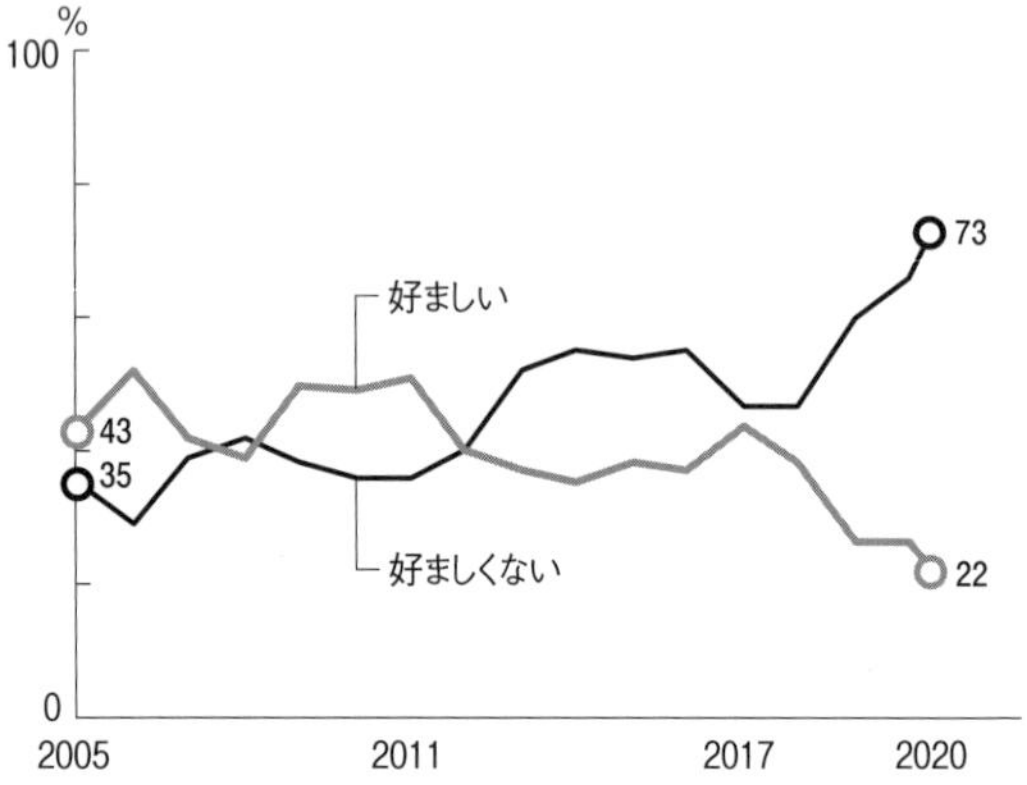

【注】米調査機関ピュー・リサーチ・センターの世論調査より

とくに80年代、バイデンは東西冷戦に強い関心をもち、旧ソ連と対峙する北大西洋条約機構（NATO）の強い支持者だった。中東問題にも強い関心を持っていたが、中国問題について強いこだわりをもっていた記憶はないという。

バイデンは自身でよく語るように、米中が国交正常化した79年に議員団の一員として初めて訪中し、当時副首相だった鄧小平と会談したこともある。

しかし、スティーブンソンは「バイデンは基本的に、米国の対中政策を作るリーダーというよりも、フォロワー（従う人）だった」と語る。

そしてこう続けた。

「バイデンが従ってきたのは、中国に対する米国民の主流のコンセンサス（総意）だった」

スティーブンソンによれば、89年の天安門事件で米中関係は緊迫するが、再び米国民の主流のコンセンサスとして、中国のWTO入りなどをめぐって中国への「関与政策」が支持された。しかし、その後に中国が急速に経済的、軍事的に台頭するにつれ、米国民は次第に中国を競争相手とみなし始める。バイデンが一翼を担ったオバマ政権も「関与政策」を維持しつつも、アジアへの「リバランス

（再均衡）」政策を打ち出し、中国の台頭に対抗しようとした。

スティーブンソンは「過去10年間にわたり、米国民は中国の経済的挑戦、軍事的脅威、政治的問題がますます大きくなっていると感じている」と語る。

米調査機関ピュー・リサーチ・センターの世論調査によると、米国民で中国を「好ましくない」と考える人の割合は2005年は35％に過ぎなかったが、年々増加傾向をたどり、20年には73％となった。逆に中国を「好ましい」と考える人は減り続け、20年は22％に落ち込んだ。[15]

スティーブンソンは、バイデンの「悪党」発言を「バイデンが中国に対する米国民の主流の考え方の変化に従った」結果だと受け止めている。

元バイデン側近「だれも対中ハト派になりたくない」

歴代米政権の対中政策を大きく転換させたのは、トランプ政権だった。

トランプ政権下の17年12月に策定された国家安全保障戦略（NSS）では、1972年のニクソン訪中以来続いてきた中国への「関与政策」の終結をうたい、新たに「競争政策」を打ち出した。「競争政策」では、中国を「競争国」とみなし、米国が外交力、経済力、軍事力を結集して中国に打ち勝つことを目標に掲げた。[16]米国はこのトランプ政権のNSSの策定によって、中国に「競争政策」を仕掛ける国家意思を明確に示したのだ。

経済ナショナリストの政権トップ・トランプは、中国に制裁関税を相次いで発動した。米中間で強まる経済的・軍事的緊張のもと、米副大統領マイク・ペンスの演説をきっかけに両国関係は「新冷戦」と呼ばれるようになった。

トランプは、大統領選の最中も、新型コロナウイルスを「武漢ウイルス」などと呼び、中国非難を繰り返した。世界保健機関（WHO）が「中国寄り」だとして、WHOからの米国脱退を表明するなど、中国に厳しい姿勢を前面に打ち出して有権者にアピールした。

ただし、スティーブンソンは「対中強硬」はトランプ政権の専売特許ではなかった、との考えを示す。

「民主党のすべての候補者たちもトランプの主張に沿って、中国への敵対心とともに、中国に対していかに強硬姿勢であるかを見せようとしていた」

実際、バイデンの「悪党」発言が飛び出した20年2月25日のテレビ討論会では、ほかのリベラル系の民主党候補者たちからも中国批判が相次いだ。

最有力候補だった進歩派の上院議員バーニー・サンダースは「私は習近平の友達ではない。彼は権威主義的リーダーだ」と突き放した。同じ進歩派の上院議員エリザベス・ウォーレンは当時、「台風の目」となる候補とみられていた前ニューヨーク市長のマイケル・ブルームバーグについて「中国と長年ビジネス取引をしている」とあげつらった。

バイデンの「悪党」発言について、スティーブンソンはこう語る。

「バイデンは、ほかの民主党候補やトランプ大統領が言っていることと同じように、彼の個人的な見解を示したのだ。『中国に気をつけろ。中国に強硬であれ』と」

そしてこう続けた。

「20年大統領選当時、どの候補者も『対中ハト派』になりたいとは思わなかった。そして、今でも

『対中ハト派』になりたい人なんてだれもいないだろう」

バイデンは20年春の米外交専門誌「フォーリン・アフェアーズ」に、大統領に就任する際の外交政策に関する論文を発表し、「米国は中国に対し、厳しくあらねばならない」と表明した。[17]

バイデンの新たな対中政策の方向性は固まった。

米大統領選は、「対中強硬」姿勢を競い合う場と化し、最終的にバイデンがトランプに競り勝った。大統領に就任したバイデンは、トランプ前政権の対中政策をそっくり受け継いだ。前政権のNSSで打ち出された「競争政策」はもとより、前国務長官マイク・ポンペオが退任直前に打ち出し、論議を呼んだ中国の新疆ウイグル自治区における人権弾圧の「ジェノサイド（集団殺害）」認定も踏襲した。

トランプ政権当時、民主党が「世界経済を不安定化させている」として批判していたトランプ政権の対中制裁関税までバイデンが維持したことは、スティーブンソンにとっても「驚きだった」と言う。

バイデンと個人的な関係を築いてきたはずの習にとって、バイデンの「対中強硬」姿勢への転換は大きな痛手だったに違いない。「バイデンによってトランプ前政権の『対中強硬』路線が軌道修正されるのでは」という中国側の期待は急速にしぼんだ。

トランプ前政権のもとで米議会の対中タカ派から「親中派」のレッテルを貼られ、政権の外へと追われた中国問題専門家の元米国務次官補代行スーザン・ソーントンが、再び政権入りすることもなかった。

ソーントンはのちに、バイデン政権内部の人物から「バイデン政権の対中政策のキャッチフレーズは『中国抜きの対中政策』だ」と聞いたという。

ソーントンは筆者の取材にこう語る。[18]

「中国を封じ込め、孤立させることが、バイデン政権の『中国抜きの対中政策』のアプローチの核心部分に見える」

米国の同盟国・友好国とともに「中国包囲網」構築に力を入れるバイデン政権。その対中政策は、「民主主義vs.専制主義」というイデオロギー闘争の概念を持ち込んだことで、トランプ政権よりさらに強硬な性格を帯びたものとなる。

3. 「対中強硬」は米国社会に何をもたらしているのか

「習近平、民主主義の小骨すら体にない」

米大統領バイデンは就任から2カ月余り経った21年3月25日、ホワイトハウスで就任後初めてとなる記者会見を開いた。[19]

バイデンが中国への言及でまず述べたのが、オバマ政権の副大統領当時に築いた習との個人的な関係だった。バイデンは習を「頭の良い人」と評しつつも、「民主主義の小骨すら体にない」と突き放した。さらに、「(ロシア大統領の)プーチンと同じような人物だ。専制主義が将来、主流となり、複雑な世界において民主主義は機能しないと考えている」と指摘。習は、自由や人権を尊重する米国のリベラルな価値観とは正反対の人物という見方を示した。

米大統領は就任するとすぐに各国首脳と電話協議を行う。しかし、バイデンは習との会談になかなか応じようとしなかった。ようやく習から就任祝いの電話を受ける体裁で米中両首脳が話したのは、就任後20日余りも経った2月10日になってからだ。

バイデンはこの日の記者会見で、当時の習との電話協議は2時間にわたったと初めて詳細に語った。

バイデンは、習に直接告げた厳しい言葉の数々を披露する形で、自身の対中強硬姿勢を鮮明に示した。

バイデンは電話協議の中で習に対し、「我々は対決を望んでいないが、（米中関係は）非常に厳しい競争になるだろう」と通告したという。

バイデンが習に対して強調したのが、米国はこれから中国の人権問題を重視していくという点だった。バイデンは習に「米国人は自由の概念、人権を尊重する」と語り、「米国はこの原則に基づいて建国されている」と述べた。さらに、「あなた（習）とあなたの国が露骨な人権侵害を続ける限り、我々は容赦ない方法で、世界中の注意を喚起し、何が起きているかを明らかにし続ける」と強気の姿勢を示した。新疆ウイグル自治区や香港など中国の人権弾圧を列挙し、中国が米国による人権問題追及にどんなに反発しても、一切妥協する考えはないことを強調し、「これが我々なのだ」と強調した。

この記者会見で最も重要なことは、バイデンが最後に、米中対立を「21世紀における民主主義国家と専制主義国家の有用性をめぐる闘い」だと表現したことだ。米中対立は単なる利害争いではなく、「民主主義vs.専制主義」というイデオロギーに基づく競争だという認識を示したわけだ。

議事堂襲撃事件と中ロ批判

中国に対して「競争政策」を始めた対中強硬派のトランプでさえ、イデオロギー闘争まで踏み込むことはなかった。なぜバイデンは「民主主義vs.専制主義」というイデオロギー闘争の概念を持ち込み、トランプ政権よりさらに強硬な対中政策を取ろうとしたのか。

それは、現在の米国の内政をめぐる二つの理由がある。

一つ目は、「対中強硬」は米国社会の分断を癒やす効果をもっているという点である。

米連邦議会議事堂襲撃事件からちょうど1年後の22年1月6日、バイデンの姿は現場となった議事堂内にあった。

この事件では「大統領選には不正があった」と主張するトランプの支持者らが議事堂を襲撃し、警察官1人を含む5人が死亡し、1千人以上のトランプ支持者らが起訴された。

バイデンはこの日の演説で、トランプについて何度も言及し、「彼は敗北した大統領だ。選挙結果が不正確だったという証拠は何もない」と訴えた。[20]

バイデンは、議事堂襲撃事件を米国の根本的な存立基盤を脅かす出来事だと極めて強い危機感をもっていた。米国は世界各国にとって民主主義国家のモデルであるはずなのに、現職大統領のトランプが民主主義制度の根幹である選挙結果を否定し、トランプらの扇動した暴徒が立法府を襲ったのだ。

バイデンは「議事堂を襲撃した人々、扇動した人々は、米国ののど元、米国の民主主義にあいくちを突きつけたのだ」と語気を強めた。

ここで急に演説のトーンが変わる。バイデンは非難の矛先をトランプから、海外の「専制主義国家」へと変えたのだ。

「我々は歴史の分岐点にいる。自国でも海外でも、我々は民主主義と専制主義の間で葛藤している」

バイデンは中国とロシアを名指しし、危機感をあらわにした。

「彼ら（中ロ）は『民主主義の余命はいくばくもない』と主張している。彼らは実際に私に対し、『今日の素早い変化、複雑な世界のもとで、民主主義は時間がかかり過ぎ、身動きが取れなくなっている』と語った。彼らは『米国がもっと自分たちのような国になる』と主張している。彼らは『米国が専制主義者、独裁者、絶対的指導者の国になる』と主張している」

バイデンは「この国は王や独裁者、専制主義者の土地ではない」と力を込めたうえ、大統領選をめぐって民主党、共和党支持者たちが対立した米国社会の「団結」を呼びかけた。

「思い出そう。我々は神のもとで、ともに一つの国だ。今日も、明日も、永遠に、我々はベストを尽くす。我々はアメリカという団結した国（The United States of America）なのだ」

バイデンが議事堂襲撃事件をめぐる演説で中ロ両国を持ち出したのは理由がある。共和党支持者と重なるトランプ支持者が起こした議事堂襲撃事件は、米国の深まる分断を象徴する出来事だった。米国社会では大統領選の結果のみならず、移民、銃規制、妊娠中絶など、あらゆる社会問題で民主党支持者、共和党支持者たちとの間で対立が深まっている。

しかし、そんな両党支持者たちが一致できる数少ない政治テーマが中国なのだ。

米調査機関ピュー・リサーチ・センターが21年3月に発表した世論調査によれば、米国市民の89%

が中国を「競争国または敵対国」と考えている。[21] バイデンが米国の内政問題である議事堂襲撃事件をめぐる演説で「専制主義」の中国に対する危機感を強調したのは決して偶然ではない。米国民が一致結束して戦うことができる相手を明示することは、米国社会の分断の癒しにつながるからだ。

「民主主義」は打倒トランプの旗

バイデンが中国を「専制主義国家」と厳しく批判して対中強硬姿勢をとる二つ目の理由が、自身と前大統領トランプとの違いを際立たせるためである。

バイデンが上院議員当時にスタッフだったチャールズ・スティーブンソンによれば、バイデンの対中観は、上院議員と副大統領を経て大統領に就任するまで、その時代ごとの米国民の中国に対する主流の考え方の変化に応じて変わった。例外的に一貫して変わらないのが、人権問題を重視する姿勢だという。

バイデンはのちに、副大統領当時に中国国家副主席だった習近平と交わした会話を明かしている。

「なぜ（米国は）人権を重視するのか」との習の問いに対し、バイデンはこう答えたという。

「人権問題に関与しない米国大統領は存在しない。もしこれを理解しないのであれば、（中国は）我々とやりとりすることはできない」[22]

スティーブンソンは、バイデンの人権重視の考え方は、若い上院議員当時に、米大統領ジミー・カーター（民主党）が掲げた「人権外交」の影響を強く受けたからだとみている。

カーターが大統領に就任したのは1977年1月で、バイデンが上院議員に就任して数年後のことだった。カーターは、熱心な福音派キリスト教徒であり、自由や人権の尊重といった民主主義の理念を世界各国に広めることを目的とした「人権外交」を提唱した。実際に人権状況が問題視されたアルゼンチンなど南米諸国について米国の軍事援助を停止したこともある。

「人権外交」には、各国政府が人権や法秩序を尊重して民主的に政権運営するようになれば、世界はより安定化するという考え方が根底にある。米国は、民主主義のモデル国である自分たちが人権尊重という民主主義の理念を世界中に広める使命があると考えた。国際関係論においては、民主主義国家同士であればお互いに戦争をしないという「デモクラティック・ピース論」という考え方があるが、「人権外交」はこの理論に通底する政策だといえる。バイデンは若手上院議員当時より、カーターの「人権外交」のような、民主党の伝統的なリベラル的価値観を一貫して重視している。

そのバイデンと全く対照的なのが、トランプである。トランプは大統領在任中、民主主義や人権を軽視する発言を繰り返し、独裁者へのあこがれをあけすけに語っていた。

中国国家主席の習近平には常に敬意を払い、ロシア大統領のプーチンを「世界の第一線のリーダー」とほめたたえた。

とくに、トランプが個人的な好意を隠そうとしなかったのが、北朝鮮・朝鮮労働党総書記の金正恩だ。国際社会の強い反対にもかかわらず、核ミサイル計画を進め、北朝鮮国内では大規模な人権弾圧を行っている。しかし、トランプは正恩とは繰り返し書簡のやりとりを行い、「（正恩に）恋に落ちた」と語った。「彼（正恩氏）が話すときに『彼の国民』は『気をつけ』をして立っている。『私の国民』も同じようにして欲しい」とまで語った。[23]

トランプは米国内においても、不法移民らに対して差別的な言動を繰り返す一方、極右団体や白人至上主義者に対しては甘い対応が目立った。

17年8月にバージニア州シャーロッツビルにネオナチなど白人至上主義団体が押し寄せ、反対派と衝突する事件があった。白人至上主義団体側の男が車で反対派に突っ込み、1人が死亡、多数が負傷した。この事件をめぐり、トランプは双方に問題があるという考えをにじませ、白人至上主義者を名指しして非難することはしなかった。

バイデンはのちに、自身が大統領選出馬の意思を固めたのは、このシャーロッツビルの事件でのトランプの態度だった、と告白している。20年8月の民主党全国大会での大統領候補としての指名受諾演説で事件を取り上げ、こう語った。[24]

「(トランプ)大統領が(当時)何と言ったか、覚えているだろうか。彼は『(白人至上主義者と反対派の)両方にとても良い人々がいる』と」

バイデンは語気を強めた。

「私にとって(トランプの発言は)行動を呼び起こすものだった。あの瞬間、私は出馬しなければいけないと思った。私の父は私たちに『沈黙は共犯だ』と教えてくれた。私は沈黙することも、共犯になることもできなかったのだ」

民主主義の理念を信奉するバイデンにとって、独裁者にあこがれて個人的な関係を深めるトランプが米国の大統領にとどまり続けるのを許すことはできなかった。自身が出馬することで、トランプが民主主義の雄である米国を専制主義国家へと作り替えるのを防ごうという気持ちもあっただろう。

スティーブンソンは、バイデンが外交政策をめぐって「民主主義vs.専制主義」というイデオロギー闘争を打ち出した背景に、政敵のトランプに対する対抗意識があったとみる。

「自分の外交は、『独裁者と仲良くしよう』というトランプとは違うと打ち出すうえで有効だからだ」

理念先行型外交、権威主義国家の結束促す

バイデンは大統領に就任すると、民主主義国家の指導者らを米国に招待し、「民主主義サミット」を開催した。世界の民主主義を促進し、中ロを軸とする専制主義国家に対抗するのが目的だった。

しかし、その効果は疑問視されるものとなった。

最大の理由は、世界中の国々を民主主義国家か、それとも専制主義国家かという線引きをしたうえで、専制主義国家や権威主義国家をサミットの招待国から除外したことにある。サミットに招待されない国々は、米国から事実上、「専制主義国家」というレッテル貼りをされたことになる。つまり、非招待国の政治指導者たちは、自分たちの政治体制が米国から敵視されていると認識せざるをえない。

このため、非招待国となった中東諸国などは、自分たちの政治体制の安全を図るため、逆に米国と対決する中ロ両国への接近を強め始めた。バイデン肝いりの「民主主義サミット」は、世界の民主主義をもり立てるというバイデンの思いとは裏腹に、皮肉にも中ロ両国を軸とする権威主義国家たちの結束を促す結果となったのである。

「民主主義サミット」に見られるように、「民主主義vs.専制主義」という理念先行型のバイデン外交は、ディール（取引）外交を権威主義国家相手にも繰り広げたトランプとは異なり、世界を二分する

危うさをはらむ。

　確かに民主主義の理念を軽視するトランプは、米国と同じリベラル的な価値観を共有する西側諸国のリーダーとしてはふさわしくなかった。しかし、裏を返せば、トランプは相手国の人権状況や権威主義的政治手法を問題視しないぶん、イデオロギー闘争抜きで、権威主義国家と純粋に二国間の利害調整を行うことができたのは事実である。少なくとも、権威主義国家の政治指導者たちからすれば、トランプは相手国の政治体制を認めるという前提に立っているため、交渉が成り立つ相手だったに違いない。

　バイデンの理念先行型外交によって世界の分断はさらに進んだ。バイデンが民主主義の理念を世界に広めるというリベラル的価値観を重視し、「民主主義vs.専制主義」というイデオロギー闘争を打ち出している以上、権威主義国家の指導者たちはバイデンが最終的に自分たちの国の体制転換（レジームチェンジ）を目指しているのではないかと疑いのまなざしを向けざるを得ない。この結果、権威主義国家は米国を自分たちの共通の脅威とみなし、お互いに結束を図ることになる。同時に、米国主導の西側諸国とは距離を置く新興国・途上国のグローバルサウスが存在感を高め、世界の多極化が進むことで国際システムの不安定さも増している。

　もちろんバイデンはトランプと異なり、米国の単独主義的な行動は控え、国際協調を重んじる。しかし、その国際協調の相手は米国の同盟国・友好国の間だけに限定されているのが実情だ。例えば、ウクライナ戦争で、ロシアを国際的に孤立させて弱体化させるためには、ロシアの最大の支援国である中国との仲を裂かなければいけない。しかし、民主主義の理念を重視するバイデンは、逆にその理念に手足を縛られ、中ロの分断工作を図るといったパワーゲームを仕掛けることが難しい。バイデンの外交には理想主義者ゆえの危うさとナイーブさが常につきまとっている。

習近平の権威主義化と対中強硬支持の米国世論

この章では、バイデンに焦点を当て、もともと対中穏健派だったバイデンが対中強硬派へと転じていく過程を検証した。

バイデンが対中強硬姿勢を取るようになった最大の理由は、次の三つだ。

第1が、旧知の習近平の変化だ。バイデンと習は政権ナンバー2当時、中国国内を一緒に旅し、お互いに本音を長時間にわたって語り合い、信頼関係を培った。しかし、習は政権トップに就任すると、集団指導体制を見直して自身への権力集中を図り、中国国内では人権を抑圧する政策を進めるとともに、周辺国には威圧的な外交を繰り広げた。バイデンは、こうした習の権威主義体制を強めていく姿に警戒感を強めた。

第2が、対中強硬を支持する米国内世論の存在だ。20年大統領選において、現職大統領トランプに勝つため、バイデンは対中穏健派とみられてきた自身の姿勢を対中強硬へと転換させた。バイデンは大統領に就任すると、あれほど批判してきたトランプ政権の政策の中で、中国に対する「競争政策」はそのまま踏襲した。リベラル派と保守派の間で二極化する米国世論だが、対中強硬姿勢は両派が一致している数少ない政策だ。バイデンは米国民主流の「コンセンサス」に従った。

第3が、民主主義と人権を重んじるバイデンのリベラリストとしての性格だ。バイデンは、権威主義的傾向をもつトランプが大統領の座にとどまり続けることに危機感を覚え、大統領選への出馬を決断した。バイデンは、中国やロシアの政治指導者たちとトランプを重ねてみており、「民主主義vs.専制主義」を打ち出したのも、外交だけではなく、トランプ勢力に対抗するという内政的な理由があった。

かつて個人的な信頼関係を培ったバイデンと習だが、現在の米中関係が抜本的に改善することは難しい。経済、外交、軍事、科学技術のいずれの面でも米中間の対立は根深い。米中対立にはイデオロギー闘争の要素も加わっている。両首脳が再び意思疎通を活発化させることがあれば、米中対立の緊張を一時的に緩和する効果を生み出す可能性はあるだろう。しかし、その対立そのものを解消させることはない。なぜならば、米中対立は、米中両国の覇権争いという構造的な問題に根差すからだ。

米中両国の覇権争いを考えるうえでカギとなるのが、トランプ政権が開始し、バイデン政権が引き継いだ「競争政策」である。次の章では、米国の国家的な意思に焦点を当て、なぜ米国は長年にわたる「関与政策」をやめ、中国との競争に勝利することを目指した「競争政策」を始めたのかを検証する。

第2章

トランプ政権、中国への「競争政策」を始める

1．米国の国家意思とは何か

米国、中国を「競争国」と規定

バイデン政権は「競争政策」に基づき、中国を相手に激しい競争を繰り広げている。「競争政策」とは、経済力、外交力、軍事力、文化力とあらゆる国家のリソース（資源）を総動員し、ライバル国との競争に勝利することを目指す政策である。

経済分野では、トランプ政権の始めた制裁関税の維持に加え、新たに半導体のサプライチェーン（供給網）など重要産業においては米中経済の事実上の切り離し（デカップリング）を図っている。外交では、日本などの同盟国・友好国との連携強化を進め、日米豪印4カ国の戦略対話「QUAD（クアッド）」や米英豪3カ国の安全保障協力の枠組み「AUKUS（オーカス）」を結成して中国に対抗。軍事面でも、同盟国・友好国との相互運用性や統合運用能力を高め、米国の抑止力を強化するという「統合抑止（Integrated Deterrence）」を掲げ、台湾に対する軍事支援も強化している。

この章では、なぜ米国は中国に対して「競争政策」を行っているのか、三つの論点から検証する。

第1は、米国はその国家的な意思として、中国の脅威をどのように認識しているのかを検証する。米国の「国家安全保障戦略（National Security Strategy, NSS）」や元米ホワイトハウス高官の証言をもとに、新興国家の台頭を許さないという「既存の覇権国家」としての米国の国家意思を分析する。

第2は、トランプ政権が「競争政策」を始める政治的動機は何だったのかを探る。トランプ政権当時、「影の大統領」と呼ばれた元米大統領首席戦略官スティーブン・バノンの証言から紐解く。

米国の中国に対する「競争政策」

目標	経済力、外交力、軍事力など国家のあらゆる資源を総動員し、競争国の中国に勝利する
経済分野	対中制裁関税。半導体サプライチェーンからの中国の切り離し（デカップリング）
外交分野	同盟国・友好国との連携強化で事実上の「対中包囲網」結成。QUAD や AUKUS を結成
軍事分野	台湾への軍事支援強化。同盟国・友好国の軍との相互運用性や統合運用能力を高める「統合抑止」の提唱

第3は、国際システムという構造的な観点から、なぜ米中の覇権争いが起きているのかを考える。背景には、米国の「一極体制」の時代が終わり、「多極体制」時代を迎えて世界が不安定化し、大国同士が覇権を争い合う「大国間競争」が再び熾烈になってきているということがある。

それでは米国の国家意思という論点から入っていこう。

米国の国家意思を知るうえで最も重要なのが、米政権の外交安全保障政策の指針となる「国家安全保障戦略（ＮＳＳ）」である。米国は国際情勢の変化に合わせて基本的に4年に1度の間隔でＮＳＳを策定しており、このＮＳＳに基づき、国家防衛戦略なども策定される。ＮＳＳは外交安全保障政策をめぐる米国としての国家意思をあらわす文書である。

では実際にバイデン政権が22年10月に策定したＮＳＳを見てみよう。[1]

ＮＳＳは冒頭で、米国の国益を、①米国民の安全を守ること、②米国民の経済的繁栄と機会を拡大すること、③アメリカ的生活様式の根幹にある民主主義的価値観を守ること——だと規定している。これらの国益を追求するため、NSSは米国の外交安全保障政策の目標を「自由で開かれた、繁栄し、安全な国際秩序」を実現することだと明記している。

NSSが米国の国益を追求するうえで最大の障害とみなし、米国の安全保障に脅威を与えている国だと名指ししているのが、中国とロシアだ。バイデン政権は中ロ両国を、力によって現状変更を試みる「修正主義勢力」であり、民主主義的価値観を否定する「専制主義国家」だとみている。

ただし、中ロ両国に対する脅威認識の度合いはそれぞれ異なる。

ロシアの場合、ウクライナ侵攻に踏み切ったことを念頭に、NSSはロシアを「自由で開かれた国際システムに対して差し迫った脅威を与えている」と指摘する。一方、中国については「米国にとって最も重大な地政学上の挑戦」であり、「国際秩序を再構築する意図と能力を持つ唯一の競争国」だ、と規定している。

NSSにおける中ロに対するこれら脅威認識の書きぶりの違いをみると、バイデン政権は、短期的にはウクライナとの戦争を続けているロシアを脅威だと認識しているが、中長期的には中国をより重大な脅威としてとらえていることがわかる。

とくに、注目するべき点は、中国についてNSSが「国際秩序を再構築する意図と能力を持つ唯一の競争国」と認定している部分である。バイデン政権の考えでは、中国は欧米諸国が主導して築いた既存の国際秩序を否定し、経済力、軍事力において自分たちに都合の良いような新たな国際秩序を構築する能力をもっているというわけだ。

新たな国際秩序を構築しようとする意図と能力をもつ大国は「潜在的覇権国家」と解釈される。例えば、第2次世界大戦中における帝国日本はアジアにおける「潜在的覇権国家」だった。その最大の要因は当時の日本が欧米諸国のつくった国際秩序に挑戦し、自分たちが欧米諸国に取って代わってアジアの盟主になる「大東亜共栄圏」という新しい国際秩序を掲げたことにある。米国は、習近平政権下の中国が、アジアにおける覇権国家へと成長しようとしているという強い危機感をもつ。NSSは「(中国は)インド太平洋地域における勢力圏を拡大し、世界屈指の国家になろうという野心を持つ」と強調する。この「世界屈指の国家」は「覇権国家」と読み替えてもよいだろう。既存の覇権国家である米国は、現在の中国を当時の帝国日本と同じような「潜在的覇権国家」とみなし、今のうちに中国の台頭を阻止しなければ、米国の将来の安全が脅かされるという恐怖をもっている。

バイデン政権が覇権国家へと成長しつつあるとみなす中国への対抗手段として採用しているのが「競争政策」である。経済外交軍事のすべての面において中国に対して優越する立場を獲得し、中国に打ち勝つことを目標としている。バイデン政権は対中政策の根幹としてこの「競争政策」を据えている。

バイデン、トランプの「競争政策」を踏襲

民主党のバイデン政権の策定した国家安全保障戦略(NSS)で示されている「競争政策」は、バイデン政権が独自に考えたものではない。歴代米政権の対中政策を転換させ、中国への「競争政策」を開始したのが、共和党のトランプ政権である。バイデンは前大統領トランプの政治姿勢を厳しく批判してきたが、大統領に就任すると、対中政策についてはトランプ政権のものを受け継いだ。

トランプ政権のもとで策定されたNSS（17年12月策定）[2]と、バイデン政権のNSSとの共通点をみてみよう。

トランプ政権のNSSで最も重要な点は、米国にとっての中国の新しい位置づけである。民主党のオバマ政権のNSSは「米国は、安定し、平和的で、繁栄した中国の台頭を歓迎する」と記していたが、[3]トランプ政権のNSSはこの方針を180度転換した。中国を「競争国」と規定し、米国は中国の台頭に対抗する考えを示した。さらに、中国を「修正主義勢力」と位置づけ、中国について「インド太平洋地域から米国を追い出し、政府主導の経済体制を拡大させ、この地域を自分好みの体制に変えようとしている」と指摘した。これは、バイデン政権による「国際秩序を再構築する意図と能力を持つ唯一の競争国」という中国の定義と同様の趣旨である。

トランプ政権におけるNSSの最大の特徴は、米国で長年続いてきた中国への「関与政策」の終結をうたい、「競争政策」を開始したことにある。

トランプ政権のNSSでは、歴代米政権の対中政策を念頭に「（米国は）競争国に対し、『関与政策』をとり、国際機関やグローバルな通商体制へと組み入れれば、彼らは善良な国家となり、信頼にたる友好国になるという想定のもとで政策が取られてきた」と振り返る。「関与政策」とは中国との関係を深め、中国の経済的繁栄を手助けする政策のことを指す。1972年に米大統領リチャード・ニクソン（共和党）が訪中して米中和解を実現して以来、歴代米政権は、自分たちが主導して築き上げた国際経済体制に中国が参加することを歓迎してきた。中国は今はまだ一党独裁の共産主義国家だが、経済の自由主義化が進むことで政治の民主化も進み、いずれは自分たちと同じように自由や人権などの民主主義的価値観を尊重する国へと生まれ変わる――。歴代米政権はこんな期待感を抱いたのだ。

しかし、トランプ政権のNSSはこうした歴代米政権の「関与政策」について「その政策は見直しが迫られている」と主張した。そのうえで、歴代米政権が抱いていた将来の中国に対する楽観論について「ほとんどの部分で、この前提は誤っていたことが判明したのである」と断じた。中国が周辺国の主権を脅かして勢力を広げ、権威主義体制を強化し、軍事力の拡大を図っていることに強い懸念を示したうえで、「前世紀の出来事として忘却されたのち、大国間競争が回帰した」という認識を示した。「大国間競争」とは、複数の大国同士が覇権を求めて競争し合う状態を指す。過去では、第1次世界大戦前夜における欧州各国のライバル関係や、米ソ冷戦がこの「大国間競争」にあたる。トランプ政権は、現在の米中関係は「大国間競争」にあたるとの認識を示したうえで、米国の対中政策が長年の「関与政策」から「競争政策」へと転換したことをNSSにおいて明確に宣言したのである。

中国をめぐる米政権の国家安全保障戦略（NSS）の記述

オバマ政権	米国は、安定し、平和的で、繁栄した中国の台頭を歓迎する
トランプ政権	競争国。インド太平洋地域から米国を追い出し、この地域を自分好みの体制に変えようとしている
バイデン政権	米国にとって最も重大な地政学上の挑戦。国際秩序を再構築する意図と能力を持つ唯一の競争国

それでは、なぜトランプ政権は17年当時、歴代米政権の「関与政策」の見直しに踏み切り、「競争政策」を始めたのか。

米国の国家意思を形成しているのが、ワシントンの安全保障コミュニティに属する政策決定者たちである。リアリストの米国際政治学者スティーブン・ウォルトは彼らを「外交政策エリート」と呼ぶ[4]。

筆者は、そのうちの1人であるトランプ政権のNSSの主要執筆者に会い、「競争政策」を始めた理由を尋ねた。

NSS執筆者「米国の関与政策は失敗した」

ナディア・シャドロウ。

トランプ政権のホワイトハウスで米国家安全保障担当大統領次席補佐官を務め、17年12月に策定された国家安全保障戦略（NSS）の執筆を中心的に担った。国家安全保障問題の戦略家であり、現在は保守系の米シンクタンク・ハドソン研究所上級研究員を務める。

トランプ政権のNSSは中国を「競争国」だと初めて規定した。バイデン政権のNSSも中国を「国際秩序を再構築する意図と能力を持つ唯一の競争国」と規定しており、トランプ政権の「競争政策」を継承した。NSSの主要執筆者であるシャドロウは、米国の「競争政策」をめぐる生みの親ともいえる存在である。

シャドロウは筆者の取材に対し、「バイデン政権にトランプ政権の対中政策の継続性を見るのは興味深い」と述べ、「バイデン政権の対中政策にはNSSの『競争国』規定など、多くの共通点が見られる」と語った。[5] ただし、「バイデン政権のNSSには（トランプ政権の掲げた）強い軍隊を重視する『力による平和』という言葉が取り除かれたり、国際機関との協力を重視したりするなどの違いもある」とも指摘する。

シャドロウに、17年のNSS執筆当時、中国を「競争国」と定義する必要があると考えた理由を尋ねると、トランプ政権は、共和党のG・W・ブッシュ、次の民主党のオバマ両政権内の中国に対する問題意識を継承したという見方を示し、「(中国問題は)ずっと以前から指摘されてきた」と語った。

実は、シャドロウが指摘する通り、最初に中国を「競争国」と呼び始めたのは、共和党大統領のG・W・ブッシュである。

もともと対中強硬派だったブッシュは00年米大統領選をめぐり、中国国内の人権問題や軍事的台頭を厳しく批判し、「(民主党のクリントン政権は)中国を『戦略的友好国』と呼ぶ。しかし、中国は米国の『戦略的友好国』ではない。中国は我々と価値観を共有しない『競争国』である」と主張していた。[6] 政権発足後、ブッシュはクリントン政権の対中政策を転換し、中国に対し厳しい姿勢を取るとみられていたが、01年米同時多発テロの発生で状況は変わる。ブッシュは「テロとの戦い」を優先。中国からも協力を得ようと、中国に融和的な姿勢を取る方針に切り替え、ブッシュ政権が中国を公式に「競争国」と定義することはなかった。

ただし、ブッシュ政権はその後も経済的、軍事的に急成長し続ける中国に対し警戒心を持ち続けた。米国務副長官ロバート・ゼーリックは05年の演説で、中国の知的財産侵害や透明性を欠いた軍事力増強などの問題点を指摘したうえで、中国は欧米主導の既存の国際秩序のもとで「責任あるステークホルダー(利害共有者)」としての役割を果たすべきだと要求した。[7]

ブッシュ政権のあとを引き継いだ民主党のオバマ政権は当初、新しく国家主席となった習近平に期待を寄せていたものの、権威主義体制を強める一方の習の政治手法を見て次第に失望の色を深めていった。オバマ政権はアジアへの「リバランス(再均衡)」政策を掲げ、中国の台頭に対抗しようとする。

米国防長官のアッシュ・カーターは16年の演説で、米国はアジアで中国、欧州でロシアによる挑戦を受けているとし、「大国間競争への回帰」だと強い危機感を示した。[8]

ブッシュ、オバマ両政権ともに中国に対する「関与政策」を維持していたものの、中国の急速な台頭に懸念を強めていたのである。

シャドロウは取材に対し、「中国に対する（前政権からの）こうした懸念に直接対応しようと決めたのが、トランプ大統領だった」と語る。

「トランプ氏のスタイルは直接的だ。彼はシステムを大きく刷新したり、破壊したりすることを懸念しなかった。トランプ氏はこれまでと異なる手法をとらなければいけないというリスクを喜んで引き受けたのだ」

そのうえで、シャドロウは、「（トランプの決断がなければ）米国の不利な立場を転換することは不可能になっていたと思う」と述べ、トランプの対中強硬姿勢を評価した。

トランプ政権のNSSの大きな特徴は、ニクソン訪中以来、歴代米政権が続けてきた中国への「関与政策」の終焉を宣言したことにある。

シャドロウは、「残念ながら、（中国への）『関与政策』はほとんどの部分で失敗した」と指摘する。

「米国は、中国と共通の利益と目的をもって協力しあえば、米国と中国の政治経済システムは一つに収斂できると考えてきた。しかし、中国は米国と全く異なる野心をもち、米中両国は異なる政治哲学、経済哲学、世界観をもっていた」という。そのうえで、「NSSにおいては、もし我々が『関与政策は機能する』というそぶりを続ければ、もはや米国の利益を守ることはできなくなると考えた」と語った。

半導体めぐる米中経済のデカップリング

シャドロウは、重要産業をめぐる米中経済のデカップリング（切り離し）に踏み込む主張も先駆けて行った。新型コロナ感染が米国内で急速に拡大していた20年4月、「米国は中国から独立するべきだ」というタイトルの論考を同僚とともに米メディアに寄稿した。[9]

論考では、コロナ危機によって米国内でマスクや防護服不足が指摘されるなか、シャドロウは米ソ冷戦時代を例に挙げ、米国は中国には頼らず、自国内で必需品を生産できる体制を整えるべきだと提唱した。

シャドロウは論文執筆の理由について、「米国はこれまで自分たちの製造能力を他国に輸出することで、それが他国に技術革新を与えるということを深く考えてこなかった」と語る。しかし、コロナ危機がこうした米国の認識を変えたという。

「パンデミックが起きた結果、米国ではいくつかの分野のサプライチェーン（供給網）は（国家によって）きちんとコントロールされるべきだという議論が起きた。米国は、経済安全保障を確実なものにするために必要な製造能力を維持していく必要があるのだ」と語る。

シャドロウが、とくに米国が製造能力を維持するべき重要産業として挙げたのが、半導体だった。「米国経済のすべてが半導体に依存している。コーヒーマシンからジェット機まで、米軍組織も兵士たちも半導体に依存している。このため、米国が半導体の重要部分を製造する能力を保持することは極めて重要だ。一度製造能力を失えば、再びその能力を取り戻すのはとても難しい」

シャドロウの論文発表後、バイデン政権は経済安全保障における中国の脅威の高まりに対応するため、半導体の国内製造能力の強化を図った。22年8月、米国での半導体生産への補助金や研究開発支援のために巨額の補助金を投じる「CHIPS（チップス）及び科学法」を成立させた。シャドロウが指摘したように、米国が将来的に中国産半導体に依存しない体制を構築することが大きな目的である。

さらに、バイデン政権は、半導体をめぐる対中輸出規制に乗り出している。同年10月、中国の大量破壊兵器などに米国の半導体技術が使われる恐れがあるとして、半導体技術や製品の中国向け輸出を事実上制限する規制の導入を発表した。日本とオランダにも対中輸出規制の協力を要請しており、半導体のサプライチェーンをめぐって米国と同盟国による中国排除の仕組みが強化されつつある。

米中関係は「冷戦」に陥らないという主張の有力な理由の一つが、米ソ時代とは異なる米中経済の結びつきの強さがある。米中は貿易面においても相互依存関係が深く、米中経済のデカップリングは起こりえないというわけだ。しかし、実際には経済安全保障を名目に、半導体などの最先端技術分野においては、すでにデカップリングは起き始めている。

トランプ政権のNSSを執筆したシャドロウは、筆者の取材を通じ、米国の対中政策をめぐって、二つの重要な点を指摘している。

第1は、トランプ政権が歴代米政権の維持してきた「関与政策」を転換し、「競争政策」を開始したのは、トランプの思いつきではないということだ。共和党のG・W・ブッシュ、民主党のオバマ両政権内でも、中国の不公平な貿易慣習や知的財産の侵害、急速な軍事力増強をめぐって議論があり、こうした中国に対する懸念をトランプ政権が継承する形で、国家戦略の政策転換につなげていったというものである。民主党のバイデン政権が共和党のトランプ政権の政策のほとんどに批判的だったにもかかわらず、対中政策はそのまま引き継いだことにもうなずける。すでにブッシュ、オバマ両政権内で中国脅威論は広く認識されていたため、中国に対する「競争政策」は民主、共和という党派を超え、米国の国家意思として表にあらわれたのである。

第2は、「競争政策」の生みの親ともいえる人物が、米ソ冷戦を参考に、とくに安全保障に関する重要分野について、米中経済のデカップリングを進めるべきだと考えていたという点である。シャドロウの対中観は「対中タカ派」として位置づけられるが、ワシントンでは決して少数派ではない。現実にバイデン政権のもとでは、半導体のサプライチェーンをめぐって事実上のデカップリングが起きている。経済安全保障を名目に、米中経済の分断がほかの重要産業分野でも広がっていく可能性もある。

米政権のNSSを検証すると、台頭する中国に対抗するため、米国は国家意思として「競争政策」を行っていることがよくわかる。しかし、疑問が残るのは、ブッシュ、オバマ両政権も中国の台頭に脅威を感じ始めていたのに、なぜトランプだけがこうした懸念に「直接対応しようと決め」（シャドロウ）、「関与政策」を終焉させ、「競争政策」を始めることができたのかという点である。そこには、政策論とは別に、何かしらの強い政治的動機があるはずだ。

次は、トランプ政権当時、対中政策のイデオロギーをめぐってカギを握る人物の話をもとに、トランプ政権が「競争政策」を始めた政治的動機を探ってみよう。

2. トランプ政権を突き動かした民意とは何か

対中「スーパータカ派」、スティーブン・バノン

スティーブン・バノンは、トランプ政権で「影の大統領」と言われた元米大統領首席戦略官である。政権内で対中国政策をめぐって「スーパータカ派」を自称し、政権発足当初にホワイトハウスを対中強硬へと性格づけすることに重要な役割を果たした。

バノンは現在、ワシントンを拠点にポッドキャスト番組を主宰し、トランプを支持する右派運動「MAGA（Make America Great Again, 米国を再び偉大に）」のイデオローグ的存在となっている。番組では、中国の脅威を訴え、中国との対立をさかんに支持者たちにあおっている。

バノンは前出のナディア・シャドロウのような、ワシントンの安全保障コミュニティのエリートではない。むしろ対極的に位置する存在だといってもよい。自らを「右派ポピュリスト」だと名乗るように、動物的な政治センスを働かせて民意をつかみ取り、トランプを支える政治運動のうねりを作り出している人物だ。バノンはどのような対中観をもち、そして、どのような米国民の民意をもとに、トランプ政権の対中強硬策の形成に寄与したのか。

22年4月下旬、ワシントンの閑静な住宅街。その一角にバノンの事務所がある。建物内に入ると、1階に設けられた小さなスタジオで、バノンのポッドキャスト番組「ウォールーム　パンデミック」の収録が行われていた。

番組名は19年12月の開始当時、中国で新型コロナが確認された直後に名づけられたものだ。以来、バノンは番組で「新型コロナウイルスは中国・武漢研究所で人為的に開発された」という陰謀論を流し続けている。この番組名からもわかる通り、中国に対する攻撃はこの番組の最も重要な柱のひとつだ。

筆者のインタビューに応じる元大統領首席戦略官のスティーブン・バノン氏（2022年4月26日、ワシントン）＝朝日新聞社、ランハム裕子撮影

バノンはこの日の番組で、ロシアのウクライナ侵攻の問題を取り上げ、「ロシアのウクライナ東部に対する攻撃は、米国の国家安全保障問題とは何ら関係ない」と強調していた。バイデン政権によるウクライナへの軍事支援強化を真っ向から否定する主張だ。

収録後、バノンに発言の真意を尋ねた。

「ロシア語を話す人々が住むウクライナ東部の問題は、欧州が対応するべきだ。米国の存立にかかわるような国家安全保障上の利益は何もない。我々には何ら利害関係がない。まるでインドとパキスタンが争うカシミール地方のような問題だ」

バノンはウクライナ問題について、「欧州の問題だ。欧州自身に任せるべきだ」と言い切る。

「欧州がロシア産の天然ガスを買うことをやめ、（GDP比）2％以上の国防費を払う準備ができたならば、私も『よし、それならば我々もウクライナを支援しよう』と言うだろう」

バノンの発言はウクライナを突き放すものだが、実は米国内では共和党を中心に似たような意見は多い。24年米大統領選をめぐる共和党候補指名争いでトランプに次いで有力だったフロリダ州知事ロン・デサンティスも、ロシアによるウクライナ侵攻は「領土紛争」であり、米国にとって「重要な国益」ではないという認識を示している。[11]

世論調査を見ると、共和党支持者の方が民主党支持者に比べ、ウクライナに対する武器輸出などの米国の軍事支援に消極的な意見は多い。米調査機関ピュー・リサーチ・センターの23年11〜12月の調査によると、ウクライナに対する支援が「過大だ」と答えたのは、民主党支持者が16％であるのに対し、共和党支持者は48％にのぼる。[12]

一方、ウクライナに対する軍事支援の度合いについて両党間で差はあるものの、戦争への米国の直接的な軍事介入に対する反対は超党派の共通認識と考えてよい。同じピュー・リサーチ・センターのロシアのウクライナ侵攻直後の調査では、「ロシアとの核戦争のリスクがあっても米国は軍事行動を起こすべきか」という問いには、62％が反対し、賛成したのは35％にとどまった。[13] 01年の米同時多発テロ以降、泥沼化した一連の対テロ戦争に対する米国民の「戦争疲れ」の影響が、ウクライナ戦争への直接的な軍事介入に消極的な意見としてあらわれているといえる。

米国内において伝統的な孤立主義的傾向が強まっているという見方もできる。近年、アフガニスタン戦争やイラク戦争などをめぐって米国は他国への軍事介入に積極的だというイメージは強いが、実際には「モンロー教書」（1823年）を発出した国である。米国はこれにより、自分たちが欧州に干渉しない代わり、欧州に対して自分たちの西半球に干渉しないことを求める孤立主義の原則を示した。米国は欧州における戦争への介入に消極的な姿勢を示し続けた歴史があり、欧州を舞台とした第1次世界大戦、そして第2次世界大戦も、米国内の世論は当初、米国の参戦に消極的な意見が強かった。ウクライナ問題を「欧州の問題」として距離を取る主張は、米国の伝統的な孤立主義者の考え方ということができる。

ただし、バノンが伝統的な孤立主義者と異なるのは、「中国共産党が米国や同盟国にとってナンバー1の問題だ」と主張し、ロシアに対する態度とは対照的に、中国に対しては極めて好戦的な姿勢を取っていることだ。この点は、「米国の国家安全保障上の利益は何もない」と言い切るウクライナ問題とはまるで異なる。

バノンはこう主張する。

「南シナ海とマラッカ海峡は、米国にとって最も重要なホットスポットである。我々の重要な同盟国・日韓、フィリピン、豪州をつなぐ場所だ。これらが米国の存立にかかわる国家安全保障上の国益だ」

中国が軍事的な圧力を強める台湾についても「米国の存立に関わる国家安全保障上の国益だ」と語る。

「台湾は世界で8割以上の最先端の半導体チップを製造する『シリコンバレー』であり、もし台湾が中国共産党の手に落ちれば、米国も日本も経済は立ち行かなくなる」

バノンは、お互いに関係を深める中ロ両国の力関係をめぐって、ロシアの経済規模は「ニューヨーク州並みだ」と突き放し、「問題は中国共産党だ。中国共産党が裏で支援しなければ、ロシアは何もできなかっただろう」と語り、中国がロシアよりも優越的な立場にあるという見方を示す。

バノンは、中国のもとに、ロシアのみならず、北朝鮮やパキスタン、イラン、アラブ首長国連邦といった世界各国の権威主義国家が集結しつつあるとの見方を示し、中国こそが米国のたたくべき「ヘビの頭」だと力を込める。

「新しい保安官が町にやってきた」

バノンはトランプ政権の対中政策をめぐり、政権内でどのような役割を果たしたのか。

バノンはまず、16年大統領選でトランプ陣営入りして最高経営責任者（CEO）に就任した当時を振り返り、「私が（陣営内で）最も重要な点として強調したのは、『中国共産党（Chinese Communist Party, CCP）』は敵だということだった」と語る。

そのうえで、バノンが「自分の最も誇るべきこと」と前置きして語ったのが、トランプ政権以降、米政府が中国を批判する際に「中国人」という言葉を使わず、「中国共産党（CCP）」という言葉を使うようになったことだという。「（我々の）敵は『CCP』であり、『中国人』ではない」と言う。実際にのちのバイデン政権を含め、米政府が「CCP」という言葉を頻繁に使うようになったのは事実である。

トランプは当選直後の16年12月、台湾総統の蔡英文と電話会談している。1979年の米台断交以来、米大統領と台湾総統とは直接接触しないという長年の外交上の慣例を破るもので、中国は強く反発した。バノンが筆者に明らかにしたところでは、バノンは当時、トランプに対し、「台湾からの電話に出るべきだ」と進言したという。

政権発足後の17年2月、中国外交を統括する国務委員（副首相級）楊潔篪がワシントンの米ホワイトハウスを訪問している。その際、楊はトランプ政権高官たちと協議しているが、そのメンバーの中にバノンもいた。

バノンによれば、楊が協議の中で、南シナ海問題をめぐり、「あれは第2次世界大戦当時に……」と過去にさかのぼって中国側の原則的な立場を説明し始めると、バノンは楊の言葉を遮り、「ヘイ、新しい保安官が町にやってきたのだ」と語り、こう言い放ったという。

「新しい保安官の名前は、ドナルド・トランプという。我々はこれまでと違うルールでやっていくつもりだ」

トランプ政権内の対中政策をめぐる微妙な温度差

トランプ政権は一見、対中強硬の方針で固まっているように見えたが、バノンによると、実際には政権内は中国政策について必ずしも一枚岩ではなかったという。バノンは筆者に対し、トランプ政権内の対中観の違いをめぐり、次のように分類してみせた。

・「スーパータカ派」……大統領首席戦略官バノン、大統領補佐官ナバロ
・「強硬派」……大統領トランプ、国務長官ポンペオ、大統領副補佐官ポッティンジャー

・「現実主義派」……国防長官マティス
・「妥協派」……大統領上級顧問クシュナー

バノンはこれらの分類の中で「スーパータカ派」と「強硬派」の違いについて、中国共産党政権を合法政府とみるか、そうみないかで分かれると解説する。

「『強硬派』は（中国共産党政権が）合法的な政府だと考えている。しかし、『スーパータカ派』はそうは考えない。中国共産党は犯罪をたくらむ組織であり、国境を越えた犯罪組織だと考える」

バノンは、「打倒『中国共産党』」を公言する。習指導部を批判する在来の実業家、郭文貴と一緒に20年に創設した「新中国連邦」が中国共産党に代わる正当な政府だと主張。亡命中国人たちは中国共産党を激しく嫌っているという。

バノンは、トランプ退陣日の21年1月20日、中国政府が制裁対象として発表した米政権高官リストの一員に自身が含まれていたことを指摘し、「彼らは私を『不倶戴天の敵』だと理解している。私は（中国共産党という）悪魔を倒すまで中国の人々を支援することをやめない」と強調する。

ただし、バノンのトランプ政権をめぐる分析で興味深いのが、バノンが自身の「指導者」と呼ぶトランプの対中観は「スーパータカ派」ではなく、「強硬派」だとみていることだ。バノンはトランプに極めて近い存在だ。そのバノンは「トランプは、中国共産党政権を転覆したいとは考えておらず、これからも共産党支配は変わることはないと信じている」と語り、自らの「スーパータカ派」とは一線を画すという見方を示した。

バノンの語るトランプの対中観は、ビジネスマンとしてのバックグラウンドをもつトランプの現実主義的な思考の側面を映し出している。実際、トランプは中国に対して前代未聞の貿易戦争を仕掛ける強硬派ではありながらも、中国共産党政権の転覆を望むことはなかった。むしろ中国国家主席の習近平のみならず、ロシア大統領ウラジーミル・プーチン、北朝鮮総書記の金正恩、サウジアラビア皇太子ムハンマド・ビン・サルマンといった権威主義国家の指導者たちに敬意を払っていた。ビジネスマン的思考のトランプが最も重視していたのは、実利を得るためのディール（取引）を行うことである。トップダウン外交で話がまとまるならば、選挙のたびに政権が代わる民主主義国家よりもむしろ権威主義国家の指導者たちの方が話をしやすい。トランプの民主主義の軽視ぶりは、米連邦議会議事堂襲撃事件などをめぐり、米国内のリベラル派から激しく批判されたが、トランプは外交的にも権威主義国家に民主主義的価値観を広めるつもりもなかったし、これらの国々が民主国家へと生まれ変わることにも興味をもっていなかった。トランプはバノンら「スーパータカ派」とは異なり、中国共産党政権を転覆する考えを毛頭もっていなかったのである。

トランプ政権内の対中観の違い

スーパータカ派	大統領首席戦略官バノン、大統領補佐官ナバロ
強硬派	大統領トランプ、国務長官ポンペオ、大統領副補佐官ポッティンジャー
現実主義派	国防長官マティス
妥協派	大統領上級顧問クシュナー

【注】元大統領首席戦略官バノンの分析より

北京五輪中に気づいた「覇権国家への野望」

話をバノンの対中観に戻そう。

バノンが中国脅威論を説く背景には、米海軍将校だった自身の個人的な体験があるという。

もともとアジアに強い興味をもっていたバノンは1970年代に海軍将校だった当時、ハワイを拠点とする米太平洋艦隊を所属先として選び、多くの時間を南シナ海や東シナ海で過ごした経験がある。バノンはその後もビジネスを通じて日本や中国と関わりをもっていたが、仕事の関係で上海に滞在していた2008年当時、北京夏季五輪に遭遇する。この北京五輪がのちのバノンの対中観をかたちづくる重要なきっかけになったという。北京五輪を通じ、中国は自分たちがもはや世界最大の発展途上国ではなく、近代的で繁栄した強国となったことを世界にアピールすることに成功した。バノンは当時、五輪開催で沸き返る中国国内に身を置きながら、「中国は覇権国家になる野望を抱いている」と感じ始めたという。

バノンは、中国が01年に世界貿易機関（WTO）に加盟したのちに覇権国家になるという目標をもった、と考える。

「我々米国は、中国の巨大市場にアクセスしたいということばかりに気をとられ、中国の本質に気づこうとしなかった」

バノンは、中国が覇権国家になるための第一段階として、西太平洋地域から米国を追い出そうとしているとみる。バノンは自身が海軍将校として周辺海域をパトロールした経験をもとに、西太平洋地域は米中両国にとって戦略上極めて重要だと説く。

対中強硬を生み出す米国労働者の被害者意識

バノンは、トランプを支持する「MAGA」運動をめぐり、「我々の運動と中国は切っても切れない関係にある」と強調する。

なぜ中国と米国内政治における「MAGA」運動が密接に関係するのか。

バノンが指摘したのが、中国への工場移転で仕事がなくなり、生活に苦しんでいるブルーカラー層の米国労働者たちの存在である。

「彼らはウォールストリートの大企業が付加価値の高いすべての仕事を中国へと移転させてしまったことに気づいている。自分たちの身の回りをみれば、至るところに中国製品があふれかえっている。そして、米国は大きな貿易赤字を負ってしまった」

こうしたバノンの認識は、盟友であり、自分と同じ「スーパータカ派」だと分類している元米大統領補佐官（通商担当）のピーター・ナバロの考え方と共通する。

ナバロはトランプ政権発足5年前の2012年、「Death By China（中国による死）」と題したドキュメンタリー映画を製作している。映画のテーマは、グローバリズムによる米国民の雇用喪失である。[14]

グローバリズムの影響による雇用喪失という問題について、リベラル派は企業利益ばかりを重視し、海外に工場を移転させた多国籍企業の問題としてとらえる傾向にある。しかし、ナバロが映画の中で最大の元凶として問題視しているのは、WTOに加盟して以降、自由貿易制度を「悪用」し続けている中国の存在である。不当な為替操作による人民元安への誘導、それによる米国製品への事実上の高関税措置、知的財産の侵害、権威主義国家としての人権弾圧——。トランプ政権がのちに中国の問題として指摘するメニューがずらりと並ぶ。ナバロが映画の最終盤で、中国への究極的な対抗策として訴えているのが、中国製品の不買運動である。ナバロが映画の中で呼びかけた中国製品不買運動は、半導体分野で始まっている米中経済のデカップリングの議論とも結びついてくる。

ナバロはトランプ政権で要職に就き、米通商代表部（USTR）代表のロバート・ライトハイザーらとともに、通商問題をめぐる対中強硬政策を打ち出していった。

トランプ政権が始めた「競争政策」の根底には、シャドロウら安全保障問題の専門家たちの政策論にとどまらない、一般の米国市民らの中国に対する強い不満があった。もともとMAGA運動を支持するブルーカラー層の労働者たちは、米国の国家意思を決めてきたワシントンの「外交政策エリート」たちに対して強い不信感を抱いている。彼らは、「外交政策エリート」が主導したアフガニスタン戦争やイラク戦争など対テロ戦争によって米国社会が疲弊し、自分たちの生活も苦しくなったと考えているからだ。しかし、興味深いことに、対中強硬については、「外交政策エリート」と労働者たちの間で意見の一致がみられる。バノンら「右派ポピュリスト」は、対中強硬姿勢を取ることで、中国に対する米国内の労働者らを中心とした不満を吸収し、自分たちの政治エネルギーに変えようとしたのである。

バノンに対し、なぜリベラルなバイデン政権がトランプ政権の「競争政策」を踏襲したと思うかと尋ねると、バノンは「そうしなければ、彼らの支持率が下がってゼロになってしまうからだ」と即答した。

「この国は、経済や文化、移民などあらゆる問題で分断されている。しかし、この国が団結できる唯一のテーマがある。それが中国共産党という問題だ」

バノンの主張の正しさは、第1章でも触れたが、皮肉にも、トランプやバノン自身が関与した米連邦議会議事堂襲撃事件をめぐる式典で、バイデンが中国脅威論を力説していたことがその証拠といえる。実際、中国問題ほど米国民が一枚岩になることができるテーマはない。

バイデンの対中強硬姿勢には、バイデンを支えるリベラル勢力の一つである労働組合の意向も影響している。米国の労働組合は国内産業を守るため、自由貿易の拡大に反対であり、トランプ政権が始めた中国への制裁関税を続けるように要求している。米政権が対中強硬姿勢を取ることへの期待は、トランプを支持する保守派のみならず、バイデンを支持するリベラル派にも共通しているのである。

トランプ政権が「競争政策」を開始した経緯を検証すると、もともと米国内にあった経済格差をもたらした原因として中国を問題視する世論の動向が大きかったことがわかる。トランプやバノンという対中強硬派が政権中枢を占めたトランプ政権は、こうした中国に対する民意の不満をつかみ取り、対中強硬姿勢を打ち出すことによって、自らの政権基盤を強化しようとした。国際政治学者の高坂正堯は「(国際政治は)冷静な利害の計算によって動くのではなく、大衆の熱情によって動く」[15]と指摘するが、トランプ政権の打ち出した「競争政策」も、米国の内政上の理由が大きく関係しているのである。

それではこの章の最後に、国際システムという全体像を俯瞰する視点で、なぜ米中対立が起きているのかを考えてみたい。米中覇権争いの背景には、米国の「一極体制」時代が終わり、「多極体制」時代を迎えたことで国際システムが不安定化し、これまで沈静化していた「大国間競争」が再び始まったという構造的な問題があるからだ。

3. なぜ米国は覇権を維持しようとするのか

「一極体制」の終わりと「多極体制」時代の到来

国際政治において米国だけが強い影響力をもつ「一極体制」は、旧ソ連の崩壊とともに始まった。西半球ですでに覇権を確立していた米国は、ソ連の覇権国家化を許そうとはしなかった。米国はソ連に対して「封じ込め」政策を開始し、米ソ冷戦は両国をそれぞれ軸とした西側と東側陣営が激しく競い合う「両極体制」のもとで推移した。最終的に、1989年にベルリンの壁は崩壊し、ソ連も91年に瓦解したことで、米国が冷戦に勝利。「両極体制」は終わり、米国の「一極体制」が始まった。90年代以降は、湾岸戦争時の多国籍軍結成など、米国の強い指導力を中心に国際政治は動いていくことになる。

米国の「一極体制」が揺らぐきっかけは、2001年の9・11米同時多発テロを契機に始まった対テロ戦争の長期化で、米国内で「カム・ホーム・アメリカ（米国に帰ろう）」と呼ばれる新しい孤立主義ともいえる風潮が強まったことにある。

米国は一連の対テロ戦争をめぐって人的・経済的に大きな犠牲を払った。米ブラウン大ワトソン国際・公共問題研究所の「戦争コスト」プロジェクトによると、米軍兵士の死者数は7千人を超える。

アフガニスタン戦争やイラク戦争をめぐって米政府は、01～22会計年度で計8兆ドルを支出した。[16] これは対テロ戦争が第2次世界大戦の戦費を超え、史上最も高額な戦争となったことを意味する。

9・11後の対テロ戦争をめぐる米国の人的・経済的コストに、米国社会では厭戦気分が広がった。米国民の間には、金融危機をきっかけとした米経済の停滞で生活が苦しくなる一方、なぜ自分たちが外国のために莫大な投資を続けて犠牲を強いられなければいけないのか、という強い疑問が生まれた。そんな中、米国民の間で強まったのが、「カム・ホーム・アメリカ」という考え方である。

米シンクタンク・新アメリカ安全保障センター（CNAS）会長で、共和党重鎮の故ジョン・マケインの外交政策顧問を務めたリチャード・フォンテーヌは取材に対し、「『カム・ホーム・アメリカ』は、世界各地で行われて疲弊しきった軍事介入から抜け出し、新たな軍事介入、同盟国や米軍の前方展開戦略にかかるコスト負担を避け、そうやって節約したドルを自国のために使おうという考え方だ。米国の新たな国際的関与に極めて慎重な態度を取っている点も特徴的だ」と語る。[17]

フォンテーヌが解説するように、「カム・ホーム・アメリカ」の根底にあるのは、米国は他国の問題に介入せず、自国の問題に集中するべきだという米国民の要求である。冷戦終結以降の国際社会においてリーダー役を果たしてきた米国の内部からこのような「内向き」志向の声が強まったことは時代の大きな変わり目といえる。「カム・ホーム・アメリカ」のムーブメントは、16年大統領選でアフガニスタン戦争からの米軍撤退を公約に掲げ、他国への軍事介入に慎重なトランプの当選を後押しした。

米国民の民意は外交政策としてあらわれてくる。トランプ外交の柱である「アメリカ・ファースト

（米国第一）」は、米国民の厭戦気分を反映し、米国は他国のためではなく、米国人のためにエネルギーを注ぐという政策である。その後のバイデン政権は、単独行動主義を好むトランプ政権と異なり、国際社会との協調路線を重視したものの、米国の世界戦略をめぐる負担の分かち合いを同盟国・友好国との間で進め、自分たちの負担を少しでも減らそうとしている点においては、トランプの「アメリカ・ファースト」と本質的には同じである。トランプ、バイデンは党派は異なるにもかかわらず、ともに海外での軍事介入から手を引き、米国の人的・経済的資本を米国に集中させようとしている点では共通しているのだ。

米外交は、「モンロー教書」に代表される「孤立主義」と、米国が主導して国際秩序を構築するという「国際主義」との激しい相克の中で築かれてきたという歴史がある。第2次世界大戦以降、「国際主義」が米外交の主流だったが、一連の対テロ戦争で米国が疲弊した結果、米国社会では「内向き」志向が強まった。米大統領オバマの「米国は世界の警察官ではない[18]」という言葉に象徴されるように、米国は今、外国における軍事介入を控える代わりに、再び自国の力を蓄えるという歴史的局面に入ったとみることができる。

米国の「一極体制」のあとに始まったのが、中国やEU（欧州連合）、ロシア、インドなど複数の勢力が極となる「多極体制」である。「多極体制」では複数の有力な国家が競い合うことになるため、「一極体制」や「両極体制」に比べて国際システムは不安定となる。

こうした「多極体制」のもと、中国は米国の「内向き」志向を米国の衰退ととらえて米国の覇権に対する挑戦を始め、米中が競い合う「大国間競争」が始まった。

中国は00年代に入り、急速に経済的、軍事的に台頭した。中国国家主席・習近平がオバマに提案した「新型大国関係」は、米中を中心とする「両極体制」を前提とした新しい国際秩序を作りだそうという中国側の提案といえる。

ただし、ここで忘れてはいけないのが、米国の「一極体制」から「多極体制」の時代が到来し、中国が急速に台頭してきているといえども、依然として世界で唯一の既存の覇権国家は米国だけだという点である。筆者は、米国は「内向き」志向の局面にあるとみるが、国そのものが衰退の局面にあるとは考えない。米国は経済分野において名目国内総生産（GDP）で中国を7・5兆ドル上回り、軍事分野では約80カ国に約750の米軍基地を展開し、国防費は中国の約3倍と圧倒的に優勢だ。米国内でいくら「内向き」志向が強まっても、今も米国が経済力、軍事力ともに世界1位であることは間違いない。第2位の中国が自分たちを追い越し、取って代わろうとするのを、覇権国家の米国が黙って見過ごすことはあり得ない。

国家の究極的な目標は覇権国家となること

筆者がワシントンを取材していて強く感じてきたのが、米国が自身の既存の覇権国家としての地位を守ろうとする行動原理は、国際関係論の中の「攻撃的リアリズム」という理論が最も当てはまるという点である。「攻撃的リアリズム」は、米国のリアリストの国際政治学者ジョン・ミアシャイマーが唱える理論であり、各国家間のバランス・オブ・パワー（勢力均衡）を重視するリアリズム学派の中の主要な一角を占めるものだ。ミアシャイマーが01年に発表し、米中対立不可避の説を打ち出した

『The Tragedy of Great Power Politics』（邦題「大国政治の悲劇」[19]）に基づき、簡潔に「攻撃的リアリズム」の理論を説明したい。

国際関係論において、国際システムは、国内政治のような絶対的な権力をもつ中央政府は存在しない「無政府状態（アナーキー）」と考えられている。それぞれの国家は常に他国から侵略されないかという不安に駆られている。では、国家はどうすれば自分たちの生存への不安を克服し、弱肉強食の国際システムの中で生き残ることができるか。

ミアシャイマーはその答えを、世界最強の国家になることだと考える。ゆえに「国家の究極的な目標は、覇権国家になることだ」と唱える。[20]

覇権国家になることを目指す最大の動機は、アナーキーな国際システムの中で何とか生き残りたいという国家の本能に根ざすものだ。自らが世界で最強の覇権国家となれば、他国が侵略しようとすることもなくなる。このため、ミアシャイマーは、すべての国家は究極的に覇権国家になるという欲求のもと、自らのパワーを常に最大化しようとしている、と考えたのだ。

覇権国家同士が共存することはありえない

では、米国のような、すでに覇権国家になった国家はどのような行動をとるのか。

ミアシャイマーは既存の覇権国家は、ライバル国である新興国家が覇権国家になろうとする動きをあらゆる手立てを使って妨げようとする、と考える。ライバル国の覇権国家化を未然に防がなければ、米国の安全保障がその後に脅かされることになるからだ。米国がライバル国の経済的、軍事的成長を容認することはない。

実際、過去の米国の行動を見れば、こうした米国の覇権国家としての行動原理はわかりやすい。米国は第2次世界大戦ではそれぞれ独自の国際秩序を欧州とアジアで形成しようとしたナチスドイツと帝国日本を退けた。東西冷戦においても、ソ連に最終的に勝利し、解体に追い込んだ。米国はナチスドイツ、帝国日本、ソ連という「潜在的覇権国家」を抑え込むことに全エネルギーを注ぎ、これらの国々が覇権国家になることを未然に防いだのである。

米国の覇権国家としての地位を守る動きは、敵対国のみならず、たとえ同盟国相手であっても容赦しない。1980年代に日本の経済力が世界一位の米国に迫る勢いを見せ、「ジャパン・アズ・ナンバーワン」と言われた当時、米国は日本に市場開放や規制緩和といった構造改革を突きつけた。最終的に日本経済はバブル崩壊もあって衰退し、米国は日本が自分たちに取って代わって世界一の経済大国になることを防ぐことに成功した。

ミアシャイマーの「攻撃的リアリズム」の理論

・国家の究極的な目標は覇権国家になること
・「既存の覇権国家」は、ライバル国の新興国家が覇権国家になろうとする動きをあらゆる手立てを使って妨げようとする
・「既存の覇権国家」は米国だけである。「既存の覇権国家vs.潜在的覇権国家」の代表的事例は、米国vs.ナチスドイツ、米国vs.帝国日本、米国vs.ソ連など
・米国は中国の台頭に対抗するため、同盟国・友好国を巻き込んでバランシング同盟を結成し、中国に対して「封じ込め」政策を行うことが最も効果的である

ミアシャイマーの唱える「攻撃的リアリズム」は、「既存の覇権国家」と、新たに覇権国家になろうとする「潜在的覇権国家」の覇権争いは不可避だと考える理論である。既存の覇権国家は、自らが支配す

る地域のみならず、別の地域においてもライバル国が覇権国家になろうとするのを妨げようとする。既存の覇権国家は、ライバル国が自分の「裏庭」にまで影響力を強め、自国の安全保障が脅かされることを常に恐れているからだ。ソ連が米国の「裏庭」であるキューバにミサイル配備をし、米ソ間で核戦争の一歩手前まで緊張が高まったキューバ危機（1962年）は、この最たる例といえるだろう。キューバ危機からわかるように、仮に地理的にお互い遠くに位置する覇権国家同士であったとしても、この二つの国々が仲良く世界をすみ分けて共存するという理屈は成り立たないのだ。

米国のバランシング同盟結成による中国の「封じ込め」

このように、覇権国家と新興国家の覇権争いが構造的に不可避であるという理屈に立てば、米中対立も同じように構造的に不可避だということになる。

ミアシャイマーによれば、世界中すべての地域に支配力をもった「世界覇権国家」は存在していないが、「地域覇権国家」は存在する。近現代史において、米国が唯一、西半球における覇権を確立した既存の「地域覇権国家」である。一方、中国は経済力、軍事力を急速に伸展させており、アジアにおいて新たな覇権を確立させようとしている新興国家である。つまり、現在の米中間の根本的な対立の原因は、「攻撃的リアリズム」理論の指摘する「既存の覇権国家（米国）」vs.「潜在的覇権国家（中国）」の覇権争いという構造的問題に根ざすことになる。覇権国家同士が地理的に遠く離れていても世界をすみ分けて共存することはありえないように、米国が中国の「新型大国関係」や「平和的台頭」という主張に同調し、米中対立が解消するということはありえない。

こうした「既存の覇権国家」としての米国の意思は、バイデン政権の「国家安全保障戦略（NSS）」の随所にあらわれているといえる。中国を「国際秩序を再構築する意図と能力を持つ唯一の競争国」だと規定し、「（中国は）インド太平洋地域における勢力圏を拡大し、『世界屈指の国家』になろうという野心を持つ」と強調する。NSSを読めば、米国は現在の米中競争を「既存の覇権国家vs.潜在的覇権国家」による争いとしてとらえていることがわかる。もちろん「競争政策」を仕掛ける側の米国はその理由として、中国の急速な軍備拡大、不透明な貿易慣習、知的財産侵害、人権弾圧といった中国側の政策的な問題を指摘する。しかし、国際システムという構造全体に着目すれば、これとはまた異なる別の側面も見えている。つまり、新興国家の中国に対抗し、既存の覇権国家としての地位を守ろうとする米国の国家としての本能が「競争政策」を作り出しているという側面である。ミアシャイマーの「攻撃的リアリズム」はこうした米中対立の構造を的確に説明しているのだ。

「既存の覇権国家vs.潜在的覇権国家」による対立は構造的に不可避だという前提のもと、ミアシャイマーが米国の取るべき対中戦略として提言しているのが、アジアにおける米国の同盟国・友好国を巻き込んでバランシング同盟を結成し、中国に対して「封じ込め」政策を行うことである。

バランシング同盟とは強力な敵対国に対抗するため、ほかの国々と同盟関係を結び、敵対勢力との間で勢力均衡を図ることを指す。ミアシャイマーは、対中バランシング同盟の理想的な形態として、冷戦期にソ連に対する「封じ込め」政策で重要な役割を果たした北大西洋条約機構（NATO）を挙げ、アジアにもNATOのような同盟を構築することが最も効果的だと主張する。

ミアシャイマーの著作が最初に世に出て20年余りを経た今、米中対立は激化の一途をたどり、実際にアジアにおいては米国主導のもと対中バランシング同盟を結成する動きが加速している。バイデン政権は米国の同盟国・友好国との関係を強化することで中国に対抗しており、日米豪印4カ国の戦略対話「QUAD（クアッド）」を重視して首脳会談を重ね、米英豪3カ国の安全保障協力の枠組み「AUKUS（オーカス）」も結成した。これに対し、中国は冷戦時代のソ連に対する「封じ込め」政策を米国が中国相手に対して行っているとして、クアッドやオーカスといった枠組みを「アジア版NATO」[21]だと激しく反発する。

バイデン政権の「競争政策」に批判的な立場を取る元米国務次官補代行のスーザン・ソーントンは、取材に対し、「中国は『米国が我々の経済に打撃を与え、（同盟国と一緒に）連合を形成して我々を取り囲み、我々を封じ込めようとしている』と考えている。バイデン政権は『我々はそんなことをしていない』と主張する。しかし、間違いなくそう見えている」と語る。[22]

ソーントンの指摘する通り、バイデン政権は、米国が中国に対して「封じ込め」政策を行おうとしていることは表だって否定しているものの、現在の米国主導のこうした対中バランシング同盟結成の動きは、まさにミアシャイマーの主張した「封じ込め」政策と通底したものということもできるだろう。

「競争政策」につきまとう危険

この章では、なぜ米国は中国に対し「競争政策」を行っているのかという点について検証してきた。その結果わかったことは、第1に、米国はその国家意思として、中国を自分たちの安全保障にとって最大の脅威としてとらえ、自分たちの優位的な立場を中国に取って代わられることを国家の総力を挙げて防がなければいけないと考えている、という点である。第2に、「競争政策」を始めたトランプ政権の政治的動機を考えた場合、米国内の経済格差を悪化させた原因として、中国を問題視する世論の影響が大きかった。第3に、国際システムという観点から米中対立をみたとき、米国が自分の覇権国家としての地位を守ろうとする行動原理は、国際関係論の中の「攻撃的リアリズム」理論が最もうまく説明できるという点である。米国の「競争政策」の背後にあるこうした構造的な問題を考えると、米国の「競争政策」は、米国が中国を自身の地位を脅かす存在とみなさなくなるまで続く可能性が高いとみられる。

この章を終えるにあたり、「競争政策」には常に危険がつきまとうという点も指摘しなければいけない。最大の問題は、米国が中国との競争に勝利するという目標に関し、どのような状況になれば、米国は中国との競争に勝利したという目標を達成したことになるのか、という明確な定義が存在していない点にある。米国が中国に競争を仕掛ければ、中国はこれに反発して対抗策を打ち出す。その結果、双方はそれぞれさらに強力な対抗策を打ち出し、相手国にもっと大きな打撃を与えようと応酬し合うだろう。制裁関税をみても、現在の米中関係はすでにこうした負のスパイラルに陥っているように見える。米政治学者グレアム・アリソンが『Destined for War: Can America and China Escape Thucydides's Trap?』（邦題「米中戦争前夜——新旧大国を衝突させる歴史の法則と回避のシナリオ」[23]）において「ツキディデスの罠」として記しているように、現在の米中関係はやがて軍事衝突という結末を迎えるリスクを抱えている。

実際、米政権内では、米中間の競争がコントロールできないレベルに激化していくことに強い危機感がある。あるホワイトハウス高官は筆者に対し、現在の米中対立の緊迫状況について、偶発的な事件で戦争が始まった第1次世界大戦前夜に酷似している、という見方を示したことがある。第1次世界大戦をめぐっては、サラエボ事件の発生によって、当時かろうじて保たれていたイギリスやドイツ、ロシアといった欧州列強の勢力均衡が一気に崩れ、約1カ月というごく短期間のうちに世界大戦へと発展した。ホワイトハウス高官の指摘は、こうしたリスクを米中対立は抱えているという意味だ。バイデン政権は、中国に対して「競争政策」を仕掛けて強気の姿勢を示しているものの、台湾海峡での中国の大規模軍事演習や米本土に侵入した中国「スパイ」気球の撃墜事件をみて、内心では米中間の偶発的な衝突が一気に全面的な戦争へと発展してしまうことに強い焦りを感じているのが実情だ。

ここで疑問が生じるのが、それではなぜ米国は自分たちが怖れるほどまでに中国が台頭する大きなきっかけとなった「関与政策」を始めたのか、という点である。米国の中国に対する「関与政策」の始まりと位置づけられているのが、1972年のニクソン訪中による米中和解である。次の章では、ニクソン訪中に同行した元米政府高官の証言やのちに機密解除された公文書の記録をもとに、ニクソン訪中がその後の米中関係にもたらした影響を考えてみたい。

第3章　ニクソン訪中の功罪

1．ニクソンはなぜ訪中を決断したのか

訪中50周年に冷めたバイデン政権

なぜ民主主義国家のリーダーとしての立場にある米国が、共産主義国家の中国に対して「関与政策」を始めたのか――。その答えを解くカギは、「関与政策」の起源ともいえる1972年のニクソン訪中にある。

共和党の大統領リチャード・ニクソンは1972年2月、北京を訪問した。これにより、長年敵対関係にあった米中は和解し、両国の国交正常化の道筋が作られた。ニクソン訪中の実現に向け、中国側との交渉を極秘裏に担ったのが、国家安全保障担当大統領補佐官ヘンリー・キッシンジャー（のちに国務長官）だった。ニクソンとキッシンジャーが二人三脚で実現させた米中和解以降、米国は中国に対する敵視政策をやめ、米国の対中政策は大きく転換した。経済分野を中心に中国との関係を強化する米国の「関与政策」は、その後の米外交の基本路線となり、米中間のヒト、モノ、カネの交流は劇的に増大した。中国は米国の支持のもと、欧米主導の国際経済体制の中に迎えられ、やがて急速な経済成長を遂げていくことになる。

しかし、それから半世紀以上経った今、ワシントンではニクソン訪中を評価する声はほとんど聞か

れない。2022年2月、バイデン政権はニクソン訪中50周年を無視し、何ら声明を出すことはなかった。

バイデン政権の冷めた対応の大きな理由は、現在進行形で進む米中間の緊張の高まりにある。中国は軍事能力を急速に伸展させ、インド太平洋地域では周辺国に対して威圧的な行動を繰り返し、米国の覇権に挑戦する軍事・経済大国へと成長した。とくに台湾問題をめぐっては、中国国家主席の習近平は、台湾の武力統一を決して排除しない姿勢を再三強調し、台湾を軍事支援している米国との対立は強まる一方だ。このような状況のもと、ワシントンにおいて、中国が米国の安全保障に脅威を与える「潜在的覇権国家」へと成長したのは、ニクソン訪中による米中和解に起因するという見方がある。

ただし、米中対立が「新冷戦」と言われる中、いま一度冷静になって考えるべきは、なぜニクソンとキッシンジャーは、米中関係を正常化させようという決断を下したのか、という点である。当時の米国を取り巻く国際情勢を鑑みたうえで、2人の決断が現在の米中関係に対してどのような功罪をもつのかを考えてみたい。

この章では、最初に、なぜニクソンとキッシンジャーは当時、ワシントンのだれもが思いつかなった米中和解を実現させようとしたのか、その動機を論じる。そのうえで、キッシンジャーが、ニクソン訪中の段取りを決めるために極秘で中国を訪問して中国首相・周恩来と協議をした経緯を検証する。

次に、米中和解で最大の焦点の一つとなった台湾問題が米中交渉でどのように議論されたかを分析する。台湾（中華民国）は当時、東アジアにおける米国の重要な同盟国の一つであり、台湾には米軍が駐留していた。しかし、米国は中国との和解のためには、台湾を事実上見捨てるという選択をしなければいけなかった。ニクソン訪中時の米中合意文書「上海コミュニケ」の中で台湾問題はどのように扱われたのか。

最後に、ニクソン訪中がその後の世界と中国をどのように変えたのか、そして、現在の米国の外交政策にどのような影響をもつのかを論じたい。

それではまず実際に1972年のニクソン訪中に同行した元米外交官の証言をもとに、世界を揺るがした米中和解を見てみよう。

ニクソン、「チャイナ・ボーイズ」に思いを託す

現代の米中関係の草分け的存在である元アジア・ソサエティー会長のニコラス・プラット(86)には、今も脳裏に焼きついて忘れられない光景がある。[1]
72年2月21日、晴れ渡った空のもとの中国・北京空港。米大統領専用機エアフォースワンのタラップを降りてきたニクソンは、出迎えた中国首相・周恩来とがっちりと握手を交わした。ニクソン訪中は全世界に同時中継された。
中国問題専門の若手外交官として米政府代表団に加わり、現場でその光景を目撃したプラットは、筆者の取材に対し、「米中関係の始まりを告げるとても力強いジェスチャーだった」と振り返る。
プラットによると、ニクソンには54年のジュネーブ会議で当時の米国務長官ジョン・フォスター・ダレスが握手を求める周を拒否した事件が念頭にあったという。ダレスの対応とは正反対に、ニクソンは周と長く固く握手をすることで、中国と国際社会に自身の決意を示す狙いがあったという。

ニクソンは自身の回顧録で、この歴史的なシーンについて、周がニクソンに対して「あなたとの握手は、25年間にわたるコミュニケーションの不在を経て、世界で最も広い大洋を超えて実現したものだ」と語った、と振り返っている。[2]

それから約1週間後。

米中国交正常化の方針を打ち出した米中間の合意文書「上海コミュニケ」が署名された日の夜、北京の貴賓施設では米政府代表団の小さな集まりがあった。

ニクソンは開襟シャツに花柄のガウンを着て、片手に葉巻、もう片手にスコッチのソーダ割りの入ったグラスをもち、政権高官らに各国への連絡の入れ方について細かな指示を出していた。ニクソンは疲れていたが、自身が成し遂げたことに満足げな雰囲気が漂っていたという。

1972年2月21日、北京空港で中国首相の周恩来（右）と握手する米大統領ニクソン（左）＝AP／アフロ

プラットはその場で初めてニクソンと言葉を交わす機会があった。国務長官ウィリアム・ロジャーズがニクソンに「国務省の新しい中国専門家の一人だ」と紹介すると、プラットは10年間にわたって訪中のために準備を重ね、それが今回実現してうれしいと答えた。すると、ニクソンはプラットの肩に手を置き、「そうか」と語り、こう励ましたという。

「君たち、チャイナ・ボーイズはこれからもっと多くのことをやり遂げるだろう」[3]

プラットは国務省入省後間もない60年代、「いつかは米中国交が正常化するだろう」と考え、中国語を勉強するという「大きなギャンブル」を始めた。プラットはニクソンの言葉を聞きながら、「私はギャンブルに勝った」と思ったという。

72年のニクソン訪中は世界に激震を与えた。のちに機密解除された公文書、ニクソンやキッシンジャーの回顧録をもとに、ニクソンが中国訪問を決断するに至った経緯を見てみたい。

ニクソンとキッシンジャー、ソ連は米中の「共通の脅威」と見抜く

ニクソンが中国を訪問して米中国交正常化に取り組もうと考えたのは、大統領に就任する以前のことである。西海岸出身のニクソンはもともと太平洋地域に強い関心をもっていたが、中国訪問を具体的に考え始めたのは、64年にパキスタン大統領アユーブ・ハーンとカラチで会談したことがきっかけだった。中国から帰国したばかりのハーンは、中国で大歓迎を受けたという体験談を話し、ニクソンに中国を訪問するように勧めた。[4]

67年10月、1年後に迫った大統領選の出馬に向けて準備を進めていたニクソンは米外交専門誌「フォーリン・アフェアーズ」に「ベトナム後のアジア」と題した自身の外交政策を発表し、「(我々は)中国を国際社会の蚊帳の外に永久に放置し続ける余裕はない。(中略)この小さな惑星に、10億人にのぼる潜在的に最も有能な人たちを怒らせ、孤立させるような場所はない」と記した。[5]ニクソンは、大統領に就任すれば、米中国交正常化に取り組むという決意をこのとき公式に示した。

ニクソン政権の外交安全保障政策をめぐる役割分担は、ニクソンが司令塔であり、キッシンジャーはニクソンの構想を実現する優秀な戦略家というものだった。ニクソンは徹底した現実主義者だった。ニクソンは民主主義の普遍性を信じておらず、ひたすら現実主義外交を追求した。ニクソンは自身の回想録に次のように書き残している。

「米国では、我々は自由と民主主義をもつという幸運に恵まれている。しかし、我々は民主主義を機能させる伝統や制度をもたない国々に（民主主義を）押しつけようという過ちを犯すべきではない」[6]

キッシンジャーもまた、ニクソンと同じように現実主義者であり、バランス・オブ・パワー（勢力均衡）が世界の安定と平和をもたらすと信じていた。キッシンジャーは中国問題の専門家ではなかったが、ニクソンにとってそれは大きな問題ではなかった。ニクソンが最も重視したのは、キッシンジャーが自分と同じものの見方をする優秀な戦略家であるという点だった。ニクソンがキッシンジャーを国家安全保障担当大統領補佐官に指名する際の最初の指示は、米中関係の改善だった。[7]ニクソンにとって、キッシンジャーはニクソンの描いたグランドデザインを実現することに最も適した人物だったのだ。

米中和解を進めるにあたり、ニクソンとキッシンジャーは主に二つの目標をもった。

第1は、最大の課題であるベトナム戦争終結に向けて中国側の協力を得ることだった。ニクソンとキッシンジャーはベトナム戦争からの「名誉ある撤退」を実現させるために、北ベトナムの主要な支援者である中国と和解する必要があると考えた。もし米中関係が改善すれば、北ベトナムは中国に見捨てられる格好となり、米国は弱い立場の北ベトナムに対して有利な和平交渉を進めることができると計算した。

第2は、ソ連とのデタント（緊張緩和）を促進することだった。ニクソンとキッシンジャーは、ソ連は米中が接近することによって自分たちが孤立することを恐れ、米国との関係をさらに改善しようと妥協的な態度をとるだろうと考えた。2人は、ソ連との戦略兵器制限交渉をめぐって、米中和解が米国にとって有利な結果をもたらすと信じた。

ワシントンにおける多くの専門家たちと異なり、ニクソンとキッシンジャーが米中和解に実現性があると考えたのは、中国はソ連を米国よりも大きな脅威だと認識している、と見抜いていたからだ。文化大革命まっただ中の中国は、米国を仮想敵国とみなし、「米帝国主義」と激しくののしっていた。[8] ワシントンの政策決定者や中国専門家の多くは、中国はソ連よりもはるかに狂信的でありカオス状態だと信じ、米中和解は思いもよらぬ戦略だった。しかし、ニクソンとキッシンジャーは69年にウスリー川の珍宝島（ダマンスキー島）で起きた中ソ国境紛争を見て、「中国は敵対国の数を減らし、ソ連の圧力への対抗勢力を獲得したがっている」と分析し、米中和解は実現可能だと考えた。[9]

興味深いことに、ニクソンが米中和解をめぐって参考にしたのは、第2次世界大戦当時の英国とソ連の和解だった。ソ連がナチスドイツに攻撃されたとき、反共主義者の英首相ウィンストン・チャーチルは、ソ連の独裁者ヨシフ・スターリンと手を結ぶ決断をした。ニクソンはこの事例をもとに、ソ連の拡大主義を阻止して米国の国益を維持するためには、チャーチルのように、イデオロギー対立を超え、中国と和解する必要があると考えた。[10] 反共主義者として有名なニクソンは同時に現実主義者でもあり、中国を米国の味方につければ、「共通の脅威」であるソ連の台頭を押し戻し、大国間のバランス・オブ・パワーに基づく世界の安定と平和を取り戻すことができると考えたのだ。

ニクソンとキッシンジャーが予期したように、中国は自分たちの最大の脅威は米国ではなく、ソ連だと認識していた。キッシンジャーは70年1月、中国首相の周恩来とパキスタン大使が北京で交わした会話の報告書を読む。それによると、周が最も懸念しているのは、ソ連であり、その次に懸念しているのが、日本の軍国主義だった。周は明らかに「(米国の)脅威は低い」とみていた[11]。周の認識はキッシンジャーが予想した通りだった。

ちょうどそのころ、中国の最高指導者・毛沢東も、ソ連の脅威に対抗するためには、自身の長年の宿敵である米国と結ぶほかに選択肢はないと考えていた。中国の指導層の多くは当時、米ソが連合を組んで中国を侵略してくることを恐れていた。しかし、毛沢東は自身の主治医に対して「米国とソ連は異なる」と前置きし、こう語った。

「米国はこれまで一度も中国の領土を占領したことがない。米国の新大統領リチャード・ニクソンは長年にわたる右派であり、反共主義者の指導者だ。私は右派と取引をすることが好きだ。彼らは左派とは異なる。左派は言っていることと考えていることが違うからね[12]」

毛沢東はニクソンの現実主義的思考を見抜き、ニクソンが相手であれば、米中両国はイデオロギー抜きにお互いの国益をめぐる交渉ができると考えたのだ。

徹底した秘密外交

中国が70年12月9日、ニクソンの密使を招待するメッセージを米国に送ってきたことをきっかけに、米中交渉は急速に展開し始めた。

ニクソンとキッシンジャーは複数の外交ルートを通じ中国に対する接触を図っていたが、パキスタン・チャンネルがニクソン訪中の道を切り開く決定打となった。パキスタンの駐米大使アガ・ヒラリーがキッシンジャーに対し、中国がニクソンの密使を北京に招待するという周恩来のメッセージを伝えた。ヒラリーとの会談を終えると、キッシンジャーはすぐに大統領執務室に入り、ニクソンと協議した。[13]ニクソンは中国の招待を受けることを決め、キッシンジャーを密使として北京に送ることを決めた。[14]

以来、中国は米国との関係改善に向けて積極的なシグナルを送り始めた。

中国側がニクソンの密使を招待するというメッセージを伝えて10日ほどたったのち、毛沢東は米国人ジャーナリストのエドガー・スノーによるインタビューの中で、米中間の懸案は解決されなければいけないという認識を示したうえで、「もしニクソンが（中国を）訪問したいと願うならば、私は喜んで彼と話そう。そのときの会談が円滑に進もうが、進むまいが関係ない。彼は観光客として、または大統領として、どちらの立場でも来ることができる」と語り、ニクソンの北京訪問を歓迎する意向を表明した。[15]さらに、中国は71年4月、世界大会参加のために日本を訪問していたアメリカの卓球チームを中国に招待した。中国による米国選手団の招待は「ピンポン外交」と呼ばれ、米中間の友好ムードは急速に高まった。

ニクソンがキッシンジャーを北京に派遣するにあたり、周恩来に対して事前に念押ししたのが、両国が徹底して秘密を保持することだった。[16]ニクソンは秘密外交を好んだ。センシティブな外交交渉の内容が外に漏れることで、交渉内容に不満をもつ反対勢力によって米中和解が壊されてしまうリスクを常に恐れていたからだ。

ニクソンの指示のもと、キッシンジャーは東南アジア、インドを訪問したのち、ホワイトハウスの記者団に気づかれないように、病気になったと偽ったうえで、71年7月9日、パキスタン経由で極秘に北京を訪問した。ニクソンはのちに自身の回顧録の中で「我々は秘密交渉なしに、中国との和解を実現することはできなかっただろう」と振り返っている。[17] ニクソンとキッシンジャーは徹底した秘密保持をすることで、反対勢力からの攻撃を防ぐとともに、キッシンジャーの極秘訪中の発表が劇的な効果を生み出すだろうと計算していたのだ。

2. 米中交渉で台湾問題はどう扱われたか

最大の焦点は台湾問題

北京に到着したキッシンジャーは、7月9日午後4時半から午後11時20分の計7時間、さらに翌10日正午から中断を挟んで午前零時近くまでの計6時間半、中国首相・周恩来と膝詰めで協議した。

最大の焦点となったのは台湾問題だった。周は会談冒頭、台湾問題について中国側は一切妥協する余地のない姿勢を強調し、キッシンジャーに強烈な先制パンチを浴びせた。周は「もしこの極めて重大な問題が解決されなければ、（米中関係）全体の問題を解決することは難しい」と強調した。[18]

キッシンジャーの回顧録には、周との協議における台湾問題に関する記述は少ない。しかし、機密指定解除されたキッシンジャーと周の会談録を読めば、台湾問題が両者の交渉の多くを占めていたことがわかる。周はキッシンジャーに対し、台湾は中国の一部であり、米軍は撤退するべきだと中国側の原則的な立場を繰り返し主張していた。

周が会談冒頭から台湾問題に関して強硬姿勢を示したことは、キッシンジャーにとっては想定外だったといえる。これは米中の台湾問題に対する認識のギャップから生じていた。ニクソンとキッシンジャーは、米ソ冷戦やベトナム戦争と同じように、米中和解を大国間のバランス・オブ・パワーという国際システムにおける構造の中でとらえていた。そんな2人にとってみれば、台湾問題は米中の抱える懸案事項の中のごく一部の問題に過ぎなかった。しかし、中国側にとって、台湾こそが最も重大な「核心的利益」であり、米中関係を改善するうえで、台湾問題をめぐる中国の主張は絶対に譲ることのできないものだった。言い換えれば、ニクソンとキッシンジャーは台湾統一に対する中国側の決意を見誤っていたといえるだろう。

台湾問題をめぐる米中極秘交渉でのキッシンジャーの妥協

- 台湾からの米軍撤退を約束した
- 中国側に武力統一を断念させることができなかった
- 中国と台湾両政府のどちらの存在も認める「二つの中国政策」を放棄した
- 中国が台湾に代わって国連に入ることを歓迎した

会談の初日から、キッシンジャーは周の主張に譲歩を迫られた。キッシンジャーは台湾からの米軍撤退をあっさりと約束したが、中国側に台湾に対する武力行使をあきらめさせることはできなかった。キッシンジャーは中国と台湾両政府のどちらの存在も認める「二つの中国政策」の可能性を早々と放棄したうえ、台湾の独立を支持しないと約束した。

さらに会談2日目、周はキッシンジャーに対し、台湾問題を解決しない限り、ニクソンは訪中しても成果を得られないし、米中間の緊張は残り続けると伝えた。キッシンジャーは譲歩を重ね、中国が台湾に代わって国連に入ることを歓迎すると表明した[19]。台湾問題に関する中国側の強い覚悟が、米国から妥協を引き出したといえる。

一連の会談でキッシンジャーと周は翌年の72年5月までにニクソンが訪中することで合意し、キッシンジャーの帰国後にニクソンが演説で自身の訪中を発表するという段取りを確認した。

世界を揺るがした「ニクソン・ショック」

キッシンジャーの帰国から2日後の7月15日、ニクソンはカリフォルニア州のNBCテレビのスタジオで7分間にわたる簡潔な演説の中で、キッシンジャーが7月9日から11日に北京を秘密裏に訪問して周と会談し、ニクソン自身が翌年5月までに中国を訪問することで合意した、と発表した。ニクソンは「私が今回の行動を取るのは、緊張の緩和、そして米国と中華人民共和国のより良き関係は、すべての国々にとって利益があるという深い確信があったからだ」と演説した[20]。

ニクソン訪中のニュースは世界を揺るがし、のちのドルと金の交換停止の発表と並び、「ニクソン・ショック」と呼ばれるようになる。世界中がニクソンとキッシンジャーの一挙一動に注目した。

いつもはニクソンに批判的な野党民主党も、もともと米中関係改善に積極的だったため、ニクソン訪中を支持した。ニクソンの計算通り、キッシンジャーの秘密交渉は、世界的な熱狂を生み出すことで、台湾支持派の反対論を封じることに成功したのだ。

前出の若手外交官の一人だったニコラス・プラットは当時、米国務省に勤務していたが、ワシントンの自宅の裏庭で妻とともにラジオでニクソン演説を聞き、初めてニクソンの訪中計画を知ったという。外交をつかさどる国務省はニクソンの発表まで完全に「蚊帳の外」だった。それでもプラットはキッシンジャーについて「とても能力のある外交戦術家だ」と高く評価する。そのうえで、ニクソン訪中のような大事業には「（トップリーダーたちの）強い政治的意思が必要だった」と語る。

「上海コミュニケ」で台湾問題めぐり両論併記

ニクソン訪中においても、米中交渉の最大の焦点は、引き続き台湾問題だった。

ニクソンは周恩来との会談中、「私は完全に（中国側の主張を）支持する」と語り、「中国は一つであり、台湾は中国の一部である」という中国側の主張を読み上げた[21]。この中国側の主張は「一つの中国」原則と呼ばれ、現在も台湾問題をめぐる中国側の基本的な立場だ。

ニクソンと周の会談を経て、米中両国は合意文書「上海コミュニケ」を完成させた。ただし、最大の議論の焦点だった台湾問題をめぐっては、米中両国は台湾からの米軍撤退で合意したものの、大半の部分は米中それぞれが自分たちの立場を明記するという異例の両論併記という体裁となった[22]。

「上海コミュニケ」の中で、中国は「中国側としては次のような立場を再確認した」と前置きしたうえて、「中華人民共和国政府は中国の唯一の合法政府である。台湾はずっと以前に中国本土に返還された中国の一省である。台湾解放は、他国が干渉する権利を持たない中国の内政問題である」と主張した。

上海コミュニケにおける米中の両論併記

【中国側の主張】
・中華人民共和国政府は中国の唯一の合法政府である。台湾はずっと以前に中国本土に返還された中国の一省である。台湾解放は、他国が干渉する権利を持たない中国の内政問題である

【米側の主張】
・米国は、台湾海峡の両側のすべての中国人が、中国はただ一つであり、台湾は中国の一部である、と主張していることを認識している。米国政府は、この立場に異論をとなえない。中国人自身による台湾問題の平和的解決について米国政府として関心があることを再確認する

一方、米国はこれまで同盟関係にあった台湾の立場に配慮し、次のように記した。

「米国は、台湾海峡の両側のすべての中国人が、中国はただ一つであり、台湾は中国の一部である、と主張していることを認識している（acknowledge）。米国政府は、この立場に異論をとなえない」

文中の「認識している（acknowledge）」という言葉は、「知っている」程度の認識のニュアンスを指す。つまり、米国としては「中国はただ一つであり、台湾は中国の一部である」という中国側の「一つの中国」原則という主張は知ってはいるものの、それに同意しているわけではないという意思表示をしたのである。

米国はまた、「米国政府は、中国人自身による台湾問題の平和的解決について関心があることを再確認する」という一文を入れた。のちに詳しく説明するが、これは、台湾問題の解決をめぐって、米国は、あくまでも武力ではなく対話による平和的解決を望んでいるという意思表示である。言い換えれば、中国が武力統一を目指し

て台湾侵攻をした場合、米国が台湾を軍事支援する余地を残したのである。

「上海コミュニケ」における両論併記は、台湾問題をめぐる米中間の認識がそれだけ食い違っていたという証拠である。ニクソンやキッシンジャーは周恩来との会談で中国側の主張に譲歩したが、「上海コミュニケ」では米側がやや押し返した印象も受ける。とはいえ、米国は中国との外交関係を正常化する代わりに、同盟国である台湾との国交を断交する道を選んだことには変わりない。中国と台湾がそれぞれ合法政府として国際社会で共存する可能性はもともと低かったものの、ニクソン訪中によって完全に潰えたことになる。

3. 米中和解のレガシーとは何か

ソ連とのデタント促進と中国の国際的孤立の脱却

ニクソン訪中はその後の国際政治に極めて大きな影響を与えた。ベトナム戦争をめぐっては、パリ和平協定が73年1月に結ばれ、米軍は同年3月に南ベトナムから撤退した。米中関係の改善は、米国と北ベトナムとの和平交渉を促す一定の効果があったといえるだろう。

ただし、ベトナムからの米軍撤退以上に、ニクソンは次の二つの点で、国際政治のありように大きな影響を与えた。

第1に、長年敵対関係にあったソ連との緊張緩和（デタント）の加速である。ニクソン訪中発表後の71年10月、米ソ両国は、ニクソンのモスクワ訪問で合意した。翌年5月、ニクソンは現職の米大統領として戦後初めてモスクワを訪問してソ連共産党書記長レオニード・ブレジネフと会談し、米ソ間の懸案だった戦略兵器制限交渉で合意に達した。ニクソンは回顧録で当時を振り返り、「重要なことは、（中国とソ連の）リンケージ（関連づけ）をめぐる我々の周到な準備が立派に報われたということだ。我々は中国訪問とともに、ソ連との首脳会談も行うことになった」と語っている。[23] ニクソンの計算通り、ニクソン訪中は、米ソ間の軍縮とデタントを促進させたのだ。

第2に、ニクソン訪中は、中国の国際的な孤立を終焉させ、中国が国際社会に本格的にデビューする道をつくったということだ。ニクソン訪中発表後の71年10月、国連総会は中華人民共和国について中国を代表する唯一の合法政府として認める決議を採択し、中国を新しい国連メンバーとして迎え入れた。一方、それまで中国を代表していた台湾は国連のメンバーから排除されることになった。さらに中国は、ニクソン訪中後、日本や欧州諸国と次々と国交を正常化することに成功した。ニクソンの「（我々は）中国を国際社会の蚊帳の外に永久に放置し続ける余裕はない」という見立ては正しかったのである。

一方、ニクソンとキッシンジャーが目指した米中国交正常化の実現は、皮肉にも、ウォーターゲート事件の発覚でニクソンが失脚したため、民主党のカーター政権の発足まで待たなければいけなかった。しかし、ニクソン訪中をきっかけに始まった中国の「関与政策」をその後の米政権がやめることはなかった。ニクソンは回顧録の中で「（中国の）西側との接触は、改革に向けた大きな勢いを示すものである」と記し、自身の訪中をきっかけに、中国の国内改革が進むことに期待感を示した。[24] 歴代米政権には中国の経済が発展すれば、やがて政治も民主化するだろうという考えがあった。

ニクソン訪中後の米中関係をめぐっては、89年の天安門事件で一時冷え込んだが、経済分野を中心に米中関係は強化されていった。民主党のクリントン政権は2000年に中国への最恵国待遇（MFN）を恒久化する法律を成立させる。米国の支持のもと、中国は世界貿易機関（WTO）に加盟し、やがて急速な経済発展を遂げる。

ニクソンの訪中に同行した若き外交官ニコラス・プラットの人生は、米中関係の深まりと重なるものだった。プラットは、ニクソンが北京で自身に語りかけた「チャイナ・ボーイズ」という言葉について、「ニクソンは正しかった。実際に、私は自分のキャリアのほとんどを中国に費やすことになった」と振り返る。

プラットはその後、北京の米政府連絡事務所に勤務したのち、米ホワイトハウスの国家安全保障会議（NSC）や国防総省、国務省で要職を務め、フィリピン大使やパキスタン大使を歴任した。退任後も米国とアジアの交流を推進する非営利団体アジア・ソサエティー会長として米中関係の構築に長年にわたって尽力した。

プラットは、ニクソン訪中後の米中関係の進展について、「米中間の貿易と投資は増大を続けていった。その結果、もともとの（ソ連に対する）外交的レバレッジ（テコ）という目的は薄れ、米中間の貿易と投資という目的に置き換わっていった」と振り返る。

そして、こう強調した。

「現在の中国は1972年当時と比べれば、強力な経済力をもつ。中国が経済成長を遂げた理由の一つは、米国との長年にわたる力強い関係があったからだ」

「フランケンシュタインを作ったかもしれない」

ニクソン訪中には批判も根強い。最大の問題は台湾だ。

台湾は当時、米国と軍事同盟を結ぶ重要な同盟国の一つだった。しかし、ニクソンとキッシンジャーは、台湾は米国の同盟国であっても、米中和解を実現するために、その外交関係を断ち切るという選択をした。さらに突き詰めて言えば、ニクソンとキッシンジャーは、共産主義国家である中国が将来、台湾の人々の民族自決の権利を侵し、台湾を自国に吸収合併してしまうリスクを黙認したともいえる。2人は、台湾を事実上見捨てたのである。

皮肉にも、ニクソンとキッシンジャーの秘密外交がその原因の一つだったといえる。ニクソンとキッシンジャーは、国務省の中国専門家たちを排除し、ソ連や中国という大国によるバランス・オブ・パワー（勢力均衡）を最重視する外交を追求した。彼らは、米台間の外交、軍事関係など地域問題に精通しておらず、米国が台湾を見捨てることが将来的にアジア太平洋地域にどのような影響をもたらすか、十分な分析をすることができなかった。ニクソンとキッシンジャーは、台湾の地政学的な重要性を十分に理解していなかったにもかかわらず、米中和解を推し進めたともいえるだろう。

中国が2000年代に入り、南シナ海で軍事拠点化を進め、台湾に対して軍事的圧力を強めている原因のひとつは、米国と台湾がもはやかつてのような強力な軍事同盟関係にはなく、非公式な外交関係にとどまっていることも全く関係ないとは言えないだろう。台湾防衛をめぐってあいまいな態度を取らざるをえない米国をしり目に、中国国家主席の習近平は、台湾に対する武力行使を放棄しない意向を繰り返し表明している。ニクソンとキッシンジャーは、グローバルな視点で眼前の国際問題に対応する能力には極めて長けていたが、将来の中国の急激な軍事的成長と、それが将来もたらすだろう脅威まで見通す能力はもっていなかったのである。

米中対立が激化する今、ワシントンでは、ニクソンとキッシンジャーの米中和解に冷ややかな対応が目立つ。ニクソン訪中から50周年となる22年2月、中国の駐米大使・秦剛は演説でニクソンとキッシンジャーについて「比類なき戦略的構想を持っていた」と称賛したが[25]、バイデン政権は何ら声明を出さなかった。習近平指導部のもと、中国は民主主義とは真逆である権威主義システムによる統治に自信を深めている。こうした中国の姿を見て、ワシントンでは中国は自分たちと同じような民主主義国家へと変わることはもはやないだろうという深い失望感が漂っている。トランプ政権の17年の国家安全保障戦略（NSS）は、中国をグローバルな通商体制へと組み入れて「善良な国家」にするという「関与政策」は「誤っていた」と指摘し、「競争政策」の開始を宣言した[26]。バイデン政権もこの「競争政策」を引き継ぎ、中国を「国際秩序を再構築する意図と能力を持つ唯一の競争国」と位置づける[27]。とくに、米中和解で見捨てられた台湾をめぐり、バイデン政権が中国の圧力に対抗するために軍事支援を強めていることは、皮肉な巡り合わせといえるだろう。ワシントンでは今、ニクソンが晩年に側近に対して「もしかしたら我々はフランケンシュタインをつくったのかもしれない」と漏らした[28]、という話ばかりが流布されている。

キッシンジャーの警告

キッシンジャーら中国への「関与政策」の形成に関わった人々が懸念するのは、「新冷戦」と言われる現在の米中対立が、いずれ「熱戦」へと変わることだ。

98歳を迎えたキッシンジャーは21年11月、CNNのインタビューで、「私が中国を初めて訪れたとき、中国は貧困で弱く、保守的な国だった」と自身の1971年の北京訪問を振り返ったうえで、「（中国は）今ではとても豊かになった一方、とても強大で、極めて独断的な行動をする国になった」と述べ、習近平指導部のもとの中国に厳しい見方を示した。[29]

キッシンジャーは、米国に対しても苦言を呈した。

対中強硬姿勢を前面に打ち出すバイデン政権について「米国内情勢をめぐり、難しい問題を抱えている」と指摘したうえで、こう語った。

「（米国の）だれもが『対中タカ派』になりたがっている。だれもが『中国の最大の目的は世界を席巻することだ』と信じている。ゆえに『米国の根本的な国益が攻撃されている』と」

キッシンジャーの指摘は、ワシントンにおけるエリートたちの主流の対中観だ。前章でも触れた通り、ワシントンでは、中国は近い将来、経済力・軍事力で米国を追い抜き、覇権国家になりかわろうとしているという警戒感が極めて強い。

キッシンジャーがインタビューの中で強い警鐘を鳴らしたのは、米中間の競争がやがて軍事的な衝突へと発展していく危険だ。

キッシンジャーはこう強調した。

「昔も今も、我々にとっての課題は、状況がホロコーストにならないようにしながら、競争できる関係を見つけることだ」

ドイツ生まれのユダヤ系米国人であるキッシンジャーは、ナチスによるユダヤ人の大虐殺を意味する「ホロコースト」という強い言葉を使ったうえで、「どの紛争においてもその難しさはどのように始めるかではなく、どのように終結させるかにある」と語った。

ニクソンとキッシンジャーが米中和解を模索した大きな理由の一つが、米ソ間のデタントを加速し、キューバ危機のような核戦争のリスクを減らすためだった。徹底した現実主義外交を追求したキッシンジャーは23年11月に他界したが、米下院議長ペロシの訪台をきっかけとした中国軍の大規模演習や、米本土に飛来した中国の「スパイ」気球を米軍が撃墜した事件など、米中間の偶発的な衝突のリスクが指摘される中、現在の米中対立に対するキッシンジャーの警告は極めて重い。

ニクソン訪中から学ぶべき現実主義外交

この章では、米国が「関与政策」を始めたきっかけとなったニクソン訪中とは何だったのかを検証した。

ニクソンとキッシンジャーが米中国交正常化を決断した大きな理由の一つは、中国との関係改善をレバレッジとして米ソ間の緊張緩和を促進するためだった。しかし、中国が将来、米国の覇権を脅かすほど、急激に台頭してくることをニクソンとキッシンジャーは想定していなかった。ニクソンとキッシンジャーは、中国の台湾統一に向けた覚悟を過小評価し、中国側との交渉において台湾問題について妥協を重ねた。その台湾をめぐり、米国は現在、中国との間で緊張を高め、偶発的な衝突のリスクすら抱えている。そもそもニクソンとキッシンジャーの推し進めた米中和解は、直面するソ連の脅威に対応するという構想から始まっている。米中関係は異なる価値観をもつ国同士が「共通の脅威」に対応するためだけの戦略的な関係から始まっており、そこに真の信頼関係はなかった。ここにこそ、ニクソン訪中から半世紀以上経った今、中国の経済発展が国内改革を促して最終的に政治的な民主化も達成されるという米国の「関与政策」の目標がいまだ達成されないどころか、覇権をめぐる米中間の対立ばかりが強まっている原因があるだろう。

それでも、筆者がこの章の最後に指摘しておきたいのは、ニクソンとキッシンジャーの進めた米中和解の問題点は少なくない一方、彼らの実践した現実主義外交には学ぶべき点も多いということである。ニクソンとキッシンジャーが民主主義的な価値観に重きを置くイデオロギー外交を嫌ったのは、民主主義の普遍性を信用していなかったからである。ニクソンの民主主義に対する否定的なとらえ方は、68年米大統領選における「法と秩序」キャンペーンのように、ニクソンのイメージを覆う暗い影でもある。しかし、バイデン政権が開催した「民主主義サミット」の結果を見れば、リベラルなバイデンの進める価値観外交にもまた限界のあることがわかる。バイデンは「民主主義vs.専制主義」を掲げ、世界各地の民主主義をもり立てようとしたものの、バイデンの期待とは裏腹に、「民主主義サミット」の開催は中国とロシアを中心とする権威主義国家たちの団結を促す結果となった。中国とロシアは米国という「共通の脅威」への対抗をお互いの利益として共有しているため、中ロはますます団結を強めている。ウクライナ戦争のさなか、ロシアに対する国際社会の圧力を最大限に高めるには、米国は最大の支援者である中国とロシアの関係を分断しなければいけない。そのためには、米国は「競争政策」をいったん緩和する選択もあり得るが、民主主義的価値観に基づく外交を重視するバイデン政権は、習近平率いる世界最大の権威主義国家と妥協することはできない。しかし、イデオロギーにとらわれず、大国間のパワー・オブ・バランスだけを冷徹に考える現実主義者のニクソンとキッシンジャーがもし現在の政権の座にあれば、まずはロシアを追い込むために、中国との対話を重視するという政策をとるかもしれない。

もちろん世界各地の民主主義を促進しようというバイデンの政治的な理念は否定されるべきものではない。しかし、ウクライナ戦争、中国の台頭、中東の混乱という極めて多くの困難な局面に直面するバイデンが、ニクソンとキッシンジャーによる米中和解の経緯にもう一度思いを致せば、彼らのしたたかな現実主義外交から現在の複雑な連立方程式を解くための実のある教訓を得ることもできるのではないかと考える。

次の章では、これまでの米国中心の視点から、もう一方の当事者である中国側の視点に移し、米中対立を考えたい。なぜ中国はアジア太平洋地域において覇権主義的な動きを強めているのか。それなのになぜ中国は自分たちの急速な経済的、軍事的成長を「平和的台頭」と呼び、「反覇権主義」を主張しているのか。中国共産党の特異な歴史観やパワー重視の外交安全保障政策をもとに、中国側の論理を検証する。

第4章 「中華帝国」に漂う歴史的復讐心

1．「中華民族の偉大な復興」とは何か

「鋼の長城に頭をぶつけ、血を流す」

中国は中国共産党による一党独裁国家である。その中国共産党が創設されたのは、1921年7月のことだ。当時の中華民国は、各地の軍閥支配によって国内政治が非常に不安定であり、欧州各国や日本といった列強による半植民地化も進んでいた。こうした国難のさなか、上海のフランス租界にあった住居の一室で、第1回中国共産党大会が極秘裏に行われた。そのときの出席者は、わずか13人。のちに最高指導者になる毛沢東も含まれていた。フランス租界の警察の目を警戒し、一堂は党大会の途中で汽車に乗って浙江省の嘉興・南湖に移動し、チャーターした遊覧船の中では麻雀卓まで用意され、酒席を装いながら党綱領を採択した。[1]

それから100年後の2021年7月1日。

北京・天安門広場は、中国共産党結党100周年の祝賀行事に参加する7万人もの人々で埋め尽くされていた。中国は経済力、軍事力で世界2位の大国となり、第1回党大会とは比べものにならない繁栄ぶりを享受していた。参加者たちは声を合わせて歌い、祝砲が鳴り、上空を戦闘機やヘリコプターが飛び、祝賀ムードを盛り上げた。

参加者たちの拍手がひときわ大きくなったのが、毛沢東以来の絶対的権力をつかんだとされる中国国家主席の習近平が壇上に上がったときである。

「同志、友人たちよ」

　中山服姿の習はマイクに向かい、目の前の広場に集まった人々を見渡しながら語り始めた。

「今日は中国共産党の歴史、中華民族の歴史において、非常に重要で厳かな日である。我々は、全党、全国の各民族人民と共に、中国共産党創立100周年を祝い、中国共産党の100年の奮闘の輝かしい歩みを回顧し、中華民族の偉大な復興の明るい未来を展望するために、ここで盛大な集会を開いた[2]」

　1時間余りの演説の中、習が最も力を込めたのが、中国は決して外国からの圧力に屈することはないという強烈な意思表示をしたときだった。

2021年7月1日、中国共産党創立100周年祝賀大会に出席した党総書記の習近平。重要演説を行った＝新華社／共同通信イメージズ

「中国人民はいかなる外部勢力が我々をいじめ、抑圧し、隷属させることも決して許さない。そのような妄想を抱く者はだれであれ、必ずや14億余の中国人民が血と肉で築いた鋼の長城に頭をぶつけ、血を流すだろう」

　習の激しい表現ぶりは演説全体の中でも突出するものだった。「外部勢力」が「我々」を「いじめ、抑圧し、隷属させる」と身構える習の演説の念頭には、緊張の高まる米国との対立もあるとみられる。米大統領バイデンは、米中競争を加速させ、習政権下の中国との対決姿勢を強めていた。習の言う「外部勢力」とはすなわち米国であり、そして米国と行動を共にする西側諸国を指す、とも解釈できる。

とはいえ、西側諸国の感覚では、なぜ習が「血を流す」などこれほどまでに激しい言葉を使って「外部勢力」に攻撃的な姿勢をとるのか、戸惑う部分もある。中国はいじめられているどころか、「自国の一部」と主張する台湾を始め、南シナ海、東シナ海などの権益をめぐってむしろ周辺国をいじめる側にいるのではないか、と。

こうした疑問を解くカギは、中国のもつ独特な歴史観にある。正確に言えば、中国共産党の歴史観である。彼らの歴史観こそ、現代中国の外交安全保障政策の根本を形成する原動力となっているといっても過言ではない。

中国問題に詳しい元米国務次官補のダニエル・ラッセルは、「中国には、自分たちが過去に辱められたという被害者意識がある。その思いは今、さらに強まっている。『復讐しよう。自分たちが欲しいものは取ってやろう』と。（現在の中国には）責任感よりも権利の意識が強い。それが極めて大きな問題なのだ」と指摘する。[3]

米中対立の基本的な構造は、「既存の覇権国家」と「潜在的覇権国家」との対立である。この章では、中国側の論理に焦点を当て、なぜ中国が覇権国家の道を歩みつつあるのかを検証したい。

具体的には、第1に、習が演説でも繰り返した「中華民族の偉大な復興」というキーワードをもとに、中国共産党の特異な歴史観をひもとき、その統治手法に与える影響を考える。

第2に、南シナ海や東シナ海、台湾周辺における現状変更の試みなど、中国がパワー重視の外交安全保障政策を取る理由を分析する。

第3に、中国自身は「平和的台頭」「反覇権主義」を主張しているにもかかわらず、なぜ中国は「潜在的覇権国家」だとみなされるのかを解説する。最後に、中国と米国を始めとする西側諸国との間で根源的に相容れない部分とは何かをウイグル問題の事例をもとに論じたい。

「100年の国恥」

12年11月29日、習が中国共産党トップの総書記に選出された第18回党大会から半月後のこと。習の姿は、北京・中国国家博物館内にあった。

習は、ほかの党最高幹部の政治局常務委員会メンバーらと一緒に、常設展示「復興の道」を視察していた。常設展示は、毛沢東の指導のもと、中国共産党が抗日戦争や国民党との内戦に勝利して中華人民共和国を建設したのち、鄧小平の改革開放政策で経済成長を遂げたことなどを説明する内容であり、当時の写真などがパネル展示されていた。

習は視察を終えると、カメラの前に立った。習は、右手の人さし指を立てながら、1840年のアヘン戦争以来、いかに中国人民が苦難の道を歩んできたかを語ったうえで、「歴史を顧みて、すべての党員は『後退すれば、我々は攻撃される。我々を強くするのは発展だけである』という思いを強く持たなければいけない」と述べた。[4]

そして、こう強調した。

「近代以降、『中華民族の偉大な復興』の実現こそ、中華民族にとって最も重要な夢だった。この夢に、中国の人々の数世代にわたる長年の希望が体現され、中華民族と中国人民の全体の利益が表現されているのだ」

「中華民族」とは、全人口の92%を占める漢民族を核にした中国の諸民族の総称である。漢民族のほか、55の少数民族も「中華民族」に含まれる。

その「中華民族」の「偉大な復興」とはどういう意味か。

根底にあるのが、習が演説の中で指摘した、アヘン戦争以来、中国が外国勢力の侵略を受け続けた屈辱の歴史である。中国共産党は、外国勢力による侵略は、英国に敗北して香港を割譲したアヘン戦争から1949年の中華人民共和国の建国までの約1世紀にわたって続いたとみなし、「100年の国恥」と呼んでいる。

「100年の国恥」の象徴的な事例が、北京郊外の円明園だ。海外の観光客もよく訪れる観光名所である。清朝皇帝が建築した夏の離宮・円明園は1860年、アロー号事件を口実に英仏軍に焼き討ちされて徹底的に破壊され、現在も無残に廃墟となった姿をさらしている。

円明園の事例が象徴するように、19世紀半ば以降、欧州の列強による半植民地化や日本の侵略で中国全土は荒廃し、中国の国力は清朝最盛期だったころと比べて著しく衰退した。中国は、列強によってもたらされた屈辱の歴史を決して忘れていない。

習はこのときの演説で「中華民族の偉大な復興」の実現は、中国人民が数世代にわたって長年待ち望んできた夢であると語ったうえで、中華人民共和国の建国100年となる「2049年」までに中国の「社会主義現代化」を達成したとき、「『中華民族の偉大な復興』という夢は実現する」と強調した。

習は、「100年の国恥」に終止符を打った中華人民共和国の建国から次の100年という時を経て、「中華民族の偉大な復興」は実現する、というタイムスケジュールを提示したのだ。

新たな政治スローガンで困難を克服

「中華民族の偉大な復興」という政治スローガンは、習の専売特許のような印象も受けるが、実は習が初めて使い始めたわけではない。発案者は、江沢民、胡錦濤の各指導部で党の理論的支柱を務め、習指導部のもとで党序列4位の政治局常務委員となった王滬寧とみられている。[5] このため、「中華民族の偉大な復興」という言葉は、江沢民体制の1990年代以来使われてきたものだが、江沢民は「三つの代表」などほかの政治スローガンも強調していたため、「中華民族の偉大な復興」だけが突出して目立つことはなかった。

習が、この政治スローガンを自身の政権の柱に据えたとき、中国共産党は国内で厳しい現実に直面していた。胡錦濤政権終盤の2010年に中国は日本のGDP（国内総生産）を抜いて米国に次いで世界第2位の経済大国となり、驚異的な経済発展とともに軍事力も飛躍的に伸びていた。ただし、それと同時に、社会の矛盾も噴き出していた。都市と地方の格差が広がるとともに、党幹部らの間には汚職がはびこり、人々の不満は募っていた。習が胡錦濤政権ナンバー2当時、米副大統領バイデンに打ち明けたように、習が最も深刻視していた問題は、中国国内の経済格差の深刻化、そして中国の人々の中国共産党支配に対する政治腐敗を原因とした不信感だった。

習は、中国共産党の直面している中国国内のこうした難しい課題に取り組むためには、従来と異なる政治手法が必要だと考えていた。トップに就任した習は早速、政治腐敗の撲滅とともに集団指導体制を見直して自らに権力を集中させるという大改革を始めるが、そのときに中国人民に呼びかける政治スローガンとして採用したのがこの「中華民族の偉大な復興」だったのである。

中国の歴史的な被害者意識

では、習が掲げる「中華民族の偉大な復興」とは具体的にどのような概念なのか、詳しくみていきたい。中国政府当局の解説を要約すれば、次のようなものになる。[6]

・アヘン戦争で清朝が英国に敗北して以来、中国は約1世紀にわたって欧州各国や日本といった列強による侵略で国内は混乱し疲弊を続けた。それでも、中国の人々は「中華民族の偉大な復興」という夢を決してあきらめなかった。
・国家の危機が起きるたび、愛国者たちが立ち上がり、中国人民を救おうと葛藤した。しかし、近代革命の先駆者である孫文を含め、成功しなかった。そんな中、最終的に中国の歴史と民衆に選ばれたのが、中国共産党だった。
・中国共産党は1921年の結党以来、「中華民族の偉大な復興」という中国の夢を実現するという使命をもつ。中国共産党は49年に中華人民共和国を創設し、アヘン戦争以来の「100年の国恥」についに終止符を打った。
・中国は中国共産党の優れた指導のもと、「中国の特色ある社会主義」への道へと導かれ、西側諸国も成し遂げない驚異的なスピードで産業の近代化を実現した。中国共産党の使命は、中国を強大で繁栄した国家にして人々の生活を豊かにすることである。
・習指導部は「中国の特色ある社会主義」の建設に邁進している。新時代における「中国の特色ある社会主義」を実現し、歴史の選択の正しさを証明する。
・「中国の夢」とは民族、国家、個人の夢である。夢の実現のために、中国国内のすべての民族が団結し協力しなければいけない。

これらの解説をみると、「中華民族の偉大な復興」には主に三つの特徴があることがわかる。

第1は、「中華民族の偉大な復興」という政治スローガンの根底には、中国の人々の歴史的な被害者意識と強い憤りがあるという点である。列強が長年にわたって中国を侵略し続けたことで、国土は荒廃し、甚大な数の中国人民の命が失われた。中国では中国共産党の指導のもとに愛国主義教育が徹底されていることもあり、外国勢力が中国を蹂躙し続けたという悲惨な記憶は、世代を超えて埋め込まれている。中国人民は、外国勢力からいじめられ続けてきたという被害者意識とともに、列強諸国による過去の侵略に対する強い憤りをもっている。

「中華民族の偉大な復興」という概念には、こうした中国の人々の被害者意識をもとに、中国共産党の英雄譚が構築されている。中国共産党の主張に基づけば、もともと中国共産党が1921年に創設されたのは、中国人民の悲願である「中華民族の偉大な復興」を実現するためである。そして、中国共産党は、「100年の国恥」に終止符を打ち、中国という国家と人民を救った英雄である。つまり、中国が外国勢力から侵略されたという屈辱の歴史は、中国共産党の英雄譚とコインの裏表の関係にあるのだ。

第2の特徴は、中国人民の愛国心を鼓舞し、「中華民族」としての一致団結を求めているという点である。中国共産党によれば、アヘン戦争以来、中国人民の悲願である「中華民族の偉大な復興」を実現したいという愛国心のもと、大勢の人々が命を捧げてきた。この自己犠牲の精神こそ、中国共産党が中国人民に求めるものである。「中華民族の偉大な復興」は、愛国心のもと、中国共産党による一党独裁の政治システムの中に、さまざまなバックグラウンドをもつ個々人を統合していく仕掛けでもある。

もともと「中華」という言葉は、中国の人々の自分たちの国家に対する強烈なプライドを意識させ、愛国心を鼓舞するものである。「中華」の始まりは、漢民族が古来、高度な文明と強大な軍事力・経済力をもつ自分たちの中国王朝こそ「世界の中心」だと考えたところにさかのぼる。「中華民族」の頂点である皇帝が統べる「中華帝国」は、列強が侵略を始める以前、経済力・軍事力において周辺国を圧倒し、周辺国は臣下の立場を取っていた。苦難の歴史ののち、中国は今や米国に次ぐ経済、軍事大国に成長し、中国の人々は大国意識に目覚めている。しかし、心の奥底には、かつてはアジアの中心だった自分たちの「中華帝国」を略奪した西側諸国に対し、被害者感情をもつ。「中華民族の偉大な復興」は、こうした複雑な心情をもつ中国の人々の自尊心をくすぐり、愛国心に強く訴えかけるものだ。中国共産党が使命として掲げる「中国を強大で繁栄した国家にする」という国家目標に向かって、漢民族中心とはいえ多民族で構成される中国人民を「中華民族」として一致団結させるために、「中華民族の偉大な復興」は最も適したスローガンだといえる。

第3の特徴としては、歴史的宿命論という観点から、中国共産党による中国支配の正統性を強調する論理が貫かれているという点である。一党独裁国家の中国では選挙制度に基づく民主的な政権交代はあり得ないため、中国共産党は半永久的に政権を維持することができる。しかし、中国5千年の動乱の歴史をみれば、これは容易なことではない。ひとたび人心が離反すれば、皇帝といえどもその絶対的な権力を維持することはできない。王朝の崩壊は民衆の不満が噴き出す革命的な状況のもとで突然起き、権力者たちは民衆に処刑されてしまうこともある。このため、習を含めた中国共産党指導部は、選挙で負けても命まで取られることのない西側諸国の政治指導者以上に、中国の民衆の不満と叛乱を恐れている。これを防ぐために、中国共産党は人々の不満を抑え込む強権的な手段を用いると同時に、自分たちがなぜ中国を支配しているのか、その正当性を中国人民に納得させるだけのレトリックを提示し続けなければいけない。

その切り札が、「中華民族の偉大な復興」である。

中国共産党は歴史的な必然として中国人民から選ばれ、「100年の国恥」を終わらせた。外国勢力から中国を救った英雄である中国共産党が、その後も中国支配を続けているのもまた、歴史の必然である。党トップの習近平のもと、中国は市場経済を採用しながら社会主義体制を維持するという「中国の特色ある社会主義」を推進し、中国共産党は、中国を外国勢力に負けない、豊かで強大な国家を建設するために多大な貢献を行っている。中国共産党は未来永劫、中国人民を正しく指導することで「歴史の選択の正しさ」を証明する存在である――。

このように「中華民族の偉大な復興」は、中国共産党による中国支配の正当性を訴える論理を作り出すための壮大な歴史的ナラティブ（物語）だということができる。中国共産党は、過去の外国勢力の侵略行為に対する中国人民の被害者感情を利用し、中国共産党を英雄視する構図を作り上げたうえで、二度と外国勢力から侵略されることのない強国を建設することができるのは中国共産党だけだという歴史的宿命論を展開しているのである。

今世紀半ばまでに「世界一流の軍隊」創設

主に中国国内の内政上の理由で使われ始めた「中華民族の偉大な復興」だったが、その計画が具体的に明らかになってくるにつれ、西側諸国や周辺国は警戒感を強めていくことになる。

習近平は２０１７年の第19回党大会において、「中華民族の偉大な復興」をめぐり、今世紀半ばまでに「社会主義現代化強国」を基本的に実現するという方針を表明した。中国軍についても装備の機械化や情報化を進めて35年までに現代化し、今世紀半ばまでに「世界一流の軍隊」を創設するという目標も示した。すでに習政権は15年に「中国製造（メイド・イン・チャイナ）２０２５」という製造業の競争力を高めるための10年計画を発表していた。習政権が「中華民族の偉大な復興」というスローガンのもと、かつてない規模とスピードをもって強国路線を追求し始めたのは明らかだった。

ワシントンの政策決定者たちは、習政権はついに能力を隠して力を蓄える「韜光養晦《とうこうようかい》」という鄧小平路線をやめ、米国を追い抜く野心をあらわにし始めた、と警戒感を強めた。もともと米国家情報会議（ＮＩＣ）はオバマ政権当時、世界情勢を予測する報告書「世界潮流（グローバル・トレンド）」において30年に入る前に中国の経済規模は米国を抜き去り、世界一になると予測していた。[7] のちにトランプ政権に助言を行うことになる米国防総省顧問マイケル・ピルズベリーが『The Hundred-Year Marathon』（邦題・China 2049）」を著したのも15年のことである。ピルズベリーは著書で、習が「中華民族の偉大な復興」の実現する期限として示した49年までに、中国は米国に取って代わって覇権国家となるという戦略があるという見方を示し、これを「１００年マラソン」と呼んだ。[8]

とはいえ、外国勢力から侵略を受け続けたという中国の被害者意識と強い憤りを考えれば、中国が再び屈辱の歴史を繰り返さぬよう、習が「偉大な中華民族の復興」を掲げ、中国の強国路線を追求するのも理解できなくはない。

ただし、戸惑うのが、あまりにも強引かつ攻撃的なその手法である。

南シナ海では常設仲裁裁判所の判決を無視して軍事拠点化を進め、東シナ海では尖閣諸島周辺の日本の領海内への侵入を繰り返し、台湾に対しては武力行使による統一をちらつかせて大規模軍事演習で圧力をかける。西側諸国や周辺国から見れば、まさに力による現状変更の試みである。周辺国が気に入らない対応をとれば、すぐさま輸出入制限など経済的な対抗措置を使って圧力をかけ、自分たちの主張を聞かせるという高圧的な手段をとる。

中国はなぜ国際社会の批判を浴びてまで軍事力、経済力を使ったパワー重視の外交安全保障政策をとるのか？

2. なぜ中国はパワーを信奉するのか

実利を重んじる中国外交

22年2月24日、ロシアのウクライナに対する全面的な侵攻は世界中を震撼させた。国連憲章第2条4項は「すべての加盟国は、その国際関係において、武力による威嚇又は武力の行使を、いかなる国の領土保全又は政治的独立に対するものも、また、国際連合の目的と両立しない他のいかなる方法によるものも慎まなければならない」と規定する。[9] しかし、こうした基本的な国際法のルールが常任理事国によっていともたやすく無視され、踏みにじられた。大国による隣の小国への侵略という極めて残忍な違法行為が21世紀にもなって眼前で起きたことに、世界中が強い衝撃を受けたのだ。

その20日前の2月4日午後、北京・釣魚台国賓館。

ロシア大統領ウラジーミル・プーチンを乗せた黒塗りの車列が到着した。プーチンは北京冬季五輪の開会式に出席するため北京を訪れており、新型コロナのパンデミック以来初めてとなる中国国家主席・習近平との対面での会談に臨むためだった。

折しも首脳会談のタイミングは、ウクライナ国境にロシア軍が集結し、国際社会ではロシアに対する批判が高まっているときだった。しかし、プーチンを開会式に招待した習は、プーチンに対してウクライナ侵略をやめるように説得する気配は全くなかった。

会談前の記念撮影では、習とプーチンは、新型コロナ感染に気をつけていたのか握手こそしなかったものの、お互いに笑顔を見せて親しげに会話を交わした。プーチンは会談の冒頭、「我々の二国間関係は友好精神と戦略的パートナーシップに基づいて発展し、かつてないレベルに到達した」と強調した。[10]

習とプーチンは会談後の共同声明で、米国への対抗心をあらわにした。

両首脳は、ロシアの強く反発している北大西洋条約機構（NATO）拡大について反対の意思を明確に示し、NATOに対してこうした「冷戦イデオロギーのアプローチ」を放棄するように強く要求した。米英豪3カ国の安全保障協力の枠組み「AUKUS（オーカス）」について「深刻な懸念」を表明し、米国が世界各地で進めているミサイル防衛システムの導入にも懸念を表明した。

一方、両首脳は中ロ間の関係を今後も深化させていく具体策を示したうえで、「両国の友情は無制限であり、協力に『禁止』分野はない」と強調した。[11] 中国共産党機関紙・人民日報系の環球時報は、両首脳の共同声明について「米国率いる西側諸国の覇権に対する明らかな拒絶」と解説している。[12]

中ロ間のこうした関係深化は、西側諸国の態度を一段と硬化させている。実際にロシアがウクライナに侵攻し、ロシアに対して国際社会の非難が集中しても、中国のロシア支持の姿勢は揺るがないどころか、エネルギー分野などでロシアとの協力関係をさらに強めており、西側諸国の大規模制裁に苦しむロシア経済を支え続けている。中国の支援がなければ、西側諸国の圧力でロシア経済は早い段階で崩壊していた可能性すらある。

西側諸国から見れば、中国のロシアとの関係強化は事実上、ロシアのウクライナ侵略を支援しているようなものである。中国はひんぱんに国連憲章に基づき他国の主権と領土保全を尊重するという考えを示しているが、中国のロシア支援は明らかに常日頃のこうした言動に反するものだ。

ただし、国際システムにおけるバランス・オブ・パワー（勢力均衡）というリアリズムの観点から考えれば、中国のロシア支援には合理的な理由がある。

米国は中国とロシアを「競争国」と定義づけし、外交、経済、軍事とあらゆる分野の国力を総動員して中ロ両国との競争に打ち勝つことを国家目標に据えている。とくにリベラル的価値観を重んじる米大統領バイデンは中ロ両国を「専制主義国家」だと定義づけし、「民主主義vs.専制主義」というイデオロギー闘争を提起。米国を始めとする「民主主義国家」は「専制主義国家」に勝利しなければいけないと訴えている。

米国から事実上仮想敵視されている中国とロシアの立場から見れば、米国は両国の安全保障にとって「共通の脅威」である。このため、中国が次のように考えるのは自明の理といえる。米国はロシアのプーチン政権を倒したのち、今度は自分たちを倒すために全エネルギーを注ぐだろう、と。

つまり、中国にとって、プーチン政権の存在は米国の中国への攻撃を弱めるための「防波堤」としての役割を果たしている。プーチン政権が存続している限り、米国は中国を全力で倒しにかかることはできない。中国がロシアとの関係をさらに深める決断をしたのは、こうした自国の国益重視の合理的計算に基づいたものということもできる。

ウクライナを侵略しているロシアに対する支援は、それによって中国の国際社会におけるリーダーとしての資質に疑問符がつくことは容易に想定されただろう。それでも習は国際社会におけるモラルリーダー国として振る舞うよりも、自国にとっての実利を選んだのだ。

13年3月、習が国家主席就任後の初の外遊先にロシアを選んだことも、習の思考を知るうえで興味深い。当時、オバマ米政権は習政権に警戒感を抱き始め、中国への対抗を念頭に置いた、アジアへの「リバランス（再均衡）」政策を打ち出していた。習のロシア外遊は、中国としては米国以外に様々な地政学的な選択肢をもっていることをワシントンに示す狙いがあったとみられている。このように、習は、最大のライバルである米国を常に見ながら、いかに米国にバランシングを図るかというリアリズム外交を重視しているといえる。この点は、自由や人権、民主主義といった理念外交を重視しているバイデンとは大きな違いがある。

「大きな男が『戦うな』と言えば、しばらくの間どうするか考える」

中国のリアリズム外交は、習に限ったものではない。毛沢東以来、中国共産党の指導者たちが脈々と引き継いできたものだ。１９７２年のニクソン訪中が実現したのも、当時の最高指導者・毛沢東がソ連の脅威と対抗するためには、長年の宿敵である米国と手を結ばなければいけないという実利的な決断をしたからである。

リアリズム外交が重視するのは、軍事力や経済力といった国家のパワーである。中国国家主席・江沢民は98年、台湾問題をめぐって次のような非常に興味深い言葉を残している。

「台湾の人口は２千万人だが、中国の人口は12億人である。台湾は自分たちのことを金持ちだと思っているかもしれないが、中国本土の方が大きい。台湾はやせっぽちの男で、中国は太った男のようなものだ。私の体重は80キロ以上あるけどね。まあ、もし我々が戦えば、（我々は）問題なく勝てるだろう。しかし、もし大きな男がやせっぽちの男のそばに立ち、『戦うな』と言えば、私はしばらくの間どうするか考えるだろう」[13]

「大きな男」とは、まぎれもなく米国のことである。ウイットに富む江沢民の発言だが、中国の行動が相手国のパワーのありようで規定されることを如実にあらわしている。極論すれば、中国は、米国のようにパワーのある国が相手ならば相手の言い分を聞き、パワーのない国が相手ならば聞かないということである。江沢民を始めとする歴代の中国共産党指導者たちは、自国と相手国のパワーのありようを冷徹に比較し、国際社会における自国の振る舞いを決めてきたわけだ。

こうしたパワー重視のリアリズム外交の考え方を根底にもつ中国が2000年代に入って、急速な経済成長を遂げる中、自分たち自身も「大きな男」と同じパワーを追求するようになったのは、ごく自然のなりゆきといえるだろう。

パワーなければ再び侵略される恐怖

中国がパワー重視の外交を展開する背景には、自分たち漢民族が異民族から侵略され続けたという歴史がある。例えば、漢民族王朝の南宋はモンゴル族の襲来で滅んで元王朝による中国支配を許し、その元を倒した漢民族王朝の明が滅びると、今度は満州族の清が中国を支配した。その後、近現代においては、アヘン戦争をきっかけに列強による植民地化と侵略を受け続けて国土は荒廃した。中国はこうした長年にわたる異民族から受けた苦難の歴史をもとに、自分たちがパワーをもたなければ外国勢力から再び侵略されるという強い危機感をもっている。

習が「中華民族の偉大な復興」を掲げ、「社会主義現代化強国」や「世界一流の軍隊」というスローガンをつくって強国路線をひた走るのも、侵略を受け続けた中国の歴史がある。習が中国共産党100周年の祝賀行事で語った「中国人民はいかなる外部勢力が我々をいじめ、抑圧し、隷属させることも決して許さない」という言葉は、西側諸国からすれば理解に苦しむ主張に聞こえるが、中国人民にとってみれば、リアリティーのある決意表明だと受け止めることもできるだろう。中国が歴史から学んだのは、弱者は強者に徹底的にいたぶられ、国家としての主権が侵害されることである。だからこそ習は、恥辱の歴史を二度と繰り返さないために、中国は強く豊かであらねばならない、という決意を中国人民に訴える。中国が国際社会に向けて過剰なほどに「強者」の姿勢を演出するのは、自分たちの背中を見せれば再び外国勢力からつけいられて侵略されてしまうという恐怖の裏返しということもできるだろう。

「反覇権主義」が国是の中国

中国側の論理に基づけば、異民族の侵略という悲惨な歴史を経験した中国は、他国に対して同じ仕打ちを行うことはあり得ない。つまり、中国はかつての列強のように、覇権を求めて他国を屈服させる行為を取ることはないということだ。中国が「反覇権主義」国家であることを証明するために中国政府関係者がよく引用する事例が、鄧小平が1974年4月に国連総会で行った演説である。

鄧は「中国政府と中国人民は覇権主義に反対する」と表明したうえで、こう語っている。[14]

「中国は（米ソのような）超大国ではないし、超大国になろうとすることも絶対にない。超大国とは何か？　超大国とは、世界の至るところで他国を侵略し、干渉し、コントロールし、転覆し、略奪し、そして世界の覇権を求める帝国主義国家である。〈中略〉もし中国がいつの日か変節して超大国になれば、もし中国が世界の暴君となり、世界の至るところで他国をいじめ、侵略し、略奪するようになれば、世界中の人々は中国を社会帝国主義国家だと認識して暴き、反対し、中国人民と一緒に協力してそれを打倒するべきである」

鄧は、仮に中国が覇権国家になれば打倒されてもよい、と踏み込んで語ったが、もともと中国は建国以来「反覇権主義」を国是としており、憲法にも「覇権主義に反対する」と明記している。今でも習が「中国人民はこれまでに一度も他国の人民をいじめ、抑圧し、隷属させたことはなく、これは過去にも、現在にもなく、また今後もありえない」[15]と強調するように、中国側の論理からすれば、中国は自分たちの歴史を教訓に覇権を求めることはない。中国の外交安全保障政策の本質は他国を侵略するものではなく、あくまでも防御的だというわけだ。

このため、中国は自分たちが国際社会で影響力を強めていく状況を「平和的台頭」だと胸を張り、例えば、155カ国が参加する巨大経済圏構想「一帯一路（BRI）」を通じ、世界各国に「ウィンウィン（自分も勝ち、相手も勝つ）」の恩恵をもたらしていると主張する。習はBRIの国際会議の場で「我々はこれからも平和的に発展することを約束し続け、人類のための共通の未来をもつコミュニティを建設するために努力する」と強調している。[16]

とはいえ、ここで強調しておきたいのは、安全保障の世界においては、中国が「潜在的覇権国家」であるかどうかという認定をめぐり、仮に中国に覇権国家を目指す意図が本当になかったとしても、実はそれはさほど重要な問題ではないということだ。最も重要なのは、中国の意図ではなく、他国が中国の振る舞いを覇権主義的な動きだと判断しているかどうかという点である。

次はそれを具体的に説明したい。

3. なぜ中国は「潜在的覇権国家」とみなされるのか

「そんな歴史はくそくらえだ！」

２０１５年、中国で「戦狼」というアクション映画が公開された。人気俳優ウー・ジン扮する中国人民解放軍特殊部隊「戦狼」の隊員が活躍するというストーリーだ。17年には「戦狼２」も公開され、中国国内では歴代興行収入１位を記録する異例の大ヒットとなった。[17]

「戦狼」は、中国人の主人公が悪役の西洋人と戦って勝利するという勧善懲悪もののストーリーである。一見、中国版ランボー映画のようだが、現代の中国の人々の西側諸国に対する意識を知るうえで極めて興味深い内容である。

例えば、「戦狼２」終盤に、主人公と欧州の傭兵部隊を率いる白人のボスがカンフーアクションで戦うシーンがある。主人公は次第に形勢不利になり、白人のボスが主人公にとどめを刺そうとする際、「おまえのようなやつらは、おれのような人間たちに比べて常に劣っている！　それに慣れろ！　それに慣れろって言っているんだよ！」と迫る。

白人のボスのこの言葉は、列強から侵略されたという歴史をもつ中国人にとって極めて侮辱的な発言だ。

この直後、主人公はありったけの最後の力を振り絞って形勢逆転して白人のボスを倒すと、こんな決め台詞を吐く。

「そんな歴史はくそくらえだ！」

中国人観客は、主人公のこの台詞を聞いて胸のすく思いをしただろう。「戦狼」は全編にわたって中国人の愛国心に訴える内容だ。そして、主人公の決め台詞のように、中国はもはや西側諸国の言いなりにはならず、はっきりと物申し、力でも負けないという大国のプライドが随所にあらわれている。こうした点にこそ、歴史的に屈折した被害者感情をもちつつ、大国意識に目覚め始めた多くの中国人たちが共感したのだろう。

「戦狼外交」で西側諸国に対抗

映画「戦狼」の名称に因んで「戦狼外交」と呼ばれるようになったのが、中国外交官たちの好戦的な言動である。習政権の発足後に目立つようになり、とくに新型コロナ流行以降、その傾向はソーシャルメディアなどにおいて一段と加速した。

「戦狼外交」を一躍有名にしたのが、中国外務省副報道局長の趙立堅のツイッターである。20年3月、中国・武漢市から感染が拡大した新型コロナウイルスをめぐり、趙は「感染症は米軍が武漢に持ち込んだ可能性がある」とツイッターに投稿した。「米国で感染者がゼロだったのはいつか？　何人が感染したのか？　透明性を高めよ！」ともツイートした。趙の攻撃的なツイートは、トランプ米政権の中国批判に対して反論するためだった。米大統領ドナルド・トランプら政権幹部は、新型コロナウイルスを「武漢ウイルス」「チャイナ・ウイルス」と呼び、中国科学院武漢ウイルス研究所からのウイルス流出説をさかんに喧伝した。とはいえ、米軍が新型コロナウイルスを武漢に持ち込んだという趙のツイートは、武漢ウイルス研究所からの流出説とは比べものにならないほど、何ら根拠のない陰謀論である。ワシントンは趙のツイートに驚きあきれ果てた。

「戦狼外交」の舞台はソーシャルメディアだけではない。国連の会合では登壇者が新疆ウイグル自治区における中国の人権弾圧に言及した際、中国代表団は机をたたき続け、発言を中止させようとしたという事態も起きている。

映画の「戦狼」と「戦狼外交」は共通する部分がある。それはかつて侵略する側だった西側諸国に対し、中国は徹底して戦う姿勢を見せるということだ。「戦狼外交」は、習近平が党員らに呼びかけている「闘争精神の発揚」[18]とも通じるところがある。中国はもはや昔のような弱小国家ではない。経済的、軍事的に成長を遂げた強国である。多少荒っぽいやり方であっても、中国外交官たちが西側諸国を恐れずに対決する姿勢を示すことで、中国人民の信頼を得ることができる。「戦狼外交」の聴衆もまた、中国国民である。「戦狼外交」には、中国共産党政権の国内支持を固めるという重要な役割があるのだ。

とはいえ、中国の「戦狼外交」には国内的なメリットがあっても、国際的にはそれを見出すのは難しい。他国を攻撃するためならばフェイクニュースをまき散らし、他国外交官が眉をひそめるような行動をとる。中国外交官たちのこうした好戦的な言動は近年ますます目立っており、傲慢な大国を印象を強めている。これでは、習が中国の「平和的台頭」を主張しても、西側諸国や周辺国は習の言うことを素直に信じることはできない。「戦狼外交」におけるモラルを欠く独善的な中国の行動によって、西側諸国や周辺国は中国が国際法のルールを重んじて行動する国だと信じることはできなくなりつつある。

「世界地図を徹底的に塗り替える」

西側諸国や周辺国のこうした懸念を裏打ちするように、習近平政権のもとの中国は「リビジョニスト（修正主義勢力）」と受け止められる動きをあらわにしつつある。

例えば、中国国営通信新華社は17年の第19回党大会をめぐり、習の掲げた「社会主義現代化強国」という国家目標について、「不可逆的な歴史過程」と題した次のような解説記事を流している。[19]

「35年までに東洋の大国（中国）は現代化を果たし、世界地図を徹底的に塗り替える。社会主義大国が現代化を基本的に実現すれば『現代化は西洋化だ』という歴史認識を終わらせ、全く新しい選択を提供することになる」

覇権国家になろうとする「潜在的覇権国家」は既存の国際秩序を否定し、新たな国際秩序を築こうとするリビジョニストの動きをみせる。中国は「平和的台頭」「反覇権主義」を唱えているものの、「世界地図を徹底的に塗り替える」と豪語する新華社の解説記事を読めば、バイデン政権の国家安全保障戦略（NSS）による「国際秩序を再構築する意図と能力を持つ唯一の競争国」という中国に対する定義が説得力を持ってくる。少なくともトップの習近平の本心がどうであれ、西側諸国や周辺国は中国には新たな国際秩序を独自に作ろうという野心があると受け止めざるを得ない。

習が毛沢東以来となる絶対的権力者としての地位を固めていく中、西側諸国や周辺国が中国に対して懸念を深めるのは、かつてアジア太平洋地域で圧倒的な影響力を誇った「中華帝国」の幻影が、習の目指す強国・中国の姿と重なってくるからだ。

中国ではかつて絶対的権力者である皇帝の治める「中華帝国」が存在し、自分たちが異民族の周辺国よりも優越するという思想に基づき、宗主国として周辺国より貢物をもらうかわり、その国の統治権を認めるという冊封体制を採用してきた。「中華帝国」は直接的に周辺国を支配しないが、朝鮮半島や東南アジア諸国など周辺国を冊封体制に組み入れることでそれらの国々からの攻撃を防ぐという独自の安全保障システムを作りあげていた。

ただし、冊封体制はあくまでも中国が上位であり、周辺国は臣下の立場をとるという「中華帝国」中心の独特の国際秩序である。17世紀のウェストファリア会議以降、西欧で確立した近代の主権国家体制とは全く異なる価値観のもとに構築された国際秩序だ。毛沢東以来の最高権力をつかんだ習のもと、中国は「中華帝国」復活の野望を抱き、既存の国際秩序を否定し、アジア太平洋地域でかつての冊封体制のような独自の国際秩序を再び構築する考えがあるのでは、という懸念を西側諸国や周辺国は抱きつつあるのだ。

米国の「プレイブック」に従って行動か

ワシントンでは、中国は西半球で地域覇権国家としての地位を確立した米国の手法を模倣し、アジア太平洋地域における地域覇権国家になろうとしているという見方が強くなっている。つまり、パワーの追求を重視する中国は、米国が覇権国家へと成長することに成功した「プレイブック」に従って行動しているという論理である。米国では1823年、第5代大統領モンローが、米国は欧州に干渉しない代わり、欧州諸国は西半球に干渉するべきではないと表明した。「モンロー教書」である。米国はこの宣言以降、欧州諸国を西半球から追い出し、メキシコとの戦争でテキサスなど新たな領土を獲得したうえ、圧倒的な軍事力、経済力をもとに、隣国のカナダやメキシコ、南米諸国までも自分たちの「裏庭」とする勢力圏を確立することに成功したのである。

一方、強国となった中国の行動も、アジア太平洋地域を自らの「裏庭」とする勢力圏を確立しようとしているように見える。中国は、東シナ海、南シナ海で自分たちの権益を主張して隣国と係争を繰り返し、米国の同盟国である日本や韓国、豪州といった国々と対立することがあれば、すぐさま輸入停止措置などの経済的威圧を加え、自分の意向に従わせようとする。東南アジア諸国や太平洋島嶼国にはBRIを通じたインフラ整備によって多額の借金を背負わせる「借金外交」を展開。戦略的要衝である南太平洋の島嶼国との関係強化にも力を入れ、ソロモン諸島とは安全保障協定を締結した。いずれの中国の行動も、周辺国に対して自分たちの圧倒的な経済、軍事力をレバレッジとして利用し、自らの安全保障を確保する狙いがある。かつての「中華帝国」の冊封体制をほうふつとさせる手法である。

こうした中国の動きについて、第2章でも紹介した「攻撃的リアリズム」を説く国際政治学者ジョン・ミアシャイマーは、米国が19世紀に欧州諸国を西半球から追い出したのと同じ構造だと分析している。つまり、中国は米国をアジア太平洋地域から追い出し、そこに自らの「裏庭」を作ろうとしているというわけだ。ミアシャイマーは帝国日本の提唱した「大東亜共栄圏」を念頭に、「我々は中国が、1930年代に帝国日本が行ったように自分たち独自のバージョンの『モンロー教書』を作成すると予測しなければいけない」と指摘した。[20] 実際、習近平は13年6月、米カリフォルニア州を訪問して米大統領バラク・オバマと会談した際、「広い太平洋は二つの大国にとって十分な空間がある」と述べ、米中で西と東に太平洋を分け合う「太平洋分割」構想とも受け取れる発言をしている。[21] これを中国側の新たな「モンロー教書」とみなすこともできる。ワシントンにおいては、中国軍の海洋での活動の活発化は、西太平洋地域から米軍を追い出しにかかっている動きだという受け止めが主流だ。米国を始めとする西側諸国や周辺国は、中国は力による現状変更を試みるリビジョニストの動きをしていると警戒を強め

中国が管轄権を主張する9段線

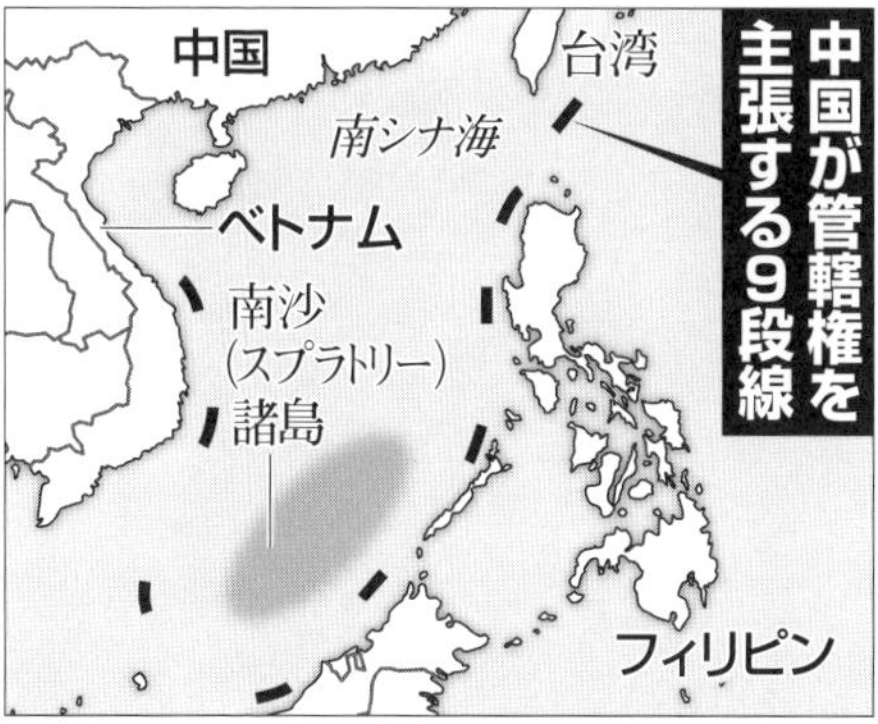

【注】防衛省資料などをもとに作成

ている。

クロウ・メモランダムの教訓

果たして中国の台頭は彼らの主張する通り「平和的台頭」なのか、それとも中国は覇権国家になろうという野心を秘めているのか――。当事国ではない私たちが中国、とくに最高指導者・習近平の本当の意図を知るのは極めて難しい。

しかし、ある国が覇権国家になろうとしているかどうかという認定をめぐり、実は、当事国の本当の意図はさほど重大な問題ではない。なぜならば、最も重要なのは、当事国の意図そのものではなく、周辺国がその当事国の振る舞いをどう受け止めて行動するかという点だからである。

これを証明しているのが、第1次世界大戦前の1907年にドイツ問題の専門家である英外交官エア・クロウが書いたメモランダムである。通称「クロウ・メモランダム」と呼ばれる。[22]

欧州では当時、急速に経済成長を遂げていたドイツが海軍力の増強を進めており、英国と対立を深めていた。クロウは英政府高官あてに書いたメモランダムの中で、ドイツの海軍力増強をめぐり、①ドイツは覇権国家を目指すという明確な意図をもち、周辺国の独立や英国の存立を脅かしている②ドイツはそのような明確な野心はもたず、他国の既存の権利を侵すこともなく、単に大国としての自分たちの立場を利用してドイツの国益拡大を図っているだけである――という二つの理論が考えられると指摘しつつ、「英政府は、ドイツの政策をめぐるこれら二つの理論のうち、どちらならば許容できるかと決める必要はない」と主張した。

これはどういう意味か。クロウは続けてこんな論理を展開する。仮にドイツが②のように野心をもたずに大国として国益拡大を図っているだけであっても、その動きは実は①のように覇権国家へと発展していく過程にある。このため、ドイツが現在は②の状況であるとしても、最終的には「ドイツの立場は、世界にとって明らかに恐るべき脅威となる」。

つまり、クロウが強調しているのは、こういうことである。英国にとって最も重要なのは、ドイツが現在どのような意図をもって海軍力増強を行っているかということではなく、ドイツの行っている海軍力増強という行動そのものが英国の存立を脅かすことになるという点である。逆に言えば、英国にとってドイツの海軍力増強が脅威ならば、ドイツが覇権国家になる野心があろうがなかろうが英国には関係ないわけである。

クロウ・メモランダムはその後の英国の対独政策に大きな影響を与えた。英国はドイツを仮想敵国とみなしてフランスやロシアとの関係を深め、14年の第1次世界大戦で実際にドイツと戦火を交えることになる。

クロウ・メモランダムの考え方は現在の中国と米国を始めとする他国との関係にも当てはまる。いくら中国が「平和的台頭」「反覇権主義」を主張しても、他国が中国の威圧的に振る舞う姿を見て覇権主義的だと受け止め、それを脅威だと認識すれば、他国は中国の覇権主義国家化に備えた対応を取るのである。

ここで思い出されるのが、米中台3者のパワーを比較して語った江沢民の言葉である。

江沢民は中国が台湾侵攻をしないのは、台湾の背後に強力な軍事力をもつ米国がいるからだ、と解釈できる考えを率直に述べている。江沢民の言葉にあらわれるように、中国がパワーを信奉している以上、周辺国も自分たち自身がパワーを持たなければ、中国は自分たちの意見に耳を貸さず、中国の態度を改めることはできないと考えるようになる。その結果、中国の軍事力の伸展に伴い、周辺国も軍事力を増強したり、中国のライバルである米国との安全保障協力を強化したりするなどのバランシングを図る動きを見せているのである。日本が安保3文書を改定し、防衛予算の大幅増を図ったのも、こうした一連の動きに該当する。中国が「平和的台頭」を標榜しても、実際にはパワーを重視する覇権主義的な動きを見せている以上、周辺国は中国が覇権国家を目指しているとみなし、自分たちもパワーを追求せざるを得ないという力学が働いているわけだ。

このため、中国がアジア太平洋地域における覇権国家になろうとしている「潜在的覇権国家」かどうかという認定をめぐり、最も重要なのは、他国が中国の動きを自分たちの安全保障上の脅威とみなし、中国が覇権国家になろうとしていると受け止めているという事実なのだ。「潜在的覇権国家」とは当事国の意図が規定するのではなく、当事国と相手国の行動が規定する。その点において、中国はいくら自分たちがそうではないと否定しても、「潜在的覇権国家」なのだ。

4. なぜ西側諸国と中国は根本的に相いれないのか

「中国の夢」と「アメリカン・ドリーム」の違い

アジア太平洋地域における中国の覇権主義的な動きという安全保障問題に加え、西側諸国と中国との対立が極めて深刻なのは、自分たちの政治体制をめぐって至上とする価値観が全く異なる点にある。これは、国家と個人の関係という根源的な問題への向き合い方が異なることに起因する。イギリスの名誉革命やアメリカ独立戦争、フランス革命を経験した西側諸国は、個人の自由や人権の尊重といった民主主義的価値観を至上のものとする。しかし、中国共産党のもと民主集中制を採用してきた中国は、個人より国家を重視する権威主義的価値観をもつ。中国共産党は、自分たちの運営する国家は個人を正しい道へと指導する存在であり、その国家のためならば、個人が犠牲になるのもやむを得ないと考えている。

中国共産党の国家重視の権威主義的価値観を象徴的にあらわしているのが、習近平政権の唱える「中国の夢」である。習は「近代以降、中華民族の偉大な復興の実現こそ、中華民族にとって最も重要な夢だった」と語る。[23]「中国の夢」と似た言葉として「アメリカン・ドリーム」があるが、同じ「夢」でも両者は全く異なる。「アメリカン・ドリーム」は、米国の建国以来の理念である自由を重視する米国社会の中で、個人が努力することでチャンスをつかみ、成功するという物語を指すものだ。これは立身出世や自己実現を果たすという、あくまでも個人の「夢」である。しかし、「中国の夢」とは、中国を外国勢力に負けない豊かで強大な国家にするという国家の「夢」である。突き詰めれば、為政者である中国共産党の「夢」といってもよい。中国では、個人が中国共産党と異なる「夢」を見ることは許されない。個人は中国共産党と一体となり、中国共産党の「夢」の実現に血と汗を流さなければいけない。

ここで再びクローズアップされるのが、「中華民族」という概念である。

中国共産党は「『中国の夢』の実現のために、中国国内のすべての民族が団結し協力しなければいけない」と訴えているが[24]、もともと「中華民族」という言葉自体、政治的なイデオロギー色は強い。「中華民族」という言葉が多用され始めたのは、近代以降のことだ。1912年に中華民国が建国されて以来、国内の多民族を一つにまとめるために、為政者たちは「中華民族」という言葉を広めてきた。「中華民族」は現在、中国共産党の指導のもとで団結する一つの民族という共同体をあらわす概念である一方、それぞれ少数民族固有の文化や言語、宗教を尊重しようという考えは重視されない。漢民族とは異なる文化をもつ少数民族の中には、「中華民族」の呼称に抵抗感をもつ人たちも多い。

しかし、中国共産党は、「中華民族」としての団結を乱し、中国共産党の支配体制に異議を唱える人々がいれば、分離主義勢力とみなし、徹底的な弾圧を加える。

100万人のウイグル族拘束

その最も象徴的な事例が、新疆ウイグル自治区における少数民族ウイグル族らに対する中国当局の対応である。

中国北西部に位置する新疆ウイグル自治区は、中国全土のうち6分の1の面積を占め、中国の省・自治区の中で最大の広さをもち、そこには約1100万人のトルコ系のウイグル族が住む。彼らは東トルキスタンとも呼ばれるこの土地に1千年以上前から暮らし、イスラム教を信仰し、独自の言語や文化、慣習をもって暮らしてきた。しかし、18世紀に清朝がこの地域を征圧して「新疆」と名づけて以来、その後の中華人民共和国も「新疆」を自分たちの領土の一部として組み入れてきた。こうした歴史的経緯を背景に、新疆ウイグル自治区はもともと独立運動が盛んな地域である。しかし、中国当局は2017年以来、ウイグル族らを大量に拘束し、新疆ウイグル自治区内に建設した施設に収容した。中国当局はこれらの施設を「職業技能教育訓練センター」だと主張するが、国際人権団体や西側諸国はこれらの施設を「再教育収容所」だと指摘する。収容者数は100万人にものぼり、300〜400の施設に拘束されていると指摘されている。[25]

「再教育収容所」の実態は厚いベールに包まれている。中国当局は国営放送を通じ、施設内のウイグル族らが教室で中国語の教科書を声をそろえて読んだり、裁縫などの職業訓練を受けたり、民族ダンスに興じたりしている様子を公開しているが、これはあくまでも中国当局が自分たちの対応を正当化するためのプロパガンダが目的であるため、実態を知るためには信用度の低い資料である。

米政府が「本物」と判断したドローンで隠し撮りされた映像によれば、「再教育収容所」の敷地内では、ウイグル族らとみられる大勢の男たちが後ろ手に手錠をかけられ、座らされていた。全員が丸刈りにされて囚人服のような紫色の服を着せられ、その横では警備当局者たちが男たちの一挙一動を監視している。別の隠し撮りされた映像では、「再教育収容所」内には鉄格子の独房があり、巨大な刑務所のように見える。[26]

国際人権団体の調査や元収容者たちの証言によれば、「再教育収容所」内では著しい人権侵害が行われている。「再教育収容所」にひとたび収容されれば、家族ら外部との連絡は一切遮断され、「行方不明」状態となる。米国務省の人権報告書によれば、拘束された囚人たちには日常的に拷問が加えられているうえ、女性収容者に強制不妊手術やレイプなどの性的虐待も行われており、正式な裁判なしに処刑された事例も報告されている。[27]「再教育収容所」は、ウイグル族固有の文化や慣習を捨てさせ、中国共産党支配への忠誠を誓う人間をつくりだすための洗脳施設の役割を果たしていると分析されている。

米国、英国、カナダ、オランダは、中国当局によるウイグル族迫害を「ジェノサイド（集団殺害）」という強い言葉で非難し、国連は「人道に対する罪」の可能性を指摘している。拘束された人々がナチスドイツのユダヤ人迫害のようにガス室に送られているわけではないが、中国当局にはウイグル族という独自の文化や言語をもつ一つの民族を計画的に消し去る意図がある、とみているからだ。

中国当局にとっては「テロ」予防措置

中国当局側からみれば、ウイグル族の「再教育収容所」への収容は、「イスラム過激派」によるテロリズムを防ぐという予防措置である。中国当局は「（職業技能教育訓練センターは）法律に基づいた

『脱過激化』を目的とした学校である」と説明している。[28]

中国当局はもともと中国共産党支配に異論を唱える宗教団体に対して厳しい対応を取っており、01年の米同時多発テロ以降、ウイグル独立勢力を「イスラム過激派」とみなして取り締まりを強化していた。しかし、「再教育収容所」への収容を含め、中国当局がウイグル族らを徹底的に取り締まるようになった大きなきっかけは、09年に起きたウルムチ騒乱の影響が大きい。

新疆ウイグル自治区の区都ウルムチで、デモ行進していたウイグル族の学生が治安部隊と衝突し、一部が暴徒化して漢民族の商店などを襲撃。200人近くが死亡した。13年には北京・天安門前に車が突入して炎上し、容疑者3人のほか2人が死亡、40人以上が負傷した。その後も再びウルムチなどで武装グループによる襲撃事件や爆破事件が相次ぎ、中国当局はこうした一連の事件をウイグル系の「イスラム過激派」によるテロ事件と断定し、治安維持を図るために取り締まりを強化することを決めた。最高指導者に就任した習近平は、「イスラム過激派」の徹底的な摘発を指示。中国当局は新疆ウイグル自治区に「再教育収容所」を次々と建設し、ウイグル族らの人々を拘束し始めたのだ。

新疆ウイグル自治区

中国当局にとってみれば、テロに宗教団体が絡んでいる

場合、なおさら厳しく対応しなければならない。中国の為政者にとって、宗教団体は歴代王朝に衰退をもたらしてきた危険な存在であり、古くは後漢王朝衰退の引き金になった黄巾の乱の事例など枚挙にいとまがない。中国共産党は宗教団体による王朝衰退の歴史を自分たちの反面教師として認識している。このため、国内における宗教団体の絡む対テロ対策は、ウイグル族らを大量拘束している「再教育収容所」のように、徹底して問題の芽を摘むというものになる。

中国にとってみれば、「再教育収容所」におけるウイグル族らの大量拘束は、対テロ対策というれっきとした国家安全保障上の理由があり、西側諸国の「ジェノサイド」批判は受け入れがたいものである。例えば、批判の急先鋒である米国は米同時多発テロのあと、「テロとの戦い」を宣言して米軍を海外に派遣し、アフガニスタン戦争やイラク戦争を引き起こし、両国政権を崩壊させ、テロとは無関係の大勢の無辜の市民までも殺害している。中国当局は「他国では対テロ対策が正当化されるのに、なぜ中国での対テロ対策は民族に対する抑圧だとみなされるのか、我々には理解できない」と批判する[29]。中国は、西側諸国は中国を攻撃するため、意図的に中国国内の対テロ対策を人権問題にすりかえている、と強い不満をもっている。

とはいえ、中国当局の主張は、自分が批判されたときに相手に対し、「そんなことを言うならば自分はどうなのか?」と問い返す論法である「whataboutism」(ホワットアバウティズム)の域を抜け出ていない。米国の対テロ戦争が世界各地で重大な人権侵害を引き起こしたのは事実であるし、米国が中国との競争を有利に展開するため、中国国内の人権問題を政治的に利用しているという側面もあるだろう。しかし、それらは、ウイグル問題の本質ではない。最も重要なのは、中国当局の苛烈な抑圧で苦しむ人々が存在するという厳然たる事実である。

アッバスの家族の事例

ウイグル族の中には、新疆ウイグル自治区に住む家族が突然行方不明になり、何年にもわたって安否を確認できない人々が大勢いる。筆者が米国のワシントンで取材したウイグル系米国人の人権活動家ルシャン・アッバスもその一人である。[30] 18年以来、ウルムチに住む姉が中国当局に拘束されて行方不明になったままだ。

アッバスによれば、姉が中国当局に拘束されたのは、自身の米国内におけるウイグル族のための人権擁護活動が関係している可能性が高い。

アッバスは1967年、ウルムチで生まれた。地元新疆大学を経て米国に留学していた89年、天安門事件が起きた。民主化運動をめぐって漢民族に対してすら徹底的な弾圧を加える中国当局に強い恐怖を覚えた。もともとウイグル族は分離独立運動を警戒されて中国当局から取り締まられてきた経緯がある。アッバスは、自分たちウイグル族に対する中国当局の弾圧がさらに強まってくることを懸念し、天安門事件をきっかけにそのまま米国に残ることを決意したという。

アッバスの予想通り、新疆ウイグル自治区ではウイグル族らに対して中国当局の弾圧が強まり始めた。アッバスは、米国において現地のウイグル族の人権を擁護するための活動を精力的に行い始めた。

そんなさなかに、アッバスの姉は現地で中国当局に拘束された。18年9月、アッバスが米ワシントンの保守系シンクタンク・ハドソン研究所で、パネリストとして講演した直後のことだった。

アッバスは「私の姉はどこかの収容所に連れ去られているのだと思う。彼女は政府系の病院に勤務していた医師であり、何ら政治的な思想をもたない人物だ。明らかに私の米国での活動に対する中国当局の報復措置だと思う」と語る。

中国当局に拘束されて以来、姉は音信不通だ。アッバスの周辺で行方不明になっているのは、姉だけではない。夫の両親ら親族十数人と17年以来、連絡が取れない。

新疆ウイグル自治区の「再教育収容所」は習近平が国家主席に就任したのちの14年から建設が始まり、17年に一気に拡大している。衛星写真で確認された39の「再教育収容所」は、17年4月から18年8月の間に3倍近くの大きさに拡大した。全体面積はサッカー競技場140個分に相当する。[31]「再教育収容所」拡大は、前出のアッバスの親族十数人が行方不明になった時期とちょうど重なる。「再教育収容所」拡大とともに、ウイグル族らの収容者数が一気に膨れ上がった可能性は高い。

アッバスは、行方不明となった姉や親族を救おうと必死だ。米連邦議員たちにウイグル問題に関する立法措置を働きかけ、国内外の人権シンポジウムに出席する。空港の待合室で偶然見つけた下院議員に姉の写真を見せて法案の内容を説明し、賛成の約束を取りつけたこともある。

「行方不明になった私たちの家族は、自分たちを助け出すために私たちが何かをやってくれると信じている。日々何かをしなければ、私は夜眠ることもできない」

アッバスは涙ぐみながら、筆者にこう語った。

中国当局は19年12月、「再教育収容所」をめぐり、突然「教育は全員修了した」と発表した。しかし、その実態は今でも不透明だ。アッバスの姉や親族を含め、施設に収容されたとみられる大勢のウイグル族の人々とは今でも連絡がとれない。
ウイグル族らの大量拘束問題は、未解決のままである。

個人よりも中国共産党のサバイバルを最優先

翻ってみれば、ウイグル問題ほど、中国と西側諸国の主張がかみ合わないものはない。中国当局は、欧米諸国の人権弾圧批判を、偏った情報に基づく「フェイクニュースのリポート」だと激しく反論する[32]。

ウイグル問題をめぐる中国当局と西側諸国との認識のギャップは、前述の「中国の夢」と「アメリカン・ドリーム」の違いに関しても指摘したが、両者の国家と個人の関係という根源的な考え方の違いから生じている。

中国で個人の権利よりも国家が最優先される最大の理由は、一党独裁という特殊な政治体制のもと、中国共産党政権が、広大な国土をもつ多民族国家を運営しなければいけない点にある。「中華民族」という共同体の概念はあるものの、実際にはさまざまに異なる文化や慣習、宗教をバックグラウンドにもつ多民族が住む「モザイク国家」である。このため、一人ひとりの個人の権利が強まり、中国共産党の強権政治のあり方に異論が出始めれば、中国社会のあらゆるところにミシン目が入りかねない。あげくの果てには、旧ソ連解体のように、国家分裂の危機に直面する可能性すらある。中国共産党は、中国人民の間に、個人の権利を重視する西側諸国の価値観が広まることで、多民族国家を束ねる自分たちの「王朝」が倒れてしまうことを恐れているのだ。

このように、個人の権利を重視する西側諸国と、中国共産党が自分たちのサバイバルを最優先している中国とでは、国家のアイデンティティという根本的な部分で相いれることはできない。西側諸国には、米国の「関与政策」に見られるように、中国が経済的に発展すれば、いずれは自分たちと同じように民主化が進むという期待感があった。これは、西側諸国のように民主主義が発展すれば、人々は豊かになると信じられていたことが背景にある。しかし、あとから考えれば、それはあまりにも楽観主義的でナイーブな考えだったといえる。中国共産党は、旧ソ連が西側諸国の民主主義システムを導入して政治的混乱を引き起こし、弱体化して崩壊したことを熟知している。このため、一党独裁という政治体制を変えないまま、西側諸国の市場主義経済だけを取り入れた「中国の特色ある社会主義」という方式を採用し、経済的な成長を遂げることに成功した。習近平は、民主主義が発展すれば、人々は物質的にも豊かになるという法則は誤りだと考えている。習は「社会主義現代化強国」という政治スローガンを掲げ、西側諸国の成功モデルに頼ることなく、中国共産党の一党独裁という権威主義的政治体制のもとでも人々を豊かにできるということを証明しようとしている。中国共産党が政権を維持する限り、中国と西側諸国は、自分たちの国家の成り立ちにかかわる国家と個人の関係という根源的な問題について、お互いの考えに理解を示して相容れるということはないだろう。

世界に広まる中国の権威主義的価値観

西側諸国にとって厄介な問題は、中国の権威主義的価値観が、民主主義が未成熟なほかの発展途上国などでも広まりつつあるという点だ。

リベラル的な価値観を重視する米大統領のバイデンは、とくに強い危機感をもつ。

21年3月、バイデンは就任後初めての記者会見で、記者団から米中関係について問われると、オバマ政権の副大統領当時、習近平と長時間にわたって率直にお互いの意見交換をしたことに触れつつ、習の人となりをこう評してみせた。

「(ロシア大統領の)プーチンと同じような人物の一人だ。専制主義が将来、主流となり、複雑な世界において民主主義は機能しない、と考えている」[33]

バイデンが強く懸念しているのは、世界的に民主主義が退潮し、権威主義が台頭してきていることである。民主主義国家のリーダーである米国は、民主主義の守り手であるはずなのに、自国内においても議事堂襲撃事件のような反民主主義的な動きが出始めている。一方、権威主義国家の代表格である中国は、経済、軍事力を著しく高め、いまや米国を脅かす存在となっている。中東諸国、中央アジア、東南アジア、アフリカなどの民主主義が未成熟な国々においては、多くの為政者たちは権威主義的政治手法を歓迎している。最高権力者に権力を集中させて政策を実行する方が、意見調整のためにコストも時間もかかる民主主義的政治手法よりも遥かに効率的だからだ。

中国の権威主義的価値観が、その世界最先端の科学技術とともに世界に広まりつつあるという側面もある。新疆ウイグル自治区では、中国の人工知能(AI)を駆使した監視技術が広く使われている。中国当局は、「再教育収容所」以外でも、ウルムチ市内の至るところに監視カメラを設置し、ウイグル族の人々の一挙一動を監視している。新疆ウイグル自治区における監視社会を支えているのが、画像や音声認識などの分野で最先端技術をもつ中国企業だ。顔識別などの最先端技術を駆使して個人を徹底的に管理している。AIを駆使したウイグル族ら個々人に対する監視は、中国当局にとってはテロを予防するうえで最も効果的な手法だが、そこには西側諸国が重視する個人の自由や人権を尊重する考えはない。

中国はAIによる監視技術の輸出大国である。華為技術（ファーウェイ）、ハイクビジョン、ダーファ・テクノロジー、中興通訊（ZTE）といった世界大手の中国企業が63カ国にAIによる監視技術を提供している。63カ国のうち、半分以上が中国の巨大経済圏構想「一帯一路」のメンバー国である。[34]

米中対立の根底には、AIや高速通信規格「5G」といった米中間の技術覇権争いもある。その一因には「民主主義vs.専制主義」という米中間のイデオロギー闘争に密接にかかわることもある。民主主義的価値観を重んじる米国が恐れているのは、技術覇権争いを中国が制することで、中国の最先端技術の輸出を通じ、新疆ウイグル自治区における監視社会に代表されるような中国の権威主義的統治システムが世界中に広がっていくことである。かつては科学技術の進歩は民主主義を促進すると信じられていたが、そのような楽観論は許されなくなった。中国を見れば、科学技術の伸展が権威主義体制による統治をますます強固なものにしている。このため、米国にとってみれば、新疆ウイグル自治区や香港における中国当局の人権弾圧は、米中間の体制間競争の観点からも、単なる中国の内政問題として片付けることはできない深刻な問題なのである。

米中間のイデオロギー闘争はますます激しさを増している。習近平は自分たちの権威主義的統治手法に自信を深める一方、バイデンは民主主義が権威主義に浸食されてしまうという強い焦燥感をもっている。政治体制をめぐるイデオロギー闘争は、軍縮交渉のようにお互いに妥協して共通の利益を見つけることはできないため、突き詰めれば、米ソ冷戦のように、最終的にどちらかの政権が崩壊するまで続くことになる。米中間の異なる価値観の衝突は、「既存の覇権国家vs.潜在的覇権国家」という構造をもつ米中対立の中で、解決を図ることが最も困難な問題といえる。

非合理的行動への懸念も

この章では、なぜ中国がアジア太平洋地域で覇権主義的な動きを強めているのか、中国共産党の特異な歴史観やパワー重視の外交安全保障政策をもとに考えた。中国は「100年の国恥」と呼ばれるアヘン戦争以来続いた西側諸国による半植民地化や侵略行為に対し、歴史的な被害者意識と強い憤りをもっている。習近平は、中国共産党の中国支配の正統性を確実なものにするため、中国国内の感情を利用する形で「中華民族の偉大な復興」を掲げて強国路線を追求している。また、大国意識に目覚めた中国は、西側諸国に対する歴史的な復讐心を胸に、東シナ海や南シナ海、台湾周辺で現状変更を試みており、周辺国が自分の意にそぐわない動きをすればすぐさま経済的威圧を加えてくる。米国との関係が近い周辺国はこうした中国の動きを覇権主義的とみなし、米国との安全保障協力関係を強化し、中国に対してバランシングを図ろうとする動きを強めている。

一方、この章では、中国が伝統的に大国間のバランス・オブ・パワー（勢力均衡）というリアリズムを重視しているという観点から、中国の戦略的な判断にはそれなりに合理的なものも多いという見方を示したが、米専門家たちの中では最近の中国は必ずしも合理的な判断をしていないという見方も強まりつつあることを最後に紹介したい。例えば、新型コロナウイルス対策をめぐっては、世界各国が規制を緩和し始めても、中国は「ゼロコロナ」政策にこだわり続け、その結果、経済的な混迷を深めることになった。中国問題に精通する元米外交官は筆者の取材に「最近の習近平は合理的な選択をしているとは思えない」と指摘する。中国が「スパイ」気球を米国本土の深くまで送り込み、最終的に米軍まで出動して撃墜されるという事態を引き起こしたのも、あまりにも冒険主義的であり危険な行動である。東京電力福島第一原発処理水の海洋放出を巡っても、国際社会が日本の対応に理解を示しつつあるなか、中国が日本産水産物の全面禁輸措置に踏み切ったことも、国際的に孤立した印象を与え、合理的な戦略のもとに「日本バッシング」を行ったようには見えない。仮に中国の行動がリアリズムに基づく戦略なしに、衝動的なものになってきているのであれば、米中対立はさらに危険な段階に入りつつあると言わざるをえない。

これに加え、中国は「台頭」ではなく、これから「衰退」へと向かい始めるからこそ、米中対立は深刻なものになっていくという予測もある。米ジョンズ・ホプキンス大学高等国際関係大学院（SAIS）特別教授ハル・ブランズ、米タフツ大学准教授マイケル・ベックリーは『Danger Zone: The Coming Conflict with China』（邦題「デンジャー・ゾーン　迫る中国との衝突」）の中で、中国は「一人っ子」政策の影響による超少子高齢化社会を迎えるなどして、経済成長はこれから鈍化していき、現在ピーク状態にある中国の国力は弱まり始めると分析。そのうえで、「太古から現代まで、かつて新興した国々が最も攻撃的になるのは、自分たちの国の富が衰え、敵対国が増え、その栄光を求めなければ機会を永遠に失ってしまうと感じたときである」と指摘し、米中衝突のリスクは高まっていると警鐘を鳴らした。[35] やや中国脅威論という要素が強い印象も受けるものの、不動産市況の悪化、地方政府の莫大な借金、若者の就職難などに見られるように中国経済が減速しつつある中、中国の攻撃的な振る舞いが目立ってきているのも事実である。ブランズらの理論通り、中国が自分たちの国家の「ピークアウト」を感じて焦りを覚えているとも受け止めることができ、「ゼロコロナ」政策などをめぐる非合理的な行動も含めて、中国の動向は今後も注視する必要があるだろう。

これまで米中対立の全体的な構造問題に主に焦点を当ててきたが、次章から台湾問題へと移る。米中競争が衝突へと発展する最大のフラッシュポイント（発火点）とみられているのが台湾問題だ。米中対立が過熱する中、台湾海峡有事のリスクはますます高まっていると言わざるを得ない。なぜ米中は台湾をめぐってこれほどまでに激しい対立を続けているのか。

まずは台湾に軍事支援を続ける米側の論理からみてみよう。

第5章
「あいまい戦略」見直し迫られる米国の台湾海峡政策

1．米国の「あいまい戦略」とは何か

「イエス。それが我々のコミットメント（誓約）だ」

ロシアのウクライナ侵攻から3カ月後の２０２２年5月23日、来日中の米大統領ジョー・バイデンは東京・元赤坂の迎賓館で、日本の首相・岸田文雄との共同記者会見に臨んだ。

バイデンは、記者団から中国が台湾に侵攻した際に米国が台湾防衛に軍事的に関与するかと問われると、こう明言した。[1]

「イエス。それが我々のコミットメント（誓約）だ」

歴代米政権は、中国が台湾に侵攻した場合、米国が台湾を防衛する意思があるかどうかを明らかにしない「あいまい戦略」を取ってきた。中国、台湾の双方に言質を与えないことで大胆な行動に出ないように抑止するためだ。しかし、バイデンのこの発言は、「あいまい戦略」のラインを踏み越え、台湾防衛の意思を明確にする「明確戦略」への転換と受け止められるものだった。

しかし、この会見でバイデンは、自分たちの政権が米国の「一つの中国」政策を維持していくという姿勢も強調した。そのうえで「それ（米国の『一つの中国』政策）は中国が台湾に侵攻し、武力をもって台湾を奪い取ることを正当化するものではない」と語った。

米国の「一つの中国」政策は、「台湾は中国の一部である」という中国の「一つの中国」原則とは全く異なる。米国の「一つの中国」政策とは、米国は台湾の独立運動を支持しないと同時に、中国の武力行使にも反対するという意味を含んでいる。

筆者はバイデンの記者会見での発言直後、ホワイトハウスに対し、バイデン政権は中台関係をめぐる政策において、「あいまい戦略」から「明確戦略」へと転換したのかと尋ねた。しかし、ホワイトハウスはその直接の回答は避け、「大統領の言うとおり、我々の政策は変わっていない」とあいまいな答えに終始した。

2022年5月23日、日米共同記者会見を行う米大統領バイデン（左）と首相の岸田文雄＝東京・迎賓館、代表撮影

ロシアのウクライナ侵攻の影響は東アジアにも飛び火していた。中国国家主席・習近平が台湾統一のためならば武力行使も辞さない姿勢を見せる中、中国の台湾侵攻が現実味をもって語られるようになった。ワシントンの安全保障コミュニティではウクライナ戦争以前から、中国の台湾に対する軍事的圧力に対抗するため、バイデン政権に対し、「あいまい戦略」を放棄し、「明確戦略」へと移行するように求める意見が強まっていた。

そんなさなかにバイデンの出した答えが東京での記者会見での発言だった。米軍最高司令官でもあるバイデン個人としては「台湾防衛」の意思を示しつつも、政権としては「あいまい戦略」を転換したかどうかについては明らかにしない、いわば「あいまい戦略のあいまい」と呼べる対応だった。

バイデンが「あいまい戦略」のラインを踏み越えた発言をしているにもかかわらず、政権としてはなぜ「あいまい戦略」からの脱却を宣言しないのか。実は、ここにこそ、台湾問題をめぐる米国の複雑な立ち位置がある。

この章では、米国の台湾海峡政策を検証する。

最初に、歴代米政権が守り続けた「あいまい戦略」とは何かを検証する。「あいまい戦略」は何を根拠に生み出され、なぜ中台双方を抑止するという役割を担ってきたのか？

次に、なぜバイデンは、歴代米政権の「あいまい戦略」のラインを越え、「台湾防衛」を明言するようになったのかという点を論じる。米国にとっての台湾の重要性や、台湾海峡を取り巻く安全保障環境の変化、ウクライナ戦争がインド太平洋地域にもたらしたインパクトを分析し、バイデンの狙いを考える。

最後に、それではバイデンが「台湾防衛」を明言しているならば、中国が台湾に侵攻した場合、本当に米軍は台湾を守るために駆けつけるのか、という点を検証する。これには日米安保条約のような明文化されたルールはなく、ホワイトハウスにおける政治判断の要素が極めて大きい。筆者はワシントンにおける米軍人たちや安全保障コミュニティとの交流を通じ、米国の軍事介入にはいくつかの条件があると考えている。私なりに見出したそれらの条件を論じてみたい。

それでは早速、米国の特異な台湾海峡政策を象徴するともいえる「あいまい戦略」の成り立ちについて説明しよう。

1979年の台湾関係法が起源

歴代米政権の採用してきた、台湾防衛の意思を明確に示さない「あいまい戦略」の起源は、1979年に制定された台湾関係法にさかのぼる。[2] 台湾関係法とは、米国が同年に中国と国交を結んだ代わりに台湾と断交したことを受け、米台間の経済や文化、安全保障を含めた非公式な外交関係を維持するため、米議会が主導して策定したものだ。米国と台湾は国交断絶前、相互防衛条約を結んだ軍事同盟の関係にあったが、この軍事同盟は米中の国交正常化によって解消され、現在の米台間には日米間のような安保条約に基づく同盟関係はない。それでも、米国が現在も台湾に武器供与を続けているのは、この台湾関係法が根拠になっている。

台湾関係法の最も重要な点は、台湾の将来は「平和的な解決」が図られるべきだという強い期待感を示したうえで、中国が台湾に軍事行使をした場合、米国に軍事介入の選択肢を与えている点にある。

具体的には、台湾関係法は、米国の政策に関して「ボイコット、禁輸措置を含み、平和的手段以外によって台湾の将来を決定しようといういかなる試みも、西太平洋地域の平和と安全に対する脅威であり、米国にとって重大な懸念だと考える」と規定している。これに加え、「台湾人民の安全、社会、経済制度に危害を加えるいかなる武力行使またはほかのいかなる強制力にも対抗しうる米国の能力を維持する」とも規定している。

つまり、仮に米国が中国の台湾への対応を「西太平洋地域の平和と安全に対する脅威であり、米国にとって重大な懸念」としてとらえれば、米国は軍事行動を含み、中国に対抗しうる措置を取ることができる、と解釈できるように書かれている。現在の米台関係は、安保条約に基づく同盟関係ではないが、この台湾関係法に基づき、米国は台湾防衛の義務がない一方、米国が必要だと判断すれば軍事行動をとることができるのだ。

米国の軍事行動発動の詳細な条件は書かれず

ここで重要なポイントが、中国の台湾に対する具体的にどのような行動が「西太平洋地域の平和と安全に対する脅威」や「米国にとって重大な懸念」に該当するのかという事例については、極めてあいまいな表現に終始している点である。「平和的手段以外によって台湾の将来を決定しようといういかなる試み」の事例は、わずかに「ボイコット」と「禁輸措置」が挙げられているだけだ。台湾関係法は、米国に対して台湾問題をめぐって軍事行動を取る選択肢を与えている一方、米国が軍事行動を発動する際の詳細な条件は書かれていないのである。

この台湾関係法の記述のあいまいさは、例えば、日米安保条約と比べれば一目瞭然である。米国が日本防衛のための軍事行動を発動する条件は、日米安保条約第5条に「日本国の施政の下にある領域における、いずれか一方に対する武力攻撃」と極めて明示的に記されている。「いずれか一方」とは日本または米国を指している。[3]

台湾関係法のあいまいな記述の理由は、法律制定過程の米議会での折衝における次の三つの要因がからんでいる。[4]

一つ目は、米議会は当時、中台間の軍事衝突に米国が巻き込まれることを恐れたということである。多くの議員たちにとって、米政権が核兵器使用の検討すら真剣に行った50年代の台湾海峡危機の記憶はまだ生々しいものがあった。中台紛争は極めて現実味のあるシナリオであり、米国がその紛争にすぐさま巻き込まれるような仕組みをつくることには躊躇したわけである。二つ目は、米議会の大勢はこの法律を米中国交正常化の妨げにはしたくないと考えていたことが大きい。共和党大統領ニクソンから始まった米中国交正常化のプロセスは、超党派で支持され、民主党大統領カーターのもとで結実する。米議会は、台湾関係法に米国の軍事行動発動の明確な条件を明記することで中国が反発することを懸念したのである。三つ目は、これが最も大きな要因であるが、米議会は自分たちの政治的特権を確保したかったという点がある。米議会は米国の軍事行動の発動をめぐる記述をわざとあいまいにすることで、米国の戦争参加の可否を米議会が決める権限を強くしたいと考えていた。その結果、台湾関係法は、中国が台湾を攻撃した際、米国の対応に選択の幅をもたせる記述となったのである。台湾関係法の制定過程における議会内のさまざまな思惑が台湾に対するゆるやかなコミットメントを作り出し、それが歴代米政権の「あいまい戦略」へとつながっているのだ。

中台双方への「二重抑止」効果

台湾関係法に基づく米国の「あいまい戦略」は、中台双方に対する「二重抑止（Dual Deterrence）」の役割を長年担ってきた。

中国にとってみれば、台湾は中国の一部であり、台湾問題はあくまでも中国の内政問題である。よって米国の台湾防衛は、中国に対する軍事攻撃にほかならない。しかし、米国が台湾を防衛するとは明言しない一方、台湾問題への軍事行動の選択肢を残していることは、中国にとって強い心理的圧力として働いている。

一方、台湾にとっても、米国の「あいまい戦略」は、大きな行動制約となってきた。中国にとって最大の気がかりは、言うまでもなく、台湾の独立である。台湾が独立宣言をすれば、台湾を武力攻撃する構えをとっている。しかし、米国の「あいまい戦略」のもとでは、仮に独立宣言という台湾側の挑発活動によって中国が軍事行動を行ったとき、米国が本当に台湾に駆けつけてくれるかどうかは不透明だ。すなわち、「あいまい戦略」は、中国の武力行使を誘発するような台湾の独立運動を抑える働きもしているのだ。

台湾海峡政策をめぐる米国の目標は、あくまでも台湾問題は台湾の人々の意思のもとに平和的に解決されるべきであり、中台紛争の勃発を防ぐことにある。よって「あいまい戦略」は、中国の台湾侵攻に対してのみではなく、台湾による挑発活動を抑えるという役割も果たしてきたのである。

このため、米国は常に台湾に対して肩入れしてきたわけではない。例えば、台湾総統の陳水扁が2003年に住民投票や新憲法制定の構想を打ち上げた際、米大統領G・W・ブッシュ（共和党）は陳の政治手法を問題視した。ブッシュは中国首相・温家宝とホワイトハウスで会談した際、「我々は、中国、台湾のいずれであれ、ステータス・クオ（現状）を変えるような一方的な決定に反対する。台湾指導者の言動は、ステータス・クオを一方的に変える可能性を示唆しており、我々は反対だ」と述べ、陳を厳しく批判した。[5] こうした歴史を振り返れば、米国は常に台湾の味方ばかりしてきたわけではないこともわかる。台湾が台湾海峡の緊張を高めるような挑発的な行動をした際、米国は台湾側を抑止する動きも見せてきたのである。

中台双方への「二重抑止」効果に加え、「あいまい戦略」には台湾問題をめぐる米国の対応に選択の幅を与えてくれるというメリットもあった。台湾問題に詳しい米シンクタンク・ブルッキングス研究所上級研究員のリチャード・ブッシュによれば、中国が台湾を攻撃した際、米国が実際に軍事介入するかどうかの対応は、そのときの米国の国内政治情勢とともに、実際の紛争がどのようにして始まったのか、など様々な要素に左右されるという。しかし、もし米国が「あいまい戦略」を採用せず、常に台湾を防衛すると表明し続ける「明確戦略」を取れば、米国は中国の台湾攻撃時に常に軍事介入の選択肢しか持たない状態となり、柔軟な対応ができなくなってしまう。リチャード・ブッシュは、「(『明確戦略』は)ワシントンを台湾の行動の人質にしてしまうだろう」と指摘している。[6]「明確戦略」には、台湾の独立運動を誘発させる恐れがあると同時に、米国自身が中台紛争に必ず巻き込まれてしまうというリスクをはらむ。「あいまい戦略」は、中台に対する「二重抑止」効果とともに、台湾問題をめぐる米国の自主的な判断を担保するという重要な役割を果たしてきたのだ。

「一つの中国」政策

米国の台湾問題をめぐる基本政策に関し、「あいまい戦略」とともに重要なのが「一つの中国」政策である。米政権高官は、米国は常に「一つの中国」政策を維持している、と強調している。例えば、米国務長官ブリンケンは22年5月、バイデン政権の対中政策をめぐる演説で、「米国は我々の『一つの中国』政策を維持することを約束している」と語っている。[7]

重要なのは、米国の「一つの中国」政策は、中国の「一つの中国」原則とは異なり、「台湾は中国の一部」だと認めるものではない、ということだ。米国の「一つの中国」政策は、(1)米国は、中台いずれかの側にせよ、『ステータス・クオ』を一方的に変更しようとするいかなる挑戦についても反対する(2)米国は台湾の独立を支持しない(3)米国は中台双方にとっての両岸問題の違いは平和的手段によって解決されることを期待する——という三つの重要な意味を含んでいる。すなわち、米国の「一つの中国」政策は、中国、台湾両政府が平和的に別々に存在しているという台湾海峡のステータス・クオを維持することを目的としており、中国の武力による統一、台湾の独立のいずれも一切支持しないという宣言である。米国の「一つの中国」政策は、台湾海峡問題の平和的な解決を中国と台湾双方に強く促しているのだ。

米国の「一つの中国」政策の基礎となっているのは、前述の台湾関係法、三つの「米中共同コミュニケ」(「上海コミュニケ」〈1972年〉、「外交関係樹立に関する共同コミュニケ」〈1979年〉、「8・17コミュニケ」〈1982年〉)、そして、「六つの保証」〈1982年〉である。これらの中でもとくに重要なのが、第3章でも触れたが、ニクソンが訪中した際に米中政府が発表した「上海コミュニケ」であり、これは台湾海峡問題に関する米国のあらゆる政策の起源となっている。「上海コミュニケ」は、次のように台湾海峡問題を規定している。[8]

「米国側は次のように表明した。米国は、台湾海峡の両側のすべての中国人が、中国はただ一つであり、台湾は中国の一部であると主張していることを認識している。米国政府は、この立場に異論をとなえない。米国政府は、中国人自身による台湾問題の平和的解決について関心があることを再確認する」

三つの「米中共同コミュニケ」と「六つの保証」

【上海コミュニケ】(1972年)
・ニクソン政権と中国政府の合意。米中の敵対関係を終結させ、米中国交正常化の方針を打ち出した。米国は、台湾海峡の両側のすべての中国人が、中国はただ一つであり、台湾は中国の一部分である、と主張していると認識しているとした

【外交関係樹立に関する共同コミュニケ】(1979年)
・カーター政権と中国政府の合意。米国は、中華人民共和国を中国の唯一の合法的政府と認め、台湾と非公式関係を維持するとした

【8·17コミュニケ】(1982年)
・レーガン政権と中国政府の合意。米国の台湾への武器売却を徐々に減らし、一定期間後に最終的に解決するとした

【六つの保証】(1982年)
・レーガン政権が台湾に伝えた米国の台湾政策の基本方針。米国は台湾への武器売却終了の期日は定めず、台湾への武器売却について中国側と事前協議をしないなどとした

「上海コミュニケ」が記すように、米国の立場は、中国が「台湾は中国の一部である」と主張していることをあくまでも認識しているだけであり、中国の主張が正しいかどうかは判断していない。米国は１９７９年の米中国交正常化の前から、台湾問題が平和的に解決されることを強く主張していた。米国の期待は、中台の政府がそれぞれ別々に存在しているというステータス・クオが続くことである。それを実現するための米国の基本政策が「一つの中国」政策であり、この「一つの中国」政策を実行していくうえで重要だったのが、「あいまい戦略」であった。米国の歴代大統領は、台湾防衛の意思を明言しないことで、中台双方のステータス・クオを変える試みを「二重抑止」してきたわけである。

ワシントンで「明確戦略」を求める声強まる

「あいまい戦略」のもと、米政府高官は中国の台湾侵攻時の米国の対応が問われれば、「我々は台湾関係法のコミットメントがある」と述べるにとどめ、具体的な対応策に言及してこなかった。しかし、台湾で民進党の蔡英文政権が発足した16年以降、中国は台湾に対してかつてないレベルで軍事的圧力を強める中、ワシントンでは、米国は「あいまい戦略」から「明確戦略」へと変更せよ、という意見が強まった。

口火を切ったのが、米外交問題評議会会長リチャード・ハース（元国務省政策企画局長）である。ハースは20年9月、同僚とともに「米国の台湾支援は、あいまいにするべきではない」というタイトルの論文を米外交専門誌「フォーリン・アフェアーズ」に発表した。[9]

ハースは「あいまい戦略」が中国と台湾に対し、これまで「二重抑止」の役割を果たしてきたことを認めつつ、軍事能力を強化している中国が、台湾侵攻の準備を着々と進めている点を強調。「米国は『明確戦略』を導入する時が来た」と指摘したうえで、「今や『あいまい』ではステータス・クオを維持することはできない。中国の冒険主義を抑止するためには米国は『明確戦略』の立場を取らなければいけない」と主張した。

米歴代政権が長年維持し続けた「あいまい戦略」から「明確戦略」への方針転換を求めるハースの提言は、ワシントンの安全保障コミュニティに大きな影響を与え、「明確戦略」を支持する人々は増えていった。

21年3月、米インド太平洋軍司令官フィリップ・デービッドソンは、上院公聴会で、控えめな口調ながらも、「あいまい戦略」は再考されるべきだ、と主張した。デービッドソンは「40年以上にわたって『あいまい戦略』は〈中略〉台湾にとっても、そして現状を維持するのにも役に立ってきた。しかし、こうしたものごとは定期的に見直さなければいけない。私はそうした議論に期待している」と語った。[10]

ハースとデービッドソンの主張に共通するのは、中国は台湾上陸作戦を近い将来可能とするレベルまで軍事能力を高めようとしているため、従来の「あいまい戦略」では中国の軍事行動を抑止することはできないという考え方だ。ハースらも「あいまい戦略」が中国と台湾を同時に抑止し、台湾海峡における「バランス・オブ・パワー（勢力均衡）」を維持する役目を担ってきたことを認める。しかし、中国が著しく軍事能力を高めたことで、中台間の力関係はもはや釣り合いが取れなくなっていると考える。米国が台湾を防衛する姿勢を明確に示すことで、台湾海峡のバランス・オブ・パワーは再び取り戻され、ステータス・クオも維持されるという論理である。

しかし、「明確戦略」への転換は、前述のリチャード・ブッシュの指摘にもあったが、米国の安全保障にリスクをもたらすという見方はいまだに根強い。米国が台湾防衛を明言すれば、中国を刺激して台湾侵攻の「口実」を与えるうえ、台湾の独立運動を誘発してしまうというものである。とはいえ、「明確戦略」への完全移行が米国の安全保障にとってリスクが高いとしても、米国は中台間の力関係の変化に対応した新たな解決策を探る必要に迫られていた。

その答えのカギとなるのが、冒頭のバイデンの「あいまい戦略のあいまい」である。

2. なぜバイデンは「台湾防衛」を明言するのか

あいまい戦略のあいまい

実は、バイデンは大統領就任以降、東京での記者会見を含め、過去4回にわたり、「台湾防衛」を明言している。

最初は21年8月、米ABCニュースのインタビューでの発言だ。バイデンは「もし我々の北大西洋条約機構（NATO）の同盟国に侵略や攻撃があれば、我々は対応すると（北大西洋条約）第5条に神聖なる約束をしている。（これは）日本に対しても同じだし、韓国に対しても同じだし、台湾に対しても同じだ」と指摘した。[11] 北大西洋条約第5条は、加盟国への攻撃を同盟全体への攻撃とみなして集団的自衛権を行使することを定めており、実際には米国と台湾の関係は、米国とNATOとは全く異なる。しかし、バイデンは台湾への攻撃に対しても、米国は集団的自衛権を行使する、という考えを示したのだ。

2回目は、同じ年の10月、米CNNでのインタビューで、中国が台湾を侵攻した場合、米国は台湾を防衛するのかと聞かれると、「イエス」と即答した。[12]

3回目は東京での記者会見であり、4回目は22年9月の米CBSニュースの「60ミニッツ」のインタビューだ。米軍は台湾を防衛するのかと質問されると、「イエス」と答え、「もし実際に前例のない規模の攻撃があれば」と付け加えた[13]。

バイデンの「台湾防衛」発言をめぐっては、一部の人々は当初、バイデンが思い込みによって誤った回答をしている、と考えた。しかし、バイデンはもともと上院外交委員会の委員を長年務めた米外交問題のエキスパートであるうえ、「台湾防衛」発言は計4回にのぼる。ワシントンの安全保障コミュニティでは、バイデンは「あいまい戦略」のラインを越えると認識しつつ、確信犯的に「台湾防衛」発言を繰り返している、という見方が強い。

ただし、重要な点は、バイデン政権は台湾海峡政策をめぐり、「あいまい戦略」から「明確戦略」へと完全には転換していないという点である。東京でのバイデンの発言直後、筆者がホワイトハウスに歴代米政権が維持してきた「あいまい戦略」を転換したのかと尋ねたところ、ホワイトハウスは「大統領の言うとおり、我々の政策は変わっていない。バイデンは『一つの中国』政策と台湾海峡の平和と安定という我々のコミットメントを繰り返し表明している」と回答した。

ホワイトハウスの回答について注目するべきポイントは、(1)バイデンの発言を否定も修正もしない、(2)その一方で、政権の政策は変わっていないと強調し、「あいまい戦略」を転換したのかどうかは触れようとしない——という点である。つまり、ホワイトハウスは、米軍最高司令官でもあるバイデン個人の「台湾防衛」のコミットメントの有効性を認めている一方、米政権としては「あいまい戦略」の転換は認めていないのだ。ホワイトハウスは、バイデン個人の発言と政権としての対応を明らかに使い分けており、「あいまい戦略」を「明確戦略」へと転換したかどうかについては、あいまいにし続けている。バイデンの繰り返す「台湾防衛」発言とそれに伴う政権の対応は「あいまい戦略」と「明確戦略」の中間点とみなすことができ、「あいまい戦略のあいまい」とみなすことができる。

バイデンの「台湾防衛」発言は、中国の台湾に対する軍事行動を抑止する一定の効果があるとみることができる。中国の習近平政権は、民進党の蔡英文政権の発足以降、台湾に対する軍事、外交、経済的圧力をかつてないレベルで強めている。これに対し、バイデンは同盟国、友好国との連携を軸に、中国の台湾侵攻を阻止するための国際的な圧力を形成しようとしている。バイデンは21年4月、日本の首相・菅義偉と一緒に共同声明を出し、「台湾海峡の平和と安定の重要性」を確認した。[14] これを皮切りに、バイデンは主要7カ国（G7）や欧州連合（EU）のリーダーたちの間でも同じ文言を確認した。一連のバイデンの「台湾防衛」発言は、こうした努力のさなかに行われたものである。

中国はバイデンの「台湾防衛」発言に激しく反発している。例えば、「60ミニッツ」での発言をめぐっては、中国外務省副報道局長の毛寧が「米国の言動は〈中略〉『台湾の独立を支持しない』という米国の重要な約束の重大な違反であり、台湾の分離独立勢力に誤ったシグナルを送るものだ」と非難した。[15]

中国当局がバイデンの「台湾防衛」発言に強く反応するのは、それだけバイデンの発言が中国への抑止効果をもっているという証拠にもなる。バイデンを除き、米政権としては、米国に台湾を防衛する義務があるという考え方を示していない。しかし、米軍最高司令官でもあるバイデンの発言がホワイトハウスによって否定されていない以上、中国側は少なくともバイデン政権の間、米国は中国が台湾を侵攻した際、米軍を派遣する用意があると想定せざるを得ない。その結果、中国は米軍の介入を恐れて台湾攻撃をちゅうちょすることになる。

このため、バイデン政権の「あいまい戦略のあいまい」によって、中国に対する米国の抑止力は強化されていると考えることができる。

ただし、前述の通り、米国が台湾防衛の意思を示すことで最も警戒しなければいけないのが、中国を刺激しすぎることである。中国は常に米国の言動が台湾の独立派を勢いづかせることを強く懸念している。

この点について、バイデン政権は、ホワイトハウスのコメントにもあった通り、歴代米政権の維持してきた米国の「一つの中国」政策を維持する、と繰り返し表明している。すなわち、バイデン政権は、こうした表明を通じ、中国に対し、米国はこれからも台湾の独立を支持しない、というメッセージを明確に伝えようとしているのだ。仮に、バイデン政権が「一つの中国」政策を放棄すれば、中国は自国の正当性を失ったと感じ、台湾への武力行使という冒険主義的な行動に走るリスクが高まる。しかし、バイデン個人は「台湾防衛」を明言すると同時に、政権としては米国の「一つの中国」政策の維持を強調することで、米国は台湾の独立を支持しないという約束を守る姿勢を見せ、中国に武力行使の口実を与えないように注意しているのである。

このように、バイデン政権の「あいまい戦略のあいまい」は「一つの中国」政策をベースとしている点では「あいまい戦略」と同根であり、「あいまい戦略」の派生型ということもできるだろう。

米国の国益にとって重要性の増す台湾

バイデンが「台湾防衛」を明言するのは、ますます強まりつつある中国の台湾に対する軍事的圧力に対抗するためである。それでは、そもそも米国はなぜ中国との関係を悪化させてまで台湾への支援を続けようとしているのか？　なぜ米国は台湾を見捨てようとはしないのか？　米国にとって台湾支援はどのようなメリットがあるのか？

米国が台湾を支援する最大の理由は、中国と激しい競争を繰り広げる米国の国益にとって、台湾が死活的に重要な存在になってきていることがある。米国は台湾を「第一級の民主主義勢力かつ科学技術大国」であり、「インド太平洋地域における米国の重要なパートナー」と位置づけている。[16]米国が中国との競争で勝利するためには、台湾は（1）民主主義（2）最先端科学技術（3）地政学――という観点において米国にとって極めて重要なのだ。

第1の民主主義だが、米国は台湾を自分たちと同じように先進的な民主主義的価値観を共有する勢力だと考え、台湾を「民主主義の灯台」と呼ぶ。台湾はかつて蔣介石の敷いた戒厳令のもと国民党の一党独裁体制下にあったが、1980年代後半から同党の台湾総統・李登輝のもとで民主化が急速に進み、今では女性の社会進出や同性婚の法制化といった点において台湾社会はアジアで最もリベラルな価値観をもつと言って良いだろう。米国にとってみれば、台湾は中国共産党の一党独裁体制のもとにある中国との対比において、中国が将来民主化を実現した際にモデルとなる社会である。中国共産党の権威主義体制のもとで生活している中国人が自由で経済的に繁栄している台湾を見ることは、民主主義社会への期待感を高めることにつながる。中国と「民主主義vs.専制主義」の体制間競争を繰り広げる米国としては、先進的な民主主義勢力・台湾が弱体化しないように全力で支援しなければならない。

第2の台湾のもつ最先端科学技術だが、米国がとくに重視しているのが、台湾は世界有数の半導体供給国であるという点である。台湾半導体産業協会の2023年版報告書によると、台湾製半導体は世界市場の収益のうち63・4パーセントを占める。[17] 仮に米中が激しく競争する半導体供給網（サプライチェーン）の確保において台湾が中国側に協力すれば、半導体競争をめぐって米国は決定的な打撃を受けることになる。例えば、米アリゾナ州における半導体受託生産で世界最大手の台湾積体電路製造（TSMC）の最先端の半導体工場建設を米政府が全面的に支援しているのも、経済安全保障の観点からTSMC社製の半導体を自国に確保しておきたい狙いがある。

第3の地政学上の理由は、台湾は、九州・沖縄からフィリピンを結ぶ第1列島線上に位置しているという点だ。第1列島線はもともと、中国が自分たちの防衛ラインとして独自に設けたもので、米国の接近をこの防衛ラインで阻止するため、中国本土でミサイル配備を進めて「A2／AD（接近阻止・領域拒否）」能力の強化を図っている。一方、米国も近年この第1列島線内に中国の軍事活動を何とか封じ込めたいと考えており、日本を含む第1列島線に沿って地上発射型中距離ミサイルの配備を計画している。第1列島線上の防衛強化に取り組んでいる米国にとってみれば、台湾は、同盟国の日本やフィリピンに次ぐ、安全保障上の重要なパートナーである。米国が台湾に新型のF16V戦闘機を含めた武器を供与することによって台湾の軍事能力を強化することは、中国の台湾侵攻を抑止すると同時に、海洋進出を強める中国を第1列島線内に封じ込めるという米国の戦略に沿ったものであり、極めて米国の国益にかなった行動なのである。

米議会で強まる超党派支援

米中対立が激しくなる中、米議会もバイデン政権と歩調を合わせ、台湾への支援を加速させている。現在の米台の非公式な外交関係が米議会主導で制定された台湾関係法に基づいているように、もともと米議員と台湾との関係は深い。とくに近年は台湾支援の強化は民主党、共和党を問わずに超党派で熱烈に支持されており、米議員たちが頻繁に台湾を訪問して台湾総統の蔡英文と会談している。

そうした米議員の1人、米下院退役軍人委員長（民主党）のマーク・タカノは筆者の取材に応じ、米議会の超党派による台湾支援は「極めて強固だ」と語った。[18]

タカノ率いる米下院の超党派議員団5人は21年11月、台湾を訪問し、台北の総統府で蔡と会談した。タカノは蔡に対し、「我々の台湾に対する関与は盤石だ」と表明した。

タカノは取材に対し、超党派議員団の立場について「我々は台湾のステータス・クオの維持に強い関心をもつ。力による統一に反対する」と強調した。そのうえで「我々は、中国の（台湾に対する）いじめを強く懸念している」と述べ、台湾の防空識別圏（ＡＤＩＺ）への中国機の相次ぐ進入などを批判した。

中国は訪台前からタカノらの動きを強く警戒していた。訪台に関してタカノら参加議員は、米国の中国大使館から中止を求める書簡を受け取ったという。

タカノは中国側の反応を「今回の訪台は定期的なものだ。（中国側の主張は）全く不適切であり、オーバーリアクションだった」と振り返る。

タカノはアジア系で初めて自身がゲイであることを公にして当選した米議員でもあり、多様性のある社会の実現に重きをおくリベラル的価値観を大事に考えている。タカノが台湾支援に力を入れるのも、台湾が「活気に満ちた本物の民主主義勢力」（タカノ）だからだ。

タカノは「台湾は独裁・権威主義的なルールから民主主義勢力へと移行し、（今では）個人が政府に対して反対意見も表明できる」と語る。

タカノのこうした見解は、リベラル的価値観をもつ民主党の意見を代表するものだ。バイデン政権も台湾を自分たちと同じ民主主義陣営とみなし、オンライン形式で開催した「民主主義サミット」に台湾を招待した。台湾のデジタル担当相オードリー・タンが参加し「言論の自由によって完全に開かれた環境のもと、デジタル民主主義は栄える」と語り、最先端技術で権威主義的統治を強める隣の中国本土とは対照的な考え方を強調した。[19]

一方、共和党も上下両院の議員団を頻繁に台湾に派遣し、台湾支援に力を入れている。とくに共和党が重視するのが台湾への軍事支援だ。実際、米政権が台湾の軍事支援に本格的に乗り出したのは、共和党のトランプ政権からだ。4年間で台湾に、新型のF16V戦闘機66機などの武器売却を決め、その総額は180億ドルを上回る。

米国社会が「分極社会」と言われて久しい。銃規制や人工中絶、移民問題などあらゆる分野をめぐって米国社会にはミシン目が走り、「リベラルvs.保守」に二分されている。民主、共和両党の激しい政争が繰り広げられている米議会は「分極社会」の象徴でもある。しかし、タカノは「台湾問題は特別だ」と語り、自身が率いた超党派議員団のように、両党は台湾支援で一致していると強調する。

ただし、タカノは、民主、共和両党の台湾支援をめぐり「我々は異なる理由をもつ」とも指摘する。民主党は中国の権威主義に対抗するというリベラル的価値観をもとに台湾支援に力を入れる一方、共和党は中国の軍事力拡大への対抗という安全保障上の理由で台湾支援を強化しているというものだ。しかし、民主、共和両党の台湾支援の理由は異なっても、「(台湾に対する)中国のいじめや不公平な競争に反対している」(タカノ)という点では一致しているという。

リベラル、保守を問わず、こうした超党派議員による台湾支援が加速する中、米議会がバイデン政権に対し、中国の攻勢から台湾を守るために、より強い態度を国内外に示すように要求するようになったのは、ごく自然の成り行きといえる。

ロシアのウクライナ侵攻の衝撃

バイデン政権が台湾防衛へのコミットメントをさらに強く示す必要に迫られたのは、22年2月に勃発したウクライナ戦争の影響も大きい。東アジアにおける中国の台湾侵攻がいよいよ現実味をもち始めたうえ、台湾を始め、アジアの同盟国・友好国の中に本当に米国は台湾防衛に駆けつけるのかという不安感が広がったからだ。

バイデンは侵攻の約1カ月前、記者団にNATO加盟国を防衛する意思を強調する一方、「米国やNATOの部隊をウクライナに派遣する意図はない」と明言していた。[20] ロシアのウクライナ侵攻後も、バイデンは「我々はNATO加盟国の領域を1インチでも防衛する」と語ったが、「我々は(NAT

O非加盟の）ウクライナでロシアと戦争しない。NATOとロシアが直接対立すれば、第3次世界大戦となる」と繰り返した。[21]

バイデンのメッセージから、米政権の軍事介入の条件をこう読み取ることができる。（1）米国の同盟国が侵略されれば最大限の軍事力を行使して守るが、非同盟国は防衛しない（2）第3次世界大戦につながりかねない核保有大国との戦争は回避する。

バイデンがウクライナ戦争への米国の軍事介入を否定したのは、米国の意図を正確に伝え、ロシアとの偶発的な衝突を避ける狙いがあった。ただし、ロシアの侵攻阻止で最大の圧力となる武力行使の意思を見せるという選択肢を早々に放棄してしまった、という見方もできる。前大統領トランプが北朝鮮とイランに対し、「すべての選択肢はテーブルの上にある」と武力行使をほのめかして、圧力をかけ続けた手法とは対照的な対応だったのは事実である。

米国内の世論はロシアから侵略を受けているウクライナに同情的だが、米国が軍事介入をして自国が戦争に巻き込まれてしまうことには否定的だった。リバタリアン系の米シンクタンク・ケイトー研究所上級研究員のジャスティン・ローガンは筆者の取材に、米同時多発テロから始まった一連の対テロ戦争の影響を指摘したうえで、「米国人には『戦争疲れ』という強い感情がある」と語った。[22]

一方、東アジアでは中国が台湾に軍事圧力を強め続けている。中国の台湾侵攻にバイデンが示した軍事介入の基準をあてはめると、ウクライナのケースに似た点がある。

米国は台湾関係法に基づき、台湾に軍事支援するなどウクライナよりも台湾と深い関係をもつが、公式の外交関係はない。ウクライナと同じく、米国と台湾には条約に基づく同盟関係はない。

中国もロシアと同様に核を保有する大国だ。米国が台湾防衛のために中国と直接交戦すれば、核戦争に発展するリスクはある。

こうした中、台湾側を不安にさせるのは、米軍は中国の台湾侵攻時に本当に台湾防衛に駆けつけてくれるのか、という点である。例えば、台湾民主基金会の世論調査によると、21年10月には、台湾人の65％が「台湾有事に米軍が参戦する」という見方を示したが、ロシアのウクライナ侵攻後の22年3月には、34・5％に激減した。一方、同じ調査で「台湾有事に自衛隊が参戦する」と答えた台湾人は43・1％にのぼり、台湾有事をめぐる軍事介入については、米軍よりも日本の自衛隊の方が信頼されているという驚くべき結果となった。[23]

とくに、米国が、中国による台湾侵攻時の対応を事前に明らかにしない「あいまい戦略」を維持していることも、台湾側の不安をさらに駆り立てたとみられる。中国の軍備増強や台湾への圧力の強まりを受け、ロシアのウクライナ侵攻以前から、リチャード・ハースやフィリップ・デービッドソンらが「あいまい戦略」の見直しを唱えていた。米国の安全保障専門家たちの間で、ウクライナ戦争がさらに「あいまい戦略」の見直しを後押しすることになるだろうとの見方は強まった。

米マサチューセッツ工科大学（MIT）国際研究センター主任研究員のエリック・ヘギンボサムもその一人だ。ロシアのウクライナ侵攻後、筆者の取材にこう語った。

「私自身、ウクライナ侵攻前は『あいまい戦略』を支持してきたが、今では自信がない。米国の台湾海峡政策をめぐる議論は、（台湾防衛の意思を明示する）『明確戦略』を支持する方向に変わる可能性がある」[24]

ホワイトハウスによる元政府高官派遣

バイデン政権はロシアがウクライナに侵攻して1週間後には、米軍制服組のトップを務めた元米統合参謀本部議長マイケル・マレンら超党派の代表団を台湾に派遣した。台湾にはこれまでにも米議員が度々訪問しているが、バイデン政権による元政府高官派遣は21年4月の元米国務副長官リチャード・アーミテージら以来であり、元統参議長は初めてだった。

帰国後、超党派代表団のメンバーでマレンと一緒に台湾を訪問した元米国家安全保障会議（NSC）アジア上級部長マイケル・グリーンは筆者の取材に応じ、22年2月24日のロシアのウクライナ侵攻直後に米ホワイトハウスから打診があったことを明らかにした。[25]

グリーンによると、NSCインド太平洋調整官カート・キャンベルから打診があり、バイデン政権が派遣する非公式代表団という位置づけで結成が決まった。代表団は、マレンやグリーン、元米国防次官ミシェル・フロノイらブッシュ、オバマ両政権で国家安全保障問題を担当した5人の元政権高官で構成。グリーンは「主な目的は台湾のみならず、日本やほかのアジアの同盟国を安心させることだった」と振り返った。ホワイトハウスは当時、中国を含めたアジア各国に「米国は西太平洋地域と台湾海峡の安全保障を重視している」というメッセージを迅速に伝える狙いがあったという。

超党派代表団は3月2日、台湾総統の蔡英文や国防部長（国防相）の邱国正らと会談した。グリーンによると、代表団は蔡らとの会談で「台湾関係法に基づく台湾への超党派の力強い支援」を表明した。台湾側は、ロシアのウクライナ侵攻を台湾の安全保障問題に照らし合わせ、そこから得られる教訓について意見を伝えてきたという。代表団は、中国が台湾侵攻時に被る経済的・地政学的な代償などについても台湾側と意見交換したという。

この章の冒頭でも触れた東京での記者会見でバイデンは「台湾防衛」を明言する前、ロシアのウクライナ侵攻に言及し、「もしも（ロシアへの）経済制裁が続かなくなれば、中国に対し、台湾を力で奪い取るという代償をめぐって、どのようなシグナルが送られることになるだろうか」と語った。[26]逆に言えば、西側諸国が一致結束してロシアに圧力をかけ、今回のウクライナ侵略を失敗させることができれば、中国は台湾侵攻があまりにも大きな代償を支払うことになるだろうと考え、台湾への武力行使をあきらめることになるという意味だ。このように、米国から見れば、ロシアのウクライナ侵攻と中国の台湾侵攻は密接にリンクしている。これに加え、米国は中国の動向に不安を募らせる同盟国・友好国を安心させる必要がある。だからこそ、米国はウクライナ戦争以降、台湾への関与をさらに強めているのだ。

それでは、この章の最後に、米国は中国の台湾侵攻の際に本当に台湾防衛に駆けつけるのか、という問題を考えてみたい。平時において敵対国を抑止するために武力行使の意思を示すことと、有事に実際に武力行使することは、全く異なる次元の判断だからだ。

3. 米国は本当に台湾防衛に駆けつけるのか

米国の軍事介入の条件

中国の台湾侵攻をめぐり、最も大きな疑問の一つは、米軍が果たして本当に台湾防衛に駆けつけるのかという点である。米国の軍事介入を決定する権限があるのは、米軍最高司令官である米大統領である。よって米国による台湾防衛を最終決定するのも米国大統領だが、そこには明確なルールが決まっているわけではない。しかし、ワシントンの安全保障コミュニティにおける取材やSAISにおける米軍人たちとの交流を通じ、筆者なりに考えた台湾有事をめぐる米国の軍事介入の条件をここで提示したい。

筆者は、米国が台湾防衛に駆けつけるには、（1）中台間の軍事衝突はどのようにして始まったのか（2）米軍兵士や米国市民に対する攻撃はあったか（3）米国内の世論の反応はどうか——という三つの重要な要素があると考える。

第1の中台間の軍事衝突の始まりの評価という要素は、米国の台湾海峡政策の基本である「一つの中国」政策に基づくものだ。米国は常に、中国の武力による台湾統一を防ぐとともに台湾の独立運動を抑え、中国、台湾両政府がそれぞれ平和的に存在するというステータス・クオを維持することを台湾海峡政策の基本に据えている。このため、リチャード・ブッシュが指摘したように、米国の台湾有事対応は、米国の「軍事介入ありき」で硬直的に組み立てられているのではなく、実際の紛争がどのようにして始まったのか、という要素が重視されることになる。具体的に言えば、中国が一方的な理由のもとに台湾に武力行使を仕掛けた場合の方が、米国の軍事介入の大義名分になりやすい。一方、かつて米大統領G・W・ブッシュが住民投票を打ち上げた台湾総統・陳水扁を厳しく批判したことがあるように、仮に台湾側の独立運動など挑発的活動が台湾有事の直接的な原因になるならば、米国は軍事介入をしにくくなる。米国は、軍事行動という選択肢も含め、常に「一つの中国」政策との整合性を重視していることを理解しなければいけない。

第2の米軍兵士や米国市民に対する攻撃があったかという要素は、近年の米軍の軍事行動を見たとき、とくに重視されるものとなってきていると言って良いだろう。筆者が米国で取材をしていてずっと感じてきたのは、米同時多発テロ以降続いた一連の対テロ戦争で7千人以上の米軍兵士が犠牲になったことなどを受け、米国社会において、米軍兵士の命は極めて重いものとして扱われているという事実である。例えば、21年8月の米軍のアフガニスタン撤退の際、離陸する米軍輸送機にしがみついた地元市民らの映像とともに現地の大混乱を象徴した出来事が、空港ゲート前で起きた爆破テロである。地元市民170人が犠牲となった。しかし、そのとき米国で大きなニュースになったのは、アフガニスタンの地元市民が犠牲になったことではなく、米軍兵士13人が爆破テロの巻き添えで死亡したことだった。米メディアは一人ひとりの若い兵士たちの写真と経歴を詳細に報じ、バイデンら政権幹部は弔辞を述べ、米国社会は深い悲しみに包まれた。米軍はすぐさま報復攻撃を宣言し、その結果、カブール市内の民家を誤爆して子供7人を含む計10人を誤って殺害したが、米国社会でこれを批判する声はあまり起きなかった。アフガニスタンでの事例にみられるように、米軍兵士や米国市民が殺害されると、米軍はすぐさま報復攻撃に出ることが多い。トランプ政権当時、イランのイスラム革命防衛隊司令官ソレイマニを無人機で殺害したのも、イラク北部でのロケット弾攻撃で民間業者の米国市民や米軍兵士が死傷したり、バグダッドの米大使館が襲撃されたりしたことに対する報復措置だった。興味深いのは、その後にイラン側が米軍の駐留するイラクの基地にミサイル攻撃をして基地を破壊したものの、米大統領トランプは「米国人の死傷者はいなかった。米国人の兵士はみな安全で、基地は最小限の被害で済んだ」と語り[27]、イランへの反撃を見送ったことである。こうした事例に見られるように、近年米国が軍事行動を取るかどうかの判断基準には、米国兵士や米国市民が犠牲になったかという要素が含まれている可能性は極めて高い。すなわち、台湾有事においても、米軍兵士や米国市民が犠牲になった場合、米国が軍事介入に動く可能性は高くなる。

第3に、米国は台湾防衛に駆けつけるかを判断する際、民主主義国家の宿命として、米国内の世論がどのような反応を示すかという点をとても気にするだろう。第1の要素とも関係するが、ロシアのウクライナ侵攻のように、台湾が一方的に中国の侵略を受けるような状況ならば、米国市民の間で台湾に対する同情は強まり、台湾有事への軍事介入を支持する意見は強まる。ただし、留意しなければいけないのが、20年以上にもわたって続いた一連の対テロ戦争による人的犠牲や莫大な戦費の影響によって、米国社会には根強い厭戦気分があるという点である。ロシアのウクライナ侵攻をめぐっても、米国世論の大勢は米軍の直接的な軍事介入には反対だった。台湾有事への軍事介入をめぐっても、米国世論の多数が反対している状況ならば、米国大統領には極めて難しい政治判断が迫られることになる。

ユーゴ空爆めぐる大統領の決断の瞬間

米国の軍事介入をめぐり、米国の同盟国が勘違いしてはいけないのは、たとえ安全保障条約で結ばれた関係であっても、自分たちが攻撃を受けたからといって、米国は自動的に兵力を投入するわけではないということである。繰り返すが、米軍兵士の命は極めて重い。本来は米国を守るために任務に就いているのであり、同盟国といえども「外国政府」である。「外国政府」のために米軍兵士の血を流すことによって、米国にはどれほどの国益があるのかなど、こうした難しい問題を勘案したうえで軍事介入の是非を判断するのが、ホワイトハウスにいる米国大統領なのである。

筆者はかつてクリントン政権当時の元米政府高官から、米大統領ビル・クリントンが1999年のNATO軍によるユーゴスラビア空爆の実施を決めた瞬間の様子を聞いたことがある。そのとき、ホワイトハウスのオーバルオフィス（大統領執務室）には、中央の椅子に座ったクリントン、副大統領アル・ゴアの2人に向き合うように、国務長官、国防長官ら政権幹部が座っていたという。クリントンは出席者一人ひとりに意見を求めた。最後にゴアが意見を述べて、全員が言い終わると、クリントンは「わかった。考えてみる」とだけ語り、会議をいったん散会し、部屋に1人残った。1時間の熟考ののち、クリントンは再び集めた出席者たちに「私は決断した」と語ったという。

会議に出席していた元高官は筆者に「米国大統領は、米国が戦争に参加するかどうかを決めなければいけない。しかも、その判断をできるのは、たった一人だけだ。極めて重々しい瞬間だった」と語った。

ユーゴスラビア空爆をめぐるクリントンの決断の瞬間に見られるように、米国が軍事介入するか否かはあくまでも米国大統領の決断にかかっている。いくら米国との安全保障条約において相手国の防衛のために米国の集団的自衛権発動が明記されてあったとしても、その集団的自衛権を発動するかどうかは米国大統領が決定するのだ。安保条約に書かれているからといって、機械的に「外国政府」のために米軍を派遣するという判断はなされない。米国が軍事介入をするか否かという判断は、若い米軍兵士の命のみならず、国家の命運をも左右する、それだけ重いものなのだ。これは、のちに詳述するが、米政府が日米安保条約第5条の適用を明言している尖閣諸島の防衛をめぐって米軍が実際に駆けつけるかどうかという議論に関しても同じである。

このように、同盟国であっても、米国は必ず軍事介入をしてくれると安心することはできない。とくに台湾の場合は安保条約に基づく同盟国ではないため、なおさら米軍派遣をめぐる現実は厳しいことを覚悟しなければいけない。つまり、米国は台湾との安保条約にしばられていないうえ、軍事行動発動の明確な条件を明記していない台湾関係法を根拠とした台湾との非公式関係にとどまる以上、米国大統領の判断には軍事介入を選択しないという余地も多く残されている。そんな中、仮に中国が台湾に侵攻すれば、米国大統領は、台湾有事への米国の軍事介入が果たして米国の国益にとってどの程度プラスになるかを熟慮するだろう。もちろんこうした現実の軍事介入の判断とは別に、米国大統領が平時において「台湾防衛」を明言することは中国の武力行使を抑えるために大きな意義がある。しかし、平時の軍事支援と有事の対応は異なり得るという国際政治の冷徹な現実の側面も、我々は理解しておく必要があるだろう。

長期戦略で中国の弱体化図る

この章では、米国の台湾海峡政策を検証した。歴代米政権は、台湾海峡をはさんで中台の政府が別々に存在しているというステータス・クオを維持するため、台湾関係法に基づき「あいまい戦略」を採用してきた。「あいまい戦略」には、中国の武力統一のみならず、台湾の独立運動を抑えるという「二重抑止」の効果があった。しかし、中国が近年、台湾に対してかつてない規模の圧力をかける中、ワシントンの安全保障コミュニティでは「あいまい戦略」の見直しを求める声が強まり、ロシアのウクライナ侵攻もこれに拍車をかけた。米政府は「あいまい戦略」を転換したかどうかはあいまいにしているものの、米軍最高司令官であるバイデンが「台湾防衛」を繰り返し明言し、同盟国・友好国を巻き込みながら台湾へのコミットメントをさらに強めている。

一方、米国の台湾海峡政策をめぐる議論で最も難しいのが、最後に取り上げた中国の台湾侵攻時に米軍が本当に台湾防衛に駆けつけるかどうかという問題である。筆者は、米軍が台湾防衛に駆けつけるためには条件があることを示したうえで、最終的には米軍最高司令官である米国大統領の政治判断にゆだねられるという考えを論じた。

しかし、元米政府高官の中には、これまでの米中間の複雑な関係を踏まえ、米軍が実際に台湾有事に駆けつけることに否定的な考えをもつ人々もいることを紹介したい。

レーガン政権で米国防次官補（ロジスティックス担当）を務めたローレンス・コーブもその一人だ。コーブはかつて中国に派遣され、中国軍のロジスティックシステムの近代化を手伝ったことがある。レーガン政権は当時、中国とも軍事的関係を強化し、宿敵・ソ連との軍事バランスを図ろうとしていたという。コーブは中国に派遣される前、国務副長官に「もし中国側が台湾問題を持ち出したらどう答えると良いか」と尋ねたところ、「彼らには、この問題は半世紀にわたって解決することができない、と言っておけば良い」と言われたという。[28]

コーブは筆者の取材に対し、「ほとんどの戦争は、どのような深刻な問題が生じるかという結果を事前に予測できない中で起きる。台湾はその発火点になる可能性がある」と台湾海峡有事に強い危機感を示す一方、米軍で長年務めてきた自身の経験や、米国内世論をもとに「私の個人的な意見を言えば、米国は実際には台湾防衛をするために行くことはないと思う」と語った。

そして、こんな解説をした。

「中国はそれを知らず、『我々が台湾に侵攻すれば、米国はやってくる』と信じている。米国は最新鋭の武器を台湾に送り、バイデン政権は非公式代表団も派遣し、中国に『もし台湾に侵攻すれば、大きな代償を払うことになる』というシグナルを送っている。これが『あいまい戦略』だ」

「これも私の個人的な考えだが、中国は数年以内に経済成長の鈍化が始まるとみている。1980～90年代の日本に対しても、米企業などは『米国は日本に取って代わられる』と考えたが、そうはならなかった。中国は一人っ子政策によって高齢者を支えるだけの十分な人々を確保できなくなり、もっと国内のニーズに対応しなければいけなくなるだろう。私は中国の米国に対する将来の脅威について楽観的な見通しをもっている」

もちろん米軍が台湾防衛に駆けつけるかどうかは、最終的に米国大統領の決断にかかっており、コーブの予想が当たるかどうかはわからない。しかし、コーブの意見は、米側の本音の一つに近いようにも思える。米国は台湾をめぐって中国との衝突も辞さない構えを見せつつも、実際には台湾防衛に駆けつける考えはなく、長期的な戦略のもとに中国の弱体化を図っていく――。コーブの意見が主流かどうかは別としても、ワシントンの安全保障コミュニティの中にはこうした考えをもつ人々がいることも我々は知っておくべきだろう。

次の章では、中国側の視点から台湾問題を論じる。なぜ中国はこれほどまでに台湾統一にこだわるのか。果たして習近平は本気で武力を使ってでも台湾統一を図るつもりがあるのか。中国の台湾統一に向けた動きを加速させている習に焦点を当て、中国の台湾政策を検証したい。

第6章　習近平の台湾統一に向けた決意

1. 中国の台湾政策の基本的な考えとは何か

米インド太平洋軍司令官、「2027年までに台湾侵攻」を予測

「私は、中国が米国に取って代わろうとする野心を強めていることを憂慮している」[1]

2021年3月9日、米インド太平洋軍司令官フィリップ・デービッドソンは、米上院公聴会でこう前置きし、こんな予測を示した。

「台湾は明らかに彼らの野望の一つだ。その脅威は今後10年間ではっきりとあらわれるだろう。実際のところ、6年以内だ」

デービッドソンの発言は、中国が「6年以内」に台湾を侵攻する可能性があると警鐘を鳴らしたものだ。「6年以内」とはすなわち「27年まで」を指す。中国の国防費は米国に続き世界第2位。近年は「空母キラー」と呼ばれる対艦弾道ミサイルを始め、米領グアムまでも射程に収める「グアム・キラー」と呼ばれる中距離弾道ミサイルなどの配備を進めている。

デービッドソンの発言は、ワシントンの安全保障コミュニティの中で大きな論議を呼んだ。

米軍制服組トップの統合参謀本部議長マーク・ミリーは、同じ年の6月の米上院公聴会で、「中国が台湾全体を掌握する軍事作戦を遂行するだけの本当の能力を持つまでには、まだ道のりは長い」[2]と

述べ、デービッドソン発言のトーンダウンを図った。デービッドソン発言には「中国のリスクを現実以上に膨らませ、軍事予算を増やすための理由を作っている」（米シンクタンク・クインシー研究所上級研究員のウィリアム・ハータング）[3]という批判があるように、ワシントンの各機関が繰り広げる激しい予算取り合戦の要素を抜きには語れない。米国防総省は同じ年の5月に発表した予算で、新しく太平洋地域の米軍強化のための基金「太平洋抑止イニシアチブ（PDI）」を設置し、51億ドルを計上した。デービッドソンの発言のタイミングには、中東重視からアジア重視へと米軍の軍事戦略の転換を着実なものにするため、米インド太平洋軍に十分な予算を確保しておきたいという思惑があった可能性もある。

とはいえ、デービッドソンはどのような軍事的考察をもとに「27年まで」というスケジュールをはじき出したのか、その理由を知る必要がある。

筆者はデービッドソンに取材を申し込み、発言の真意を尋ねた。[4]

デービッドソンはまず、中国の軍事力について「米国との能力差を縮めている」と評価したうえで、具体的に（1）最新鋭戦闘機や弾道ミサイル、極超音速（ハイパーソニック）兵器への投資（2）尖閣諸島や台湾、南シナ海の周辺での訓練の習熟（3）中国軍の再編（4）後方支援の強化――に言及し、「（中国軍は）これら四つの分野で軍事能力を向上させている」と語った。デービッドソンは、とくに中国が米国の能力を上回るとみられる弾道ミサイルや極超音速ミサイルの開発を進めていることで「安全保障のパラダイム（枠組み）は大きく変わってきている」と危機感を示した。一方、「27年まで」というスケジュールについて、デービッドソンは、中国国家主席・習近平を取り巻く政治状況も念頭に置いており、「習自身の（4期目）続投という政治的野心もある。これらの問題を考慮し、このタイミングでの（台湾侵攻の）脅威があると判断した」と語った。中国共産党総書記でもある習の4期目続投を決める党大会は27年に開催される。つまり、デービッドソンは、中国軍が台湾侵攻に向けて着実に軍事能力を伸展させている状況のもと、習は4期目続投を確実なものにする政治的成果を得ようと、この党大会までに台湾の武力統一に乗り出す可能性があると分析しているわけだ。

デービッドソンの上院公聴会での証言から約2年後、米中央情報局（ＣＩＡ）がデービッドソンの発言の正しさを裏付けるような情報を明らかにした。ＣＩＡ長官のウィリアム・バーンズは23年2月、米ジョージタウン大学での講演で、米側の得たインテリジェンス（機密情報）として、習近平が「27年までに台湾侵攻を成功させる準備を整えるよう人民解放軍に指示を出した」という見方を示した。[5]バーンズは「習は27年やほかの年に侵攻すると決めたわけではない」と前置きしつつも、習が軍に台湾侵攻の準備を指示したことに「彼の関心と野心の真剣さがあらわれている」と語った。

ワシントンは、依然として中国がいつのタイミングで台湾侵攻に乗り出すのかを把握しきれていない。しかし、少なくともワシントンの大勢は、台湾侵攻が実現可能となる中国軍の態勢は27年までに整うとみている。

ただし、ここで最大の疑問は、米側の分析する通り、習近平は果たして本気で台湾を武力統一するという意図をもっているのか、という点である。

この章では、習の台湾統一に対する考え方を検証したい。最初に、中国の台湾政策の基本的な方針を論じ、なぜ中国はこれほどまでに台湾統一にこだわるのかを考える。次に、中国の台湾統一に向けた動きを加速させている習に焦点を当て、習の台湾統一に向けた本気度を探る。最後に、統一される側の台湾人の民意を分析したうえで、習が基本路線としている「平和的統一」は実現性があるのかを検証し、習が本当に台湾の武力統一を決断するのかどうかを考えてみたい。

それではまず中国の台湾政策をめぐる基本的な方針からみてみよう。

「祖国の完全統一」という歴史的ナラティブ

中国が「台湾は中国の一部」という主張を国際社会も認めているという根拠は、第2次世界大戦中に米英中3カ国の政治指導者たちが日本の戦後処理について協議した「カイロ宣言」にさかのぼる。

1943年11月、米大統領フランクリン・ルーズベルト、英首相ウィンストン・チャーチル、そして中華民国国民政府主席の蔣介石がエジプトのカイロに集まり、1895年以来日本に併合されていた台湾を中華民国に返還させることで合意した。[6] 1945年7月、米大統領ハリー・トルーマン、英首相クレメント・アトリー、蔣介石によって日本に無条件降伏を勧告する「ポツダム宣言」がまとめられた際、3首脳はその宣言の中で「カイロ宣言の条項は履行されなければいけない」ことを再確認した。[7]

その後、中国内戦で勝利した中国共産党が中華人民共和国を49年に建国。中華人民共和国は自分たちが旧中華民国から国家主権を引き継いだ「中国全体を代表する唯一の合法政府」だとして、「カイロ宣言」と「ポツダム宣言」に基づき、台湾の領有権を主張した。一方、内戦に敗れた蔣介石率いる国民党は台湾へと逃れ、中華民国の継続を主張した。しかし、中華人民共和国にとっては、中華民国はすでに消滅している存在であるため、現在の台湾はあくまでも中華人民共和国の一部の地方政府に過ぎないと位置づけている。

興味深いのが、「カイロ宣言」をめぐる台湾の中国本土への返還で大きな役割を果したのが、米国だったという点である。米国は、第2次世界大戦の連合国の中で存在感は最も大きく、発言力も強かった。米ブルッキングス研究所上級研究員のリチャード・ブッシュの研究によれば、約50年間にわたって日本の統治下にあり、中国本土とは異なる独自の政治制度や文化を発展させてきた台湾を、独立国という形ではなく、中国本土に返還させることになったのは、ルーズベルトの判断に依るところが大きいという。ルーズベルトは、もともと台湾が日本に割譲されるまで中国（当時は清朝）に属していたことを重視し、台湾を中国本土に返還するべきだと考えていたうえ、日本軍と戦っている蔣介石との同盟関係も重視していたという。[8]

台湾問題をめぐって米中対立が強まる今、中国政府関係者が中国と台湾の関係をめぐる歴史的経緯を語る中で、台湾の中国本土帰属をもともと認めたのは米国自身だったという証拠として、この「カイロ宣言」、そして「ポツダム宣言」を持ち出すことは多い。

もともと中国側の視点で見れば、国家の統一はいつの時代においても中国人民の悲願である。広大な国土をもつ中国にとって、国家統一は特別な意味をもっている。『三国志演義』の冒頭に、「そもそも天下の大勢は、分裂が長ければ必ず統一され、統一が長ければ必ず分裂するものである」[9]と書かれているように、古くは秦の時代より、中国を統一した王朝が弱体化すると国家は分裂して内戦状態へと陥り、そして、新興勢力が中国統一を果たし、新たな王朝として君臨するという歴史を繰り返してきた。中国には、国家統一が果たされることで内戦が終結し、中国人民に平和が訪れるという歴史的ナラティブ（物語）がある。中国当局は「5千年の歴史と文化は中国人民の心に深く根を下ろし、国家統一の必要性について強い国民意識を醸成してきた」[10]という見解をもつが、長い中国の歴史を考えれば、これはあながち大げさな表現とは言えないだろう。国家統一を果たした王朝こそが、中国の正当な支配者として中国人民に認められ、数百年にわたる支配を実現してきたわけである。

中国共産党による台湾統一も、この中国王朝興亡史という壮大な歴史的ナラティブの延長線上にある。中国共産党は台湾統一が実現することで初めて「祖国の完全統一」[11]も実現すると考える。中国共産党史観から見れば、40年代の蔣介石率いる国民党との内戦で勝利したものの、台湾へ逃れた「中華民国」を名乗る旧勢力が残っており、蔣介石一派による旧勢力を消滅させない限り、中国は国家分裂状態が続いている。つまり、中国が偽の「中華民国」を名乗る旧勢力から台湾を解放し、台湾を自分たちのもとへと併合することで真の意味で内戦は終結し、中国共産党による中国支配の正統性が完成するのである。このため、中国共産党の中国支配を長期にわたって安定的なものにするためには、台湾統一は避けて通れない課題なのだ。

台湾統一を実現するため、中国が重視している政策が、「一つの中国」原則、「一国二制度」、そして、中台双方が約束したという「1992年コンセンサス（共通認識）」である。

ある中国政府関係者は筆者に対し、これら三つの政策を「中国政府の基本的立場だ」と解説する。それぞれ具体的に見ていこう。

国家の存立に関わる「一つの中国」原則

台湾統一を果たせていない中国にとって、中華人民共和国だけが中国を代表する正当な国家であると主張する「一つの中国」原則は、国家の存立に関わる最重要政策である。中国政府当局によると、「一つの中国」原則は、（1）世界に存在するのは「一つの中国」だけである（2）台湾は中国の領土と不可分の一部である（3）中華人民共和国政府は中国全体を代表する唯一の合法政府である――という三つの意味をもつ。中国外務省副報道局長の汪文斌は「これらは『一つの中国政府』の核心的意味であり、台湾海峡の平和と安定のための鍵である」と解説している。[12] 中華人民共和国の建国以来、中国が他国と外交関係を結ぶ際、この「一つの中国」原則を必ず認めさせようとしてきたのは、自分たちとは別に「中国」を主張する台湾が存在して競合する中、自分たちの国家主権と領土を守るために欠かせぬ基本原則だったからである。

それまでの中華民国（台湾）ではなく、中華人民共和国（中国）を正当な国家とみなす国際的な受け入れが加速したのが、1970年代の米中和解である。中国は建国から20年以上にわたり、「一つの中国」原則という自分たちの主張を国際社会に認めさせるのに苦労した。最大の障害は、米国だった。米ソ冷戦のもと、西側諸国を率いる米国は共産主義国家である中国を強く警戒し、蒋介石率いる台湾との軍事同盟を重視したからである。転機は、第3章でも触れた米大統領リチャード・ニクソンが主導した米中和解の動きである。世界を驚かせたニクソン訪中の発表から約3カ月後の71年10月、国連総会ではアルバニアなどが提出した「国連における中華人民共和国の法的権利の回復」というタイトルの第2758号決議が採択され、中国に国連での代表権が認められる一方、台湾は国連から追放された。中国は台湾に代わって、国連安保理の常任理事国という強力な国際的地位も手に入れた。その後、中国は日本や欧州諸国などと次々と国交を樹立。米国とも79年に「外交関係樹立に関する共同コミュニケ」を合意し、米国はこのコミュニケの中で「中華人民共和国政府が中国の唯一の合法政府であることを認める」とともに、「中国はただ一つであり、台湾は中国の一部であるとの中国の立場を認識している」ことを中国側に約束した。[13] 同時に、米国は台湾との国交を断絶し、米台間の軍事同盟は解消された。

それから40年以上経ち、台湾に比べ、経済、軍事力ともに圧倒的に優位に立つ中国は、台湾の国際的な孤立を図っている。中国はとくに民進党の蔡英文政権に対する外交的圧力を強めており、台湾は2016年の蔡政権発足時、22カ国と外交関係があったが、中米のパナマ、エルサルバドルなどが相次いで中国との国交樹立とともに台湾と断交し、台湾と国交を維持するのは今では12カ国だけだ。中国当局は現在、「『一つの中国』原則は、国際社会の普遍的なコンセンサス（合意）を代表しており、国際関係における基本的な規範とも合致している。今日に至るまで、米国を含む181カ国が『一つの中国』原則のもと、中華人民共和国と外交関係を樹立している」と強い自信をみせる。[14] 米中が台湾問題をめぐって激しく対立する中、中国の「一つの中国」原則の国際的な受け入れを大きく促進したもともとのきっかけが実は米国だったという事実は、歴史の皮肉な巡り合わせでもある。

「平和的統一」と「一国二制度」

中国の最重要政策は「一つの中国」原則だが、平和的に台湾統一を実現する手段として中国が主張しているのが、台湾への「一国二制度」の適用である。「一国二制度」は、適用地域には、中国本土とは異なる資本主義などの経済・政治制度の維持が許され、外交と国防をのぞく「高度な自治」を認めることがうたわれている制度だ。1990年代後半に英国から中国に返還された香港とマカオに適用されている。

中国が台湾への「一国二制度」適用を表明するのは、台湾統一を円滑に進めたいという思惑があるからだ。習近平政権のもとの中国には、台湾の武力統一について注目が集まっているが、留意しておく必要があるのが、中国の台湾政策の基本はあくまでも「平和的統一」であり、武力行使を前提として台湾統一を考えているわけではないということだ。中国は武力行使の手段を排除しないものの、同じ「中華民族」の間で血を流す内戦はなるべく避けたいのが本音である。そこで、台湾の人々から中国本土との統一に多くの賛同を得るために考え出されたのが、「一国二制度」の適用だった。

中国政府の説明によると、50年代から中国は台湾の平和的統一について提案を行ってきた。例えば、55年5月、中国首相・周恩来は「条件が許せば、中国人民は台湾の人々を平和的手段で解放したいと考えている」と強調。60年5月には、最高指導者の毛沢東が、台湾が中国本土に返還されるとき、外交を除き、軍事力、政治力、官僚らの任命権は、台湾当局に委託しても良いと語っている。中国政府は、この毛の発言を「一国二制度」の始まりと位置付けている。[15]

「一国二制度」の構築で最も大きな役割を果たしたのが、鄧小平である。

79年1月、鄧は「一国二制度」の概念をさらに発展させ、「台湾が中国本土へと返還される限り、我々は台湾における現実と既存のシステムを尊重する」という考えを表明した。鄧の主導した「一国二制度」は、台湾が社会主義制度の中国に併合されても、既存の資本主義制度を当面の間は維持でき、外交や国防を除いて「高度な自治」が保障されるという仕組みである。中国は「一つの中国」原則について譲歩することは絶対にあり得ないものの、ゆるやかな統治のあり方を示すことで台湾の人々の中国本土への併合に対する抵抗感を薄め、「平和的統一」を図りたいと考えた。現実に「平和的統一」が可能かどうかはのちに詳述するが、鄧は当時、中国とは全く異なる経済・政治制度をもつ台湾の現実を踏まえた提案を行ったわけである。

中国は現在も台湾問題を語る際、「平和的統一」と「一国二制度」をセットに前面に打ち出してアピールする。中国の国務院台湾事務弁公室・国務院新聞弁公室が2022年8月に発表した「台湾問題と新時代の中国統一事業」白書は、「『一国二制度』は中国共産党と中国政府が平和統一のために行った重要な制度的手配」と主張している。[16] 中国は「一国二制度」を適用した香港とマカオのケースを成功事例だと考えており、台湾を併合した際には同様に台湾に「一国二制度」を適用する考えを繰り返し表明している。

中国が重視する「1992年コンセンサス」

中国が台湾側との関係の基本的な合意だとみなして最重視しているのが、「一つの中国」をめぐる中台間のやりとりである「1992年コンセンサス（共通認識）」である。90年代に入り、中台間の経済交流が強まる中、中台双方は両者の関係の基本的な問題について対処する必要に迫られた。当時、中国では鄧小平が南巡講話で改革開放を訴え、台湾では総統・李登輝（国民党）のもとで民主化が進

「1992年コンセンサス」をめぐる中国と台湾の主張の違い

【中国側】
・中台は共に「一つの中国」原則を堅持すると口頭で表明することで一致した

【台湾側】
・中台それぞれが「一つの中国」の解釈を表明することで一致した。台湾にとっての「一つの中国」とは中華民国を指す

められ、中台関係にも変化の兆しが生まれた。92年、中国側の対台湾窓口機関「海峡両岸関係協会（ARATS）」と台湾側の対中窓口機関「海峡交流基金会（SEF）」が中台関係をめぐって協議を開始。これは、お互いに正当な国家として認めないため、民間機関が協議をしているが、実際にはそれぞれの当局の了解のもとで行われたものである。しかし、協議が始まってすぐに、そもそもこの中台間の対話は国内問題と国際問題のどちらに位置づけられるのか、という問題に直面した。[17] すなわち、中台は「一つの中国」なのか、それとも「二つの中国」なのか、という根源的な問題である。「一つの中国」であれば国内問題であり、「二つの中国」であれば、国際問題となる。

ARATSとSEFはやりとりの中で、中台ともに「一つの中国」だという認識では一致した。しかし、「一つの中国」の意味をめぐる解釈はそれぞれ異なった。中国側はこのとき、「中台は共に『一つの中国』原則を堅持すると口頭で表明するという合意に達した、と主張している。[18] しかし、台湾側は違う。のちに、台湾総統・馬英九（国民党）は「『一つの中国』の解釈は各自が表明する」ことがこのときの中台間の「コンセンサス」だったと説明した。[19] そのうえで、「我々にとって『一つの中国』は当然、1912年に建国されて今に至る中華民国だ」と主張した。このように、ARATSとSEFのやりとりは「92年コンセンサス」と呼ばれるものの、実際には合意文書は存在せず、中国側は「中台ともに『一つの中

国』原則を認めた」、台湾側は「『一つの中国』は中台それぞれが解釈する」と主張し、「一つの中国」の意味をめぐる解釈で中台それぞれが異なる考え方を示すものになったわけである。

この問題をさらに複雑化させているのが、台湾は国民党と民進党という二大政党制であり、「92年コンセンサス」をめぐっては、民進党はその受け入れを拒否している点である。国民党はもともと中国との関係強化に積極的である一方、民進党は独立志向の強い政党だった。国民党は馬の表明にあったように、中国側とは異なる解釈をしているものの、自分たちの政権が関与した「92年コンセンサス」の存在を受け入れている。しかし、民進党は、中国側が台湾統一のために「92年コンセンサス」を利用していると警戒し、ARATSとSEFとのやりとりが当時あったという事実関係は認めているものの、それを中台間の正式な「コンセンサス」だとは受け入れていない。民進党にとってみれば、「92年コンセンサス」は、中台間ではなく、中国側と国民党との「コンセンサス」なのだ。

とはいえ、中国側は、中台双方で解釈が異なるものの、「一つの中国」について双方で一致したことから、「92年コンセンサス」を中台関係を規定する最も基本的な合意だとみなし、台湾側が「92年コンセンサス」を受け入れることが中台交流を進める前提だと主張している。国民党の馬政権が「92年コンセンサス」を受け入れたことで、中国側は中台間の対話を促進させ、世界保健機関（WHO）総会への台湾のオブザーバー参加を認めるなどの「アメ」を与えた。一方、民進党の蔡政権は「92年コンセンサス」の受け入れを拒否したため、中国側は中台間の対話を拒否し、外交的には台湾を国際的に孤立させ、軍事的圧力をかけるという「ムチ」を与えた。

ある中国政府関係者は「すべては『92年コンセンサス』を受け入れない民進党に非がある。『92年コンセンサス』を受け入れることができないと主張するならば、民進党は新たなコンセンサスを我々に提示するべきだ」と要求する。

中国がこれほどまでに「92年コンセンサス」に強くこだわるのは、「92年コンセンサス」が中台双方の合意であることをテコにして、台湾に対して近い将来、中国の「一つの中国」原則を認めさせようとしているためだとみられている。

中台関係めぐる五つの中国側の考え方

米国の台湾海峡政策に長年深く関わってきた元国務省高官は、中台関係をめぐって中国には主に次の五つの基本的な考え方があると分析している。

第1は、中国は、自分たちを中国の正当な支配者だと考えている。中国から見れば、中華人民共和国は、中華民国の正当な後継国家であり、中華民国はすでに消滅している。その中華民国に返還された台湾は、中華人民共和国が当然引き継ぐべき領土である。にもかかわらず、消滅したはずの中華民国を名乗った蔣介石とその後継者たちは、中国の裏切り者である。17世紀後半に台湾を一時支配して清に滅ぼされた鄭氏一族と同様に、台湾の指導者たちは排除されなければいけないと考えている。

第2は、中国は、自分たちの国家としての正統性を担保するため、台湾を統一しなければいけないと考えている。これは中国統一に対する中国独特の歴史観も関係している。中国にとっては、台湾はこれまでも常に中国の一部である。また、台湾統一は中国の国家安全保障にとっても必要不可欠である。台湾の人々は中国との統一を望み、統一を支持しなければいけない、と中国は考える。

第3に、中国は、台湾問題を内政問題だとみなしているため、中台関係について「政府対政府」ではなく、「党対党」というチャンネルを重視している。具体的に言えば、中国共産党にとって台湾側のカウンターパートは、国民党である。中国共産党は、「92年コンセンサス」を否定する民進党に代わり、国民党が政権に早期復帰することを望んでいる。

第4は、中国は台湾統一によって「100年の国恥」が本当の意味で終わると考えている。中国は1840年のアヘン戦争以来、自分たちが外国勢力の侵略を受け続けた屈辱の歴史を「100年の国恥」と呼び、1949年の中華人民共和国の建国によって「100年の国恥」は終わったと考える。しかし、これはあくまでも中国本土の話である。台湾をめぐっては、日清戦争で敗北した中国は、1895年の下関条約によって、台湾の日本への割譲を余儀なくされた。その後、台湾は1945年に第2次世界大戦が終わるまで日本の統治下におかれた。現在は蔣介石一派の後継者たちが台湾を不法に占拠しているが、台湾の解放を実現することで初めて中国の国土は回復し、「100年の国恥」は完全に終わると考えている。

第5は、中国は、台湾統一のモメンタム（勢い）をつかむ用意ができていると考えている。中国は自分たちが「中国全体を代表する唯一の合法政府」という立場のもと、国際社会の中で強力な国家として台頭してきていることに自信を深めている。中国は、経済、政治、軍事力を総動員し、国家主権の完全な回復を果たすことができるチャンスを迎えていると考える。

とくに近年の中国の動きで目立つのは、第5の指摘のように、経済力、軍事力ともに世界第2位の国力に自信を深め、民進党政権下の台湾に対する外交、軍事圧力をかつてないほど強めていることだろう。中国は、台湾統一のためには武力行使も辞さない強面の言動を繰り返している。

これには明確な原動力がある。トップの中国国家主席・習近平の意向である。中国がこれほどまでに台湾統一に前のめりなのは、習のリーダーシップに負うところが大きい。

習は台湾統一についてどのように考え、どう動こうとしているのか。

2．なぜ習近平は台湾統一にこだわるのか

「決して武力行使の放棄を約束しない」

中国共産党総書記・習近平が異例の3期目続投を決めることになる第20回党大会。22年10月16日、万雷の拍手で迎えられた習は、壇上に立つと、約1時間45分間にわたって報告を行い、今世紀半ばまでに中国を総合国力と国際的影響力ともにトップレベルの「社会主義現代化強国」を完成させると強調した[20]。

習の報告の中で最も注目されていたのが、習が台湾問題についてどのような考え方を示すのかという点だった。党大会の約2カ月前、米下院議長ナンシー・ペロシが台湾を訪問したことに中国は激しく反発し、台湾周辺で大規模軍事演習を実施したばかりだった。習が関係を深めるロシア大統領ウラジーミル・プーチンはウクライナへの侵攻に踏み切り、力による現状変更を試みている最中である。

果たして、習も本気で台湾侵攻を考えているのか――。習の政治報告に、各国外交官や中国問題専門家らは強い関心をもって注目した。

習が台湾問題について言及しているのは、報告の後半部分である。

習はまず、「『平和的統一、一国二制度』の方針は両岸の統一を実現する最善の方式」であると指摘し、「我々は『一つの中国』原則と『92年コンセンサス』を堅持」する、と従来の方針を示した。そのうえで、「我々は最大の誠意をもって、最大の努力を尽くして平和的統一の未来を実現しようとしている」と前置きしたのち、こう強調した。

「(我々は) 決して武力行使の放棄を約束せず、あらゆる必要な措置をとるという選択肢を残す」

つまり、習は、台湾側が中国の重視する「平和的統一、一国二制度」、「一つの中国」原則、「92年コンセンサス」を拒否し続けるならば、台湾侵攻も辞さない覚悟を明確に示したわけだ。5年前の第19回党大会における報告でも、習は台湾統一に向けた強い意思を示したものの、「武力行使」という言葉は使っていない。

ただし、習が「武力行使」に言及したのは今回が初めてではない。19年1月、将来の台湾統一に向けた方針を明らかに

2017年6月30日、初の香港訪問で中国軍部隊を閲兵する中国国家主席の習近平＝AP/アフロ

した演説でも、習は「(我々は) 決して武力行使の放棄を約束せず、あらゆる必要な措置をとるという選択肢を残す」と述べており[21]、今回もこのときの演説を基礎にしたものである。

とはいえ、中国共産党の最重要方針を国内外に示す党大会において「武力行使」という言葉を用いたことは極めて重い。第20回党大会では、党の憲法にあたる党規約改正でも「『台湾独立』に断固反対する」という文言が加わった[22]。

台湾統一は「中国共産党の歴史的任務」と「『中華民族の偉大な復興』の必然的要請」

台湾問題をめぐる習の第20回党大会での報告でさらに注目するべきは、台湾統一を「中国共産党の確固不動の歴史的任務」と位置づけ、「(台湾統一は)『中華民族の偉大な復興』を実現する上での必然的要請である」とまで言い切っている点である。

第4章でも触れたが、習が掲げる「中華民族の偉大な復興」という政治スローガンは、中国共産党による中国支配の正統性を強調する論理のもとに作られている。中国政府当局の見解にもとづけば、中国共産党は1921年の結党以来、「中華民族の偉大な復興」という「中国の夢」を実現するという歴史的使命をもつ。「中華民族の偉大な復興」とは、中国が二度と外国勢力から侵略を受けぬよう、強大で繁栄した国家を作り上げることである。

習が党大会での報告で述べた、台湾統一が「中華民族の偉大な復興」を実現するための「必然的要請」という意味は、台湾統一がなければ、「中華民族の偉大な復興」は完成しないという意味である。この「中華民族の偉大な復興」を完成させるための最重要のピースである台湾統一、つまり「祖国の完全統一」を実現することが、中国共産党には結党以来、「歴史的任務」として課せられていると、習は強調したわけだ。「祖国の完全統一」を実現して初めて中国共産党「王朝」による中国支配が完成し、将来にわたって自分たちの「王朝」を安定的に維持することができる。台湾統一を「中国共産党の確固不動の歴史的任務」と位置づけた習の発言には、こうした考えも根底にあるとみられる。

「台湾問題、世代から世代へと渡してはいけない」

習が台湾統一に強くこだわる姿勢は、国家主席就任当初から、台湾問題を次の世代に渡すべきではないという考えを示している点からもうかがえる。習は、13年10月、インドネシア・バリで行われたアジア太平洋経済協力会議（ＡＰＥＣ）に出席するのに合わせ、台湾総統・馬英九の特使と会談した際、「台湾海峡を越えた相互の政治的信頼を高め、お互いに政治的基盤を強めることは、（中台）関係の平和的発展を確実なものにするために極めて重要なことだ」と語った。そのうえで、「先を見据えて、双方が政治的に対立する問題は一歩ずつ、最終解決へと到達していかなければいけない。これらの問題を世代から世代へと渡してはいけない」と強調した[23]。中華人民共和国の建国から60年以上経っても、中国共産党は悲願の台湾統一を実現できていない。習は台湾問題を自らの世代で解決するという決意を示したと受け止められた。

なぜ習は台湾統一にそれほどまでにこだわるのか？

その理由は第1に、習自身の地方政府における政治キャリアが深く関係している。習は台湾との関係が深い福建省や浙江省での政治経験が豊富だ。元副首相・習仲勲が父親というエリート家庭に生まれたが、10代後半に直面した文化大革命によって陝西省の貧しい農村に送り込まれた。農村での模範的な姿勢が認められて21歳で中国共産党に入党。清華大を経たのち、党務で存在感を高めていくことになるが、その舞台となったのが、福建省と浙江省だ。福建省では30~40代にアモイ市副市長や復州市党委書記を務め、46歳で福建省長に就任。その約3年後には浙江省党委書記に転じた。これら福建省と浙江省は、台湾の対岸に位置し、とくにアモイ市から約3キロ先には、台湾が実効支配する金門島がある。1950年代の第1次、第2次台湾海峡危機の舞台となり、中国側の激しい砲弾を浴びた島だ。台湾と地理的に近く、人的、経済的交流が深い福建、浙江両省の政治キャリアを踏まえ、党長老たちから台湾問題の解決をめぐる手腕が期待されて習は党トップに就任した。このため、習自身は台湾統一を自らの政治使命だととらえているという。[24]

第2は、習の歴史的なレガシーづくりである。習は第20回党大会で異例の3期目続投を決め、毛沢東以来となる独裁的な権力を手中にした。そんな習が毛を超える党指導者として歴史に記憶される最も確実な方法は、毛の成し遂げられなかった台湾統一を実現することにある。繰り返しになるが、中国共産党は、自分たちの中国支配の正統性は台湾統一によって完成すると考えている。もし習が自身でなければこの歴史的偉業を成し遂げることができないと考えるのであれば、習が任期中に台湾統一の実現を目指すのは当然である。

第3は、中国が現在、台湾に比べて経済的、軍事的に著しく優位に立っているという局面にあるという点である。中国経済は台湾経済を圧倒しているうえ、中国は軍事力についても第3次台湾海峡危機(95~96年)で米空母などに威圧された反省から増強に努め、台湾海峡のバランス・オブ・パワーは大きく変容した。ペロシ訪台のように、中国側が「挑発行為」と判断すれば、大規模軍事演習など強力な反撃を行うことができる態勢を整えている。習は演説で繰り返すように、中国側が中台関係の主導権を握ったうえで統一作業を行うべきだと考えている。中国はこれまでもパワー重視の外交を展開しているが、習は、今こそ中国の経済力、軍事力という強力なパワーを使って、台湾を中国主導の「祖国の完全統一」へと引きずり込む好機だととらえている可能性がある。

台湾統一を政治使命として強く意識する習は、台湾統一を実現するためには武力行使も辞さない覚悟を見せる。しかし、実際には、武力行使の対象を「外部勢力からの干渉とごく少数の『台湾独立』分裂勢力およびその分裂活動」と限定しており、「決して広範な台湾同胞に向けたものではない」[25]と強調しているように、習の基本路線は今でも「平和的統一」にある。中国の歴代指導者たちは、中台間の経済交流の強化によって政治的な結びつきもやがては深まり、中台の「平和的統一」の実現性は高まるという期待を抱いてきた。

ただし、ここで最も重要なのは、習の呼びかける「平和的統一」は本当に実現可能なのかという点である。台湾を圧倒するパワーだけでは「平和的統一」は実現しない。台湾は権威主義国家の中国とは異なり、アジアで最もリベラルな価値観をもつ民主主義勢力である。このため、「平和的統一」が成功するか否かは、台湾の人々が自ら進んで中国本土との統一を支持するかどうかにかかっている。「平和的統一」を実現するためには、台湾の人々の民意に反し、中国が強制的に統一作業を進めることはできないのだ。

3. 平和的統一か、それとも武力統一か

台湾人の「統一」支持は1・3%

近年、台湾人を対象に中国本土との統一について尋ねた世論調査をみると、台湾人の民意は習近平の望む方向とは真逆に進んでいる。台湾人の圧倒的多数は、中国と台湾がそれぞれ別々の政府として存在している「ステータス・クオ（現状）」の維持を望んでおり、中国本土との統一をほとんど支持していない。台湾の国立政治大学選挙研究センターの22年1〜6月実施の調査では、「中国本土とのできる限り早い段階の統一」を望むのは、たったの1・3%である。一方で、「できるだけ早い段階の独立」と答えた台湾人も5・1%に過ぎなかった。最も多かったのが、「現状維持」を望む回答であり、全体の87・3%を占めた。[26] 台湾人の中で、中国本土との統一、台湾独立ともに、それらを望む人々はごく少数であり、世論の圧倒的多数は「現状維持」を支持しているのである。

興味深いのが、「現状維持」（87・3%）という答えをさらに細かく見たときの内訳の結果である。「無期限の現状維持」が最も多くて28・6%を占め、その後に「現状維持し、のちに決定」（28・3%）、「現状維持し、独立の方向へと向かう」（25・2%）が続き、「現状維持し、統一の方向へと向かう」は最も低い5・2%だった。つまり、統一支持は、「できるだけ早い段階の統一」と「現状維持し、

台湾人の中国本土との統一に関する意識

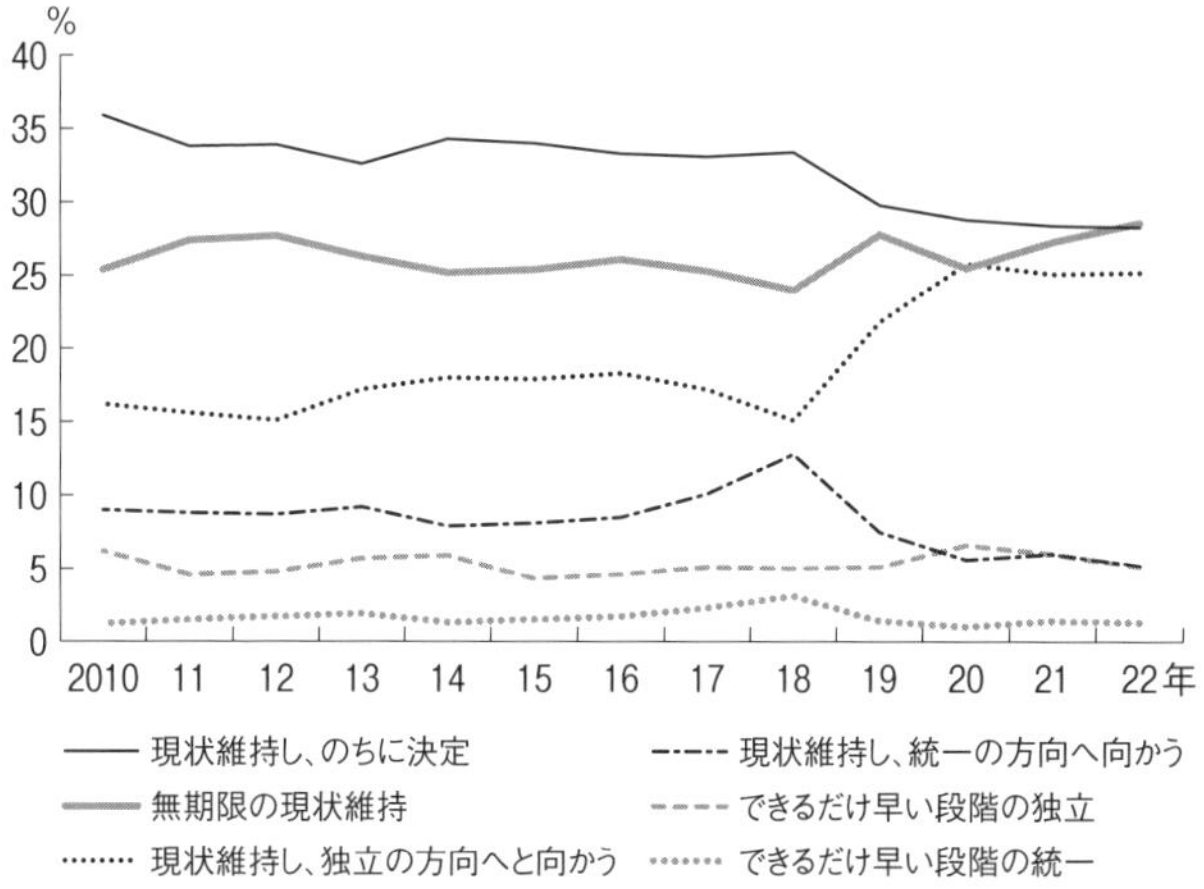

【注】台湾の国立政治大学選挙研究センターの世論調査より

統一の方向へと向かう」を足しても、6%程度に過ぎないほどの少数派なのだ。同センターは1994年以来、同様の質問の調査を行っているが、「現状維持」が大多数を占め続けている一方、中国本土との統一を支持する台湾人は年々減少している。もはや一般の台湾人にとって、中国本土との統一という選択は、論外といってもよいレベルになっている。

台湾人のほとんどが「現状維持」を支持する理由は、経済力・軍事力を高める中国本土との間で軋轢を避けつつ、台湾を事実上の独立国家として維持したいという考えがある。中国は台湾が独立宣言など挑発活動を行えば、武力行使も辞さない姿勢を見せる。しかし、台湾人にとってみれば、台湾はすでに中国本土とは異なる政府をもち、事実上の分離国家状態にある。ほとんどの台湾人は現状に満足しており、わざわざ台湾の独立宣言をして中国を刺激する必要はない。このため、中国の呼びかける統一に応じない一方で、独立宣言もしない「現状維持」が最も都合が良いということになる。

「平和的統一」の非現実性

こうした台湾人の世論調査から導き出されるのは、「現状維持」が台湾人のコンセンサスである以上、習が目指す「平和的統一」は非現実的になっているという現実である。台湾はかつて国民党による一党独裁政権で戒厳令が施行され、台湾人の自由と人権は厳しく制限された。しかし、1980年代後半から民主化が始まり、今では同性婚の法制化などアジアで最もリベラルな価値観をもつ存在となっている。中国本土との統一に台湾人が年々消極的になっている背景には、台湾人独自のアイデンティティの確立とともに、台湾人のリベラル的価値観が習のもとで強まる中国の権威主義的価値観と相容れなくなっていることが大きい。

さらに、中国が「平和的統一」実現の切り札と考えている「一国二制度」をめぐっても、近年の香港における香港国家安全維持法による民主化運動の弾圧を見た台湾人にとっては、中国政府が保証するという「高度な自治」は全く信用できないものになった。台湾の対中政策を担う「大陸委員会」の世論調査によると、89％の台湾人が「一国二制度」に反対している。[27]

民衆レベルで統一支持が少数派になっている状況のもと、習が目指す「平和的統一」を実現するために残された方策は、台湾政界のエリート層と結び、台湾の世論を統一へと変えていくことにある。しかし、台湾人の政党別支持を見れば、中国との対話を重視する国民党は20・4％であるのに対し、習が「分離独立勢力」とみなす民進党は24・6％と国民党を上回っている。[28] 24年台湾総統選では蔡の後継者として副総統の頼清徳（民進党）が当選したように、民進党がこれからも政権を維持していく可能性は十分にあるうえ、国民党でさえも中国との対話は重視するものの、統一にはもはや否定的だ。いくら中国が経済力を行使して台湾政界のエリート層を通じた世論操作を試みようとも、中国本土との統一に対する台湾人の強固な反発を変えることは極めて難しい。

もちろん数十年単位の長期的な視点で考えれば、再び台湾人の中で統一支持派が増えることを完全に否定することはできない。しかし、仮に習が自らの任期中に中国共産党の悲願である「祖国の完全統一」を実現したいと考えるならば、台湾への武力侵攻なしに台湾統一を成し遂げることは困難な情勢にある。習は「平和的統一」という理想を今もうたっているものの、台湾統一のためには武力行使以外の選択肢は見当たらないのが中台関係をめぐる現実だ。

「非平和的手段」の正当性を規定する反国家分裂法

主権国家に対して武力を行使してその領土を侵略することは、国連憲章第2条4項で禁止されているように明確な国際法違反である。しかし、中国にとってみれば、中国の「一つの中国」原則にのっとり、台湾は中国の一部であり、一地方に過ぎない。台湾に武力行使をして分裂勢力を征圧してもそれは純粋な内政問題であり、国際法違反には当たらない。

それでは中国側の理論としては、内政問題としての台湾に対する武力行使についてどのような法的裏づけを持っているのか。

その鍵となるのが、胡錦濤政権下の2005年3月に成立した反国家分裂法である。当時、中国側は民進党の陳水扁政権が住民投票などで独立に向けた動きを加速させていると強く警戒していた。こ

反国家分裂法の要旨

- ・「台独」分裂勢力（『台湾独立』をめざす分裂勢力）が国家を分裂させるのに反対し、これを阻止し、祖国平和統一を促進し、台湾海峡地域の平和・安定を守り、国家の主権および領土保全を守り、中華民族の根本的利益を守る
- ・「台独」分裂勢力がいかなる名目、いかなる方式であれ台湾を中国から切り離す事実をつくり、台湾の中国からの分離をもたらしかねない重大な事変が発生し、または平和統一の可能性が完全に失われたとき、国は「非平和的方式」を取る
- ・国が「非平和的方式」を取る際は、国務院、中央軍事委員会がそれを決定し、実施に移すとともに、遅滞なく全国人民代表大会常務委員会に報告する

のため、具体的な武力行使の法的手続きを定めた反国家分裂法を制定することで、台湾側の独立運動を牽制しようとした。

反国家分裂法は第1条で「『台独』分裂勢力（『台湾独立』をめざす分裂勢力）が国家を分裂させるのに反対し、これを阻止し、祖国平和統一を促進し、台湾海峡地域の平和・安定を守り、国家の主権および領土保全を守り、中華民族の根本的利益を守る」と制定の目的を記している。第5条で、「一つの中国」原則、「平和的統一」、「一国二制度」は中国の台湾政策の基本であるとの考えを表明したうえで、第8条に「非平和的方式」を取る条件とその手続きを規定している。[29]

具体的に、中国が「非平和的方式」を取る条件は、「台独」分裂勢力がいかなる名目、いかなる方式であれ台湾を中国から切り離す事実をつくり、台湾の中国からの分離をもたらしかねない重大な事変が発生した場合、または平和統一の可能性が完全に失われた場合——を挙げている。いずれの条件も中国側の政治判断にゆだねられるあいまいな表現となっているのが特徴である。また、「非平和的方式」を講じるときは、「国務院、中央軍事委員会がそれを決定し、実施に移すとともに、遅滞なく全国人民代表大会常務委員会に報告する」と具体的な手続きを定めている。

さらに第9条においては、「非平和的方式」を講じた際の台湾の民間人と台湾に滞在する外国人に対する保護規定も設け、「国は最大限の可能性を尽くして台湾の民間人および台湾にいる外国人の生命・財産その他の正当な権益を保護し、損失を減らすようにする」と記している。

反国家分裂法を読めばわかるとおり、中国は自分たちの台湾への武力行使が国際法違反に当たるとは全く考えていない。中国にとって台湾問題は内政問題なのであり、自国の領土の一部である台湾に対する武力行使、すなわち「非平和的方式」を講じることは、中国の国内法に規定された合法的行為なのである。

「すべては習近平の決断」

反国家分裂法の制定当時は、台湾の独立運動に対する政治的な牽制が主な目的だったが、台湾統一に武力行使の構えを辞さない習近平政権のもとにおいて、反国家分裂法の発動は現実味をもって受け止められている。法律上は、国務院と中央軍事委員会が「非平和的方式」の実行を決定する権限をもつが、現実の政治の世界において、反国家分裂法の発動を決めるのは、最高権力者である習近平である。習は台湾問題を自分たちの世代で解決する考えを示し、「決して武力行使の放棄を約束しない」と強調している。

しかし、習は本当に台湾への武力行使に踏み切る決断をするのか。

言うまでもなく、いくら「祖国の完全統一」が「歴史的任務」だとしても、中国共産党にとって台湾侵攻には極めて大きなリスクがある。台湾侵攻は、台湾のみならず、台湾を軍事支援する米国との戦争に発展する可能性がある。米中双方の軍事的な損失はもとより、経済的な打撃も深刻である。米国防総省の軍事戦略に影響力をもつ米シンクタンク・ランド研究所が行った米中間の烈度の高い戦争をめぐる試算によれば、開戦から1年後、中国の国内総生産（GDP）は25～35％減となり、これは第1次世界大戦のドイツの29％減に匹敵するレベルの落ち込みとなる。一方、米国のGDPは5～10％減にとどまるため、中国の方がより大きな経済的打撃を被ることになる。[30] 中国人民の生活は当然逼迫したものとなり、中国共産党による中国支配が根底から揺るぎかねない可能性がある。

中国による台湾侵攻は切迫したものではないという見方も強い。習は第20回党大会での演説において、台湾統一を「『中華民族の偉大な復興』を実現する上での必然的要請である」と位置づけた。習はこれまでに「中華民族の偉大な復興」は、中華人民共和国の建国100年となる「2049年」までに実現するというタイムスケジュールを示している。つまり、習が台湾統一を「中華民族の偉大な復興」の重要な要素として加えたということは、台湾統一もまた49年までに実現するという目標を示したと解釈できる。とはいえ、49年はかなり長期的な目標である。習は党大会の前半で経済問題を語り、台湾問題を後半にもってきたことから、台湾問題は習にとって最優先の政策課題ではないという見方もある。

しかし、筆者は、次の三つの理由から、習が台湾侵攻を決断できる状況は整いつつあると考える。

第1に、「祖国の完全統一」を悲願とする中国は、台湾を侵攻できるレベルまで軍事力を高めつつある。習は「世界一流の軍隊」の早期建設を目指すことを国内外に宣言している。米インド太平洋軍司令官デービッドソンが議会で証言したように、ワシントンの安全保障コミュニティの大勢は、中国が27年までには台湾侵攻を可能とする軍事態勢を整える、とみている。

第2に、習は独裁的権力を手中にすることに成功した。習は、中国共産党の最高指導部メンバーを自分に忠誠を誓う「イエスマン」たちで固めた。習が危険な冒険主義的行動に打って出ようとしても、独裁的な権力を手中にした習を止めようとする人物はもはや周りにだれもいない。仮に習が「毛沢東超え」の誘惑に駆られ、中国共産党史上、だれも果たすことができなかった「祖国の完全統一」を自身の手で行わなければいけないと決断したとき、習は台湾侵攻の号令をかけることができる状況をすでに作り上げている。

第3に、習が自らの手で台湾問題を解決するためには、残された時間が限られている。中国共産党総書記の3期目続投を決めた習は、4決目続投も当然視野に入れているとみられるが、習は現在すでに70歳である。自身の手で台湾統一という歴史的偉業を果たしたいと考えるならば、自らに残された時間を限りあるものと焦りを覚えていてもおかしくはない。習が関係を深めるプーチンがウクライナ侵攻に踏み切ったのは、70歳になる年だった。ロシアのウクライナ侵攻は、ウクライナ側の激しい抵抗に遭い、西側諸国の軍事支援で長期化しており、ロシア国内におけるプーチン体制の安定的な政治基盤さえもむしばんでいる。いくらプーチンにNATO拡大からロシアを守るという大義名分があったにせよ、明らかにプーチンが当初思い描いた想定は甘かったといえる。しかし、ときに独裁者の下す判断は我々の考える合理的理由とは必ずしも合致しないことがある。残された時間が限られる中、習がプーチンと同じ道を決して歩むことはないとだれが断言できるだろうか。

もちろん台湾侵攻は米中戦争に発展し、ランド研究所が試算したように、中国経済の壊滅的な打撃は避けられず、人的被害も甚大なものになる。しかし、中国共産党の論理ではそもそも、19世紀前半のアヘン戦争以来、大勢の中国人民が「中華民族の偉大な復興」の実現を追い求めて倒れてゆき、その甚大な犠牲のうえに現在の中華人民共和国が成り立っていると解釈されている。「祖国の完全統一」によって「中華民族の偉大な復興」を完成させる、という大義のためには、中国経済や中国人民が犠牲になってもやむを得ないと習が判断する可能性を否定することはできない。

ペロシ訪台直後、ある中国政府関係者は「49年までに台湾を統一するのが我々の目標だ。習近平は今のところ、具体的な計画は持っていない」と語ったうえで、こう念押しした。

「ただし、何かが起きれば、習近平は行動を取らざるを得ない」

「何か」とはどのような事態を指すのか。それは台湾の独立宣言やペロシ訪台のような、中国側から見れば「一つの中国」原則を破る米台の挑発活動かもしれない。いずれにせよ、反国家分裂法に規定されている「非平和方式」を講じる条件は、中国側の政治判断にゆだねられている部分が大きい。その政治判断を下すのは、習近平ただ一人である。

中国問題に詳しい元米国務省高官は筆者にこう語った。

「習近平は極めて攻撃的な政策をとる一方、リスクを取ることには慎重な人物だと思う。とはいえ、習近平がある朝、目を覚まし、『よし、台湾侵攻をやろう』と決断すれば、中国は台湾侵攻に乗り出すのだ。すべては習近平の決断にかかっている」

米中競争が衝突へと発展する最大のフラッシュポイント（発火点）とみられている台湾海峡有事。それでは台湾海峡有事はどのようなメカニズムのもとで起きるのか。次章では、ペロシ訪台を含めた過去4回にわたる台湾海峡危機を検証したうえで、今後起こり得る台湾海峡有事の具体的なシナリオについて考えてみたい。

第7章 台湾海峡有事のメカニズムと軍事衝突シナリオ

1. 台湾海峡危機とは何か

「米国vs.中国」の新たな構図

2022年8月、台湾海峡は、第3次台湾海峡危機（1995～96年）以来、最も緊迫した雰囲気に包まれた。

米下院議長ナンシー・ペロシの台湾訪問を「中国を怒らせた者たちは罰せられる」（国務委員兼外相・王毅）[1]と激しく反発した中国は、台湾本島をぐるりと取り囲む周辺海空域に、7カ所に及ぶ広範囲の軍事演習区域を設定した。ペロシ訪台への対抗措置として、爆撃機や戦闘機、艦船を大動員した大規模軍事演習を開始。中国は第3次台湾海峡危機の際も大規模軍事演習を行っている。しかし、今回はより台湾本島に近い区域を設定して一部は台湾が主張する領海や領空とも重なっているうえ、その演習内容の密度も規模も当時を遥かに上回るものとなった。中国軍機は台湾が設定する台湾海峡の「中間線」を越える飛行を繰り返した。

さらに、中国軍は、中国本土から台湾方向に向けて弾道ミサイルを相次いで発射した。中国国営メディアは、勇壮な音楽とともに、移動式発射台から次々と発射された弾道ミサイルが噴煙を上げて飛んでいく様子を映し出した。[2]

2022年8月4日、台湾周辺で実施された軍事演習で発射された短距離弾道ミサイル＝新華社／共同通信イメージズ

中国の弾道ミサイルの一部は、日本の排他的経済水域（EEZ）内にも落下した。防衛省によると、中国軍は8月4日、弾道ミサイル9発を発射し、そのうち5発が沖縄・波照間島南西のEEZ内に落下した（台湾国防部によれば、11発を発射）。日本の領土に最も近い落下地点は、沖縄・与那国島の北北西約80キロだった。また、9発のうち、4発は台湾本島上空を通過したという。[3]

国際社会が台湾海峡をめぐる軍事的緊張の高まりを深く懸念する中、中国側に反省の色は一切見られない。中国からすれば、自分たちが「核心的利益」と位置づける台湾をめぐり、米国はペロシ訪台という手段を使って「悪質な挑発活動」[4]を仕掛けた側であり、中国側としては自分たちの国家主権と領土保全のためにやむにやまれず米国の「挑発活動」を抑止するための行動を強いられた、という理屈を持っているからだ。

ペロシ訪台は、米中関係の悪化にさらに拍車をかけることになる。

中国は報復措置として米中間の軍同士の対話チャンネルを遮断した。その後、米本土に中国「スパイ」気球が侵入し、米軍が撃墜する事件が起きた際にも、米中間は軍同士で意思疎通を図ることはできず、米中対立は競争というレベルを超え、相手の意図を読み違えた偶発的な軍事衝突の発生が危ぶまれる事態にまで発展した。当時、複数の米政府当局者たちは筆者の取材に対し、現在の米中関係が「極めて危険な段階に入っている」と口をそろえた。米中間の軍同士の対話チャンネルの再開が実現するのは、ペロシ訪台から1年以上経った23年11月の米中首脳会議まで待たなければならなかった。

ペロシ訪台をきっかけに起きた「第4次台湾海峡危機」と呼ばれる事態で特筆すべきは、過去3回の台湾海峡危機の「中国vs.台湾」という構図ではなく、今回は「米国vs.中国」の構図で初めて起きたという点にある。中国は、トップの習近平の台湾統一に向けた強い決意のもと、軍事力を急速に伸展させ、台湾問題をめぐって大胆な軍事行動を取っていくことに自信を深めている。台湾海峡における米国のこれまでの軍事上の絶対的優位性が揺らぎつつある中、今後も「米国vs.中国」を原因に新たな台湾海峡危機が起きる可能性は否定できない。

この章では、台湾海峡有事を取り上げ、そのメカニズムを多角的な観点から解明する。

最初に、過去3回にわたる台湾海峡危機はどのようなものだったかを振り返る。とくに、1958年の第2次台湾海峡危機は、アイゼンハワー政権が中国本土への核の先制攻撃を真剣に検討していたという点で特筆に値する。機密文書を公開した核戦略専門家ダニエル・エルズバーグ（23年6月に逝去）の証言をもとに、米大統領ドワイト・アイゼンハワーや米軍高官らによる検討の過程を検証する。

次に、「第4次海峡危機」をめぐって、なぜここまで米中間で軍事的緊張が高まったのかを分析し、その後の米中関係にどのような影響を与えたかを考える。

最後に、現在の中国の軍事力を客観的に評価したうえで、具体的にどのような台湾海峡有事シナリオが有力なものとして考えられるかを論じたい。

過去3回の台湾海峡危機

まず過去3回の台湾海峡危機の概略について簡単に説明したい。

第1次台湾海峡危機（1954〜55年）は、米ソ冷戦初期に起きた約9カ月間に及ぶ中台間の軍事衝突である。主な舞台となったのは、台湾の実効支配する金門島や馬祖列島だ。金門島と馬祖列島は台湾本島から200キロほどの距離にある離島だが、中国本土には極めて近い。金門島は福建省アモイ市から約3・2キロ、馬祖列島は中国沿岸部から約16キロという距離にある。朝鮮戦争の休戦協定から約1年後の54年9月、「台湾解放」を掲げる中国軍は、金門島への砲撃を開始。攻撃はすぐに馬祖列島や大陳島にも拡大した。アジアへの共産主義の拡大を恐れていたアイゼンハワー政権は台湾支援に乗り出し、12月には蔣介石の国民党政権との間で米華相互防衛条約を結んだ。翌年1月、米議会は「台湾決議」（フォルモサ決議）を採択し、台湾を防衛するすべての権限を米大統領アイゼンハワーに与えた。2月、蔣介石は金門島と馬祖列

金門島、馬祖列島、大陳島の地図

島を防衛する代わりに、大陳島から撤退した。のちの研究では、毛沢東は大陳島奪取という軍事目標をもっていたが、金門島と馬祖列島については朝鮮戦争後に中国の「台湾解放」運動に国際的な注目を集めるために両島を攻撃したという。[5] 一方、アイゼンハワーは3月の記者会見で、台湾海峡で戦争が起きれば、「銃弾か何かを撃つように」核兵器を使うことは否定できないという考えを示し、米国社会を震え上がらせた。アイゼンハワー政権は中国に対する核攻撃も含めたあらゆるオプションを検討していたのだ。[6]

第2次台湾海峡危機（58年）は、この第1次危機の延長線上にあるといってよい。中国軍は58年8月、金門島と馬祖列島に対し、再び砲撃を開始した。44日間に及ぶ砲撃戦で台湾側は500人以上が死亡した。アイゼンハワーは両島が陥落すれば、国民党政権の士気は著しく低下し、中国軍が台湾侵攻に乗り出すことを恐れた。アイゼンハワー政権は台湾への支持を表明して台湾海峡に米艦船を派遣し、中国軍による海上封鎖を妨害。中国軍は10月、砲撃中止の方針を示し、米軍との軍事衝突は回避された。のちに詳しく述べるが、アイゼンハワー政権は第2次台湾海峡危機においても、中国に対する核兵器の使用を検討していた。中国の後ろ盾を演じていたソ連首相のフルシチョフは当時、中国が攻撃されればソ連も米国と戦うという考えを表明していた。[7] このため、アイゼンハワー政権は中国を核攻撃すれば、ソ連を巻き込んだ全面戦争へと発展すると予想していたという。

第3次台湾海峡危機（95〜96年）は、米中両軍が台湾総統・李登輝（国民党）の非公式訪米をきっかけに台湾周辺で対峙しあうという、90年代の米中関係において最も緊迫した事態であり、その後の中国の軍事戦略にも大きな影響を与えることになった。第3次台湾海峡危機は、95年6月、李が「私人」として非公式に訪米し、母校の米コーネル大学同窓会に出席し、講演したことに端を発する。中国は李の訪米は台湾独立を既成事実化する動きだと激しく反発し、台湾近海にミサイルを撃ち込むなどの大規模な軍事演習に踏み切った。[8] これに対し、クリントン政権は空母ニミッツとインディペンデンスの二つの空母打撃群を周辺に派遣し、中国軍を強く牽制した。中国は李の再選を阻む狙いがあったが、中国の露骨な威圧的行動は逆効果に働き、李は翌年3月の台湾総統選で大勝した。第3次台湾海峡危機が米中両国に与えた影響は極めて大きい。米国としては、中国との戦争計画の策定が国防総省の優先事項となったうえ、意思疎通の乏しかった米台軍同士の関係強化に取り組む大きなきっかけとなった。[9] 一方、米国に抑え込まれた格好となった中国は、台湾海峡有事の際に米軍をなるだけ台湾周辺に近づけさせないための「A2／AD（接近阻止・領域拒否）」能力の強化の必要性を痛感する。この結果、中国は90年代半ば以降、ミサイル開発や海軍力の増強に力を注いでいくことになる。

ここまで過去3回の台湾海峡危機をざっと振り返ったが、その中でも、とくに最近になって米政府内の詳細な検討状況が新たに判明し、関係者の間で注目されている第2次台湾海峡危機について詳しくみていきたい。

米国、中国本土への核の先制攻撃を検討

2021年5月22日、米紙ニューヨーク・タイムズ（NYT）は、58年の第2次台湾海峡危機当時、米政府内で中国本土への核攻撃が検討されていたと報じた。[10] 報道によれば、米大統領アイゼンハワーや米軍高官らは、ソ連との間で核兵器を使った報復合戦へと至る事態を覚悟しながらも、中国本土に

対する核の先制攻撃について真剣に議論していたという。第2次台湾海峡危機は、米中戦争のみならず、ソ連も参戦した第3次世界大戦へと発展する瀬戸際にあったわけだ。

ＮＹＴの報道のもとになったのは、元米国防総省職員の核戦略専門家ダニエル・エルズバーグが入手していた機密文書の全文である。エルズバーグは、国防総省のまとめたベトナム戦争の機密文書「ペンタゴン・ペーパーズ」を入手し、70年代に暴露したことで知られる人物だ。

もともと59年、国防総省の軍事戦略に影響力をもつ米シンクタンク・ランド研究所の戦略分析官に就任したエルズバーグは、その後に政府に入り、国防次官補特別補佐官など政府中枢の国家安全保障部門で働く。67年にランド研究所に戻ってくると、国防長官ロバート・マクナマラが指示して作らせたベトナム戦争を詳細に検証する7千ページに及ぶ最高機密文書「ベトナムにおける米国の政策決定の歴史、１９４５〜１９６８」（通称ペンタゴン・ペーパーズ）の執筆に携わることになる。エルズバーグが執筆を担当したのは、61年の政策決定の過程だった。エルズバーグは69年、米国のベトナムでの失敗から学ぶべき教訓を公表しようとペンタゴン・ペーパーズのすべてをコピーするが、同時に、第2次台湾海峡危機をめぐる６００ページを超える最高機密文書も一緒にコピーしていた。

この機密文書は、ランド研究所のモートン・ハルペリン（のちに国防次官補代理）が66年に作成したもので、「１９５８年の台湾海峡危機：文書化された歴史（U）」というタイトルの報告書である。[11]これまで要約版の存在は知られていたが、全文の存在はほとんど知られていなかった。

なぜエルズバーグは今になってこの機密文書の全文をメディアを通じて広く一般に公開しようと考えたのか。

筆者の取材に応じたエルズバーグは、「米国が中台間の紛争に再び武力介入する可能性があると語られている今、この機密文書の内容を一般の人々にも広く共有してもらい、議論してもらうことが大切だと感じたからだ」と語った[12]。

機密文書によれば、太平洋空軍司令官ローレンス・クーターは、台湾を軍事支援する米国と中国との武力衝突が開始された時点で、中国本土への核の先制攻撃の許可を求めていた。中国空軍基地に限定した核攻撃であり、比較的抑制された核攻撃だと主張した。統合参謀本部議長ネーサン・トワイニングは、この空軍基地に対する限定的な核爆弾投下でも中国が引かなければ、「北は上海に至るまで深く核攻撃を行う以外に選択肢はない」と強調した。

一方、当時の米政府の最高幹部らは米軍が中国本土に核攻撃をすれば、中国への軍事的な支援を公言していたソ連が参戦し、米国に対して核による報復攻撃をしてくる、と想定していた。トワイニングも、一連の米側の中国本土への核攻撃で「(ソ連が) 台湾にはほぼ確実に、沖縄にも核攻撃で報復するだろう」と示唆。しかし、「国家安全保障政策として(金門島など)島嶼部を防衛するならば、その結果を受け入れなければいけない」と語っていた。

核使用の結果、台湾や沖縄が消えても……

エルズバーグの入手した機密文書で明らかになったのは、当時の米政府の最高幹部らは核の報復合戦を覚悟しても、核の先制攻撃をためらわない考え方をしていたという点だ。最終的にアイゼンハワーの決断で、中国本土への核攻撃計画は退けられたものの、ソ連との間で全面的な核の報復合戦が起きる、まさに「紙一重」の危うい状況だったといえる。

エルズバーグは筆者に対し、当時の状況をこう解説した。

「アイゼンハワー政権当時の核戦略の中心は、いかなる武力衝突も核兵器に頼るという『大量報復戦略』にあった。アイゼンハワー（大統領）は第1次台湾海峡危機当時も、『あらゆる戦争は核戦争にならざるを得ない』と語っている。彼は核兵器を銃弾と同じように考えていた。ただ、アイゼンハワーは第2次台湾海峡危機では、初期段階では通常兵器を使うことを望み、米軍高官らは急いで初期段階に通常兵器を使う計画を立てた。とはいえ、アイゼンハワーを含め、会議の出席者全員が、中国が金門島をめぐる主権の主張をとり下げなければ、最終的には核兵器を使わなければいけないと考えていた」

エルズバーグは、アイゼンハワー政権の核戦力を使った「大量報復戦略」について語った。

「私は、61年に新たな核戦争計画を策定するため、アイゼンハワー政権当時の核戦略を研究したが、それにはソ連との戦争を『限定戦争』にとどめるための規定が何も設けられていなかった。つまり、ソ連との間で軍事衝突が起きれば、米国はすぐさま核による先制攻撃でソ連国内のあらゆる都市を攻撃し、全面戦争に発展することを想定していた。実際に第2次台湾海峡危機が起きた際も、ソ連が関与すれば、全面戦争になると予測していた」

米ソ間で核戦争に発展する可能性があったのか、と筆者が尋ねると、エルズバーグはうなずいた。

「今、当時を振り返れば、ソ連のフルシチョフは、中国に全面的に味方してあらゆる兵器を使う、と公言していたが、実際にはそう行動する可能性は極めて低かったと思う。中国の毛沢東も、米国との武力衝突まで発展させる意図はなかった。しかし、62年のキューバ危機をめぐって、私はホワイトハウスでの会合に参加した経験があるが、フルシチョフもケネディ（大統領）もどちらも武力衝突を行う意思はなかったにもかかわらず、全面戦争に発展する間際にあった。第２次台湾海峡危機でも、その可能性は十分にあった。米側は核の先制使用の結果、台湾や沖縄が消え去っても受け入れるつもりでいた」

「優秀な人々がとてつもなく愚かな判断をしてしまう」

エルズバーグは、存命中にすでに伝説的な人物であった。米政府の中枢で核戦争計画の策定という最高機密の任務に携わった経験をもつと同時に、「内部告発者」として時の権力と対峙し続けたという非常に稀有な経験をもつ。ニクソン政権時の71年に機密文書「ペンタゴン・ペーパーズ」をニューヨーク・タイムズなどに渡してその内容を暴露し、機密漏洩違反などで起訴され、１１５年間も収監される恐れがあったが、ウォーターゲート事件の混乱などの中で行われた裁判で最終的に起訴は棄却された。その後は反核平和運動に取り組み、２００６年には平和・人権分野で「もう一つのノーベル賞」と呼ばれるスウェーデンのライト・ライブリフッド賞を受賞している。

エルズバーグは筆者との取材時、90歳。コロナ禍のさなかだったため、オンラインで行われた。耳は少し遠かったが、往年の闘士を思わせるように、言葉の一言一言に力強さがあった。

「第２次台湾海峡危機からの教訓を私たちはどう受け止めるべきか」と問うと、エルズバーグはこう答えた。

「私たちが過去の破滅を導くような意思決定、例えば、日本の太平洋戦争開戦や米国のベトナム戦争をめぐる意思決定を振り返ったとき、『昔の人々はおろかだったし、未熟だったからだ』ととらえる傾向がある。しかし、これはばかばかしい見方だ。当時の政治家らも実際には、今の人々と同じくらい優秀だった。しかし、そうした優秀な人々がとてつもなく愚かな判断をしてしまうのだ」

エルズバーグが新たな台湾海峡有事をめぐって指摘した問題もまた、核戦争のリスクだった。元国防次官補代理（戦略担当）のエルブリッジ・コルビーが18年に米外交専門誌「フォーリン・アフェアーズ」に執筆した論考「平和を欲するならば、核戦争に備えよ」[13]に言及したうえで、こう語った。

「コルビーの論考は、米国が戦術核使用の脅威を示すことで台湾を防衛するべきだと説いている。米国が再び、政府内で中国本土への核の先制使用の必要性を検討しているのは間違いないだろう。米中が全面衝突すれば、両国に甚大な被害が出るため、両国が愚かでなければ、戦争は回避されるように見える。しかし、それは必ずしも戦争が起きないということを意味しているわけではないのだ」

エルズバーグの強く危惧する米中衝突。現在の台湾海峡をめぐる問題には至る所にその萌芽があることを如実に示すことになったのが、22年夏のペロシ訪台をきっかけとして起きた「第4次台湾海峡危機」と呼ばれる事態である。

2. なぜ「第4次台湾海峡危機」は起きたか

米下院議長ペロシ、訪台を強行

2022年8月3日、台北・総統府。

米下院議長ナンシー・ペロシ（民主党）と台湾総統・蔡英文（民進党）との会談は、台湾全体が異様な緊張感に包まれる中で行われていた。ペロシの訪台に激しく反発する中国は、すでに台湾周辺で軍事演習を行っていたが、ペロシが台湾に到着した前日夜、新たに台湾本島を取り囲むように設定した広範囲の区域で実弾を使った軍事演習を行う、と発表していたからだ。

しかし、筋金入りのリベラル派として知られるペロシは、中国の威圧に屈するような気配は見せなかった。蔡や副総統・頼清徳ら政権幹部を前に、台湾を「世界で最も自由な社会の一つ」だと語り、「台湾は、すべての自由を愛する米国人、そして世界中の人々を鼓舞している」とたたえると、こう強調した。

「今日、私たち代表団が台湾に来たのは、次のことを明確にするためだ。米国は決して台湾に関与するという約束を放棄することはない。米国は台湾との永続的な友情に誇りをもっている」[14]

ペロシは、習近平のもとで権威主義国家化が進む中国を念頭に、「今日の世界は、民主主義と専制主義の間で、選択が迫られている」と指摘し、「台湾と世界中の民主主義を守るという米国の決心が揺らぐことは決してない」と中国に対してファイティングポーズをとり続ける姿勢を示した。

現職の米下院議長の訪台は、1997年のニュート・ギングリッチ（共和党）以来、25年ぶりとなる。これまで台湾には米議会の超党派議員団や元政府高官らの代表団が訪問してきた。しかし、米大統領継承順位が副大統領に次いで2位である下院議長の訪台は、これまでの一連の訪問団とは比較にならないほど、米政権の台湾関与をめぐる強い意思を示したと受け止められるものだった。蔡はペロシの訪台を歓迎し、台湾の民主化を長年支援してきたペロシに深い感謝と敬意の念を示した。

ペロシが今回、中国の度重なる警告を無視する形で台湾訪問を強行したのは、自身の政治信条によるものが大きい。ペロシは長年にわたって中国国内の民主化運動を支援する一方、共産党政権による人権弾圧を厳しく非難してきた、リベラル派の対中強硬派だ。

ペロシはカリフォルニア州選出の民主党下院議員として35年を超える政治キャリアをもつ。地元選挙区のサンフランシスコには、中国共産党政権に批判的な中国系米国人も多い。

89年の天安門事件から2年後、下院議員になって間もないペロシは、多数の学生たちが犠牲になった現場の北京・天安門広場を訪れ、黒地の布に「中国で民主化のために亡くなった人たちのために」と哀悼の言葉が白字で書かれた横断幕を集まったメディアの前に広げ、中国当局の弾圧に抗議した。[15]ペロシは、民主党政権を含めた歴代米政権が中国国内の人権問題の改善を条件とせずに「関与政策」を続けてきたことにも一貫して批判的だった。下院議長就任後も、新疆ウイグル自治区や香港における人権弾圧をめぐって歯に衣着せぬ物言いで繰り返し中国当局を非難してきた。

同時に、ペロシは、強烈な親台湾派であり、長年にわたって台湾の支援を続けてきた。米議会で行われた台湾関係法施行40周年を迎えたイベントを筆者が取材した際、ペロシが忙しい公務の合間を縫って駆けつけ、「(台湾とは) 自由、民主主義、人権といった価値観を共有している」と力説していた姿を覚えている。ペロシの台湾支援は、台湾がアジアで最もリベラルである点も関係している。ペロシは、台湾こそが中国共産党政権のもとで抑圧されている中国の人々が理想とするべき国だと考えているのは間違いない。

そんなペロシの今回の訪台をめぐり、ホワイトハウスは中国を刺激しすぎると消極的だった。もともとペロシは4月に訪台を予定していたが、新型コロナに感染して延期しており、改めて日程を調整したうえで8月の訪台スケジュールが決まったという経緯がある。とくにホワイトハウスが強く懸念したのが、そのタイミングだ。習の総書記3期目続投が決まる第20回中国共産党大会が約2カ月後に控えていた。ペロシがこのセンシティブな時期に訪台すれば、中国側が猛反発することは容易に推測できた。ホワイトハウス関係者によると、アジア政策を担当する国家安全保障会議 (NSC) インド太平洋調整官のカート・キャンベルらは中国側の反応に強い懸念をもっていたという。米大統領バイデンも「米軍は、今は良いアイデアではないと考えている」と語り、記者団に消極的な姿勢を示した。[16]

しかし、バイデンは最終的にペロシを止めなかった。

第1の理由としては、バイデン政権内におけるペロシの存在の大きさである。民主党は共和党に比べてリベラル的価値観を重視する政党だが、その党内は、保守派、穏健派、進歩派の三つのグループに分かれている。穏健派に位置するペロシは、共和党と対峙する一方で、民主党内をまとめる立場にあった。バイデンは大統領就任後、常にペロシと「二人三脚」で議会対策を行っており、議会内におけるペロシのリーダーシップによってバイデン政権の安定が図られてきたという側面がある。ペロシは80歳を超え、今回の訪台はペロシの個人的なレガシーづくりの要素が強いのは明らかだ。しかし、野党時代にトランプ政権と最前線で対峙してきたというペロシの大きな政治的功績を考えれば、バイデンはペロシの意向を尊重せざるを得なかった。

第2の理由として、米中間選挙を約3カ月後に控え、ペロシの訪台を抑えることで、共和党から「対中弱腰」批判を浴びることをバイデンは恐れた。民主党の対中強硬は民主主義や人権問題を重視していることが大きいが、共和党は安全保障問題を重視するゆえに対中強硬の姿勢をとる。民主党、共和党は移民、銃規制、妊娠中絶などあらゆる分野で対立を深めているものの、この対中強硬と台湾支援は一致している数少ない政治テーマの一つだ。今回のペロシ訪台については、共和党側も支持を表明しており、中間選挙への影響を考えれば、バイデンはペロシの訪台を止めることはできないという国内事情があった。

7月28日、習近平はバイデンとの電話会談の中で、台湾問題をめぐって三つのコミュニケなど米中間の歴史的な合意に言及して「『一つの中国』原則は、米中関係の政治的基盤である」と自分たちの主張を展開し、「断固として中国の国家主権と領土保全を守ることが、中国人民14億人以上の固い意志である」と強調した。そのうえで、すでに米メディアに取り上げられていたペロシの訪台を念頭に、最大級の警告を発した。

「火遊びをする人々は、その火によって身を滅ぼすことになる。このことについて米側が直視することを期待している」[17]

しかし、ペロシは台湾訪問を強行し、バイデンはその行動を黙認した。

大国意識する中国、「レッドライン」越えたとみなす

キャンベルらが懸念した予想通り、中国はペロシ訪台に猛反発した。「戦狼外交」の実践者として知られる中国外務省副報道局長の趙立堅は「ペロシの訪台は、中国の内政に対する重大な干渉であり、中国の主権と領土保全を著しく侵害するものだ」と非難。さらに、「中国人民解放軍は決して座視することはなく、強力な対抗措置を取る」と強調し、かつてない規模の軍事的手段を用いた威嚇行動を取ることを示唆した。[18]

中国側が激しく反発したのは、今回のペロシ訪台を、自分たちの「一つの中国」原則を否定する動きだととらえたからだ。バイデンからすれば、自身はペロシ訪台に消極的であり、ペロシの政治信条を必ずしも共有しているわけではない。さらに、行政府と立法府はそれぞれ独立した機関である。ただし、権威主義国家の中国はそのようには受け止めない。大統領継承順位2位の下院議長が訪台したということは、バイデン政権として歴代米政権が守ってきた米中間のコミュニケの約束を破り、台湾の分離・独立運動を支援する動きだととらえた。中国にとってみれば、ペロシ訪台は台湾問題をめぐる「レッドライン」を明らかに越える動きだった。

また、10月に予定されている、5年に一度の中国共産党大会を目前に控え、党幹部や長老が河北省の保養地に集まる北戴河会議がちょうど始まった時期だったことも中国側の反発が大きかったことと

関係している。中国共産党は毛沢東の時代から党内権力争いは極めて激しい。習としては3期目続投を事実上固めている状況とはいえ、ペロシ訪台で自身の政治的基盤が揺らぐような弱気の姿勢を見せることはできない。むしろ「悪質な挑発活動」を仕掛けてきた米国に対して徹底的に報復措置を取ることで、米国に対しても決して動じることのないトップリーダーとしての確固たる態度を国内外に見せる必要に迫られた。

こうした事情に加え、中国が今回、大規模軍事演習に踏み切ったのは、急速に成長した経済力と軍事力を背景とした大国意識があったこともうかがえる。中国の軍事演習を批判する主要7カ国（G7）外相が発表した共同声明に対する中国外務次官補・華春瑩の反論の中に、それは端的にあらわれている。華は、「（G7外相らは）いまだに120年以上前の8カ国連合軍の日々に住んでいると信じている」と指摘した。[19]「120年以上前の8カ国連合軍の日々」とは、1900年に清朝で起きた義和団事件をめぐり、8カ国連合軍（日本、米国、英国、フランス、ドイツ、イタリア、ロシア、オーストリア・ハンガリー）が北京に共同で出兵して義和団を鎮圧し、その後に中国分割を進めたことを指す。華は「我々はもはや帝国主義国家が中国の地で中国人民に不当に威張り散らすような世界に住んでいない。今日の中国は、100年以上にわたって辱められ、いじめられてきたような古い中国ではない」と強調した。自分たちの主張を正当化するため、「120年以上前」の出来事をもち出してくる論法には驚きだが、華の言葉から伝わってくるのは、現在の中国は欧米列強からみじめに踏みにじられた「100年の国恥」当時とは打って変わり、国力を十分につけていつでも西側諸国に反撃できる大国となった、という強烈なプライドである。

中国は自分たちの国力増強に自信を深めている。今回のペロシ訪台をめぐり、米国はかつてギングリッチが訪台したことを引き合いに問題ないとの姿勢を見せるが、中国から見れば、自分たちの国力はギングリッチが訪台した97年当時とはまるで異なる。中国は経済力、軍事力ともに世界第2位となり、「中華民族の偉大な復興」のスローガンのもと、次は米国に追いつき追い越そうと、さらなる強国路線を突き進んでいる。こうした状況のもと、華ら中国外交官らの一連の発言には、中国はかつて列強の圧力に屈したという屈辱感を抱えながら、大国となったこれからは欧米諸国に対して一歩も引くことはないという強硬な姿勢を垣間見ることができる。これは、映画「戦狼2」の主人公の「そんな歴史はくそくらえだ！」という決め台詞を彷彿とさせるものだ。中国軍東部戦区司令部は「我々はあらゆる不測の事態に備えている。命令に従って戦え、すべての侵入者を葬り去れ、作戦を成功させよ！」というメッセージを出し、勇壮な音楽とともに台湾周辺で軍事演習を行っている動画を配信した。[20] しかし、これは映画ではない。現実の世界である。中国には今回の大規模軍事演習に踏み切ることで、「一つの中国」原則をめぐる中国側の断固たる意思を示し、再び米国が「挑発活動」を取ることを抑止するという戦略目標があったことは論をまたない。一方で、今回の中国の軍事行動には、冷静な戦略論とは別に、歴史的な被害者意識をもとに、西側諸国に対する積年の恨みも入り混じっていることがうかがえる。中国の言動には、歴史的事実を都合良く利用して自らの主張を常に「絶対的正義」とみなす傲慢さとともに、自分たちの手中にした過剰なパワーに酔いしれているかのような高揚感もあり、危うさがつきまとう。

中国軍はペロシ訪台前から台湾周辺の空海域で軍事演習を行ったが、最も規模が大きかったものがペロシ訪台直後の2022年8月4〜7日に行われた実弾射撃訓練である。

注目するべきは、その広範囲な演習区域である。第3次台湾海峡危機（1995〜96年）当時の軍事演習と比べると、今回の規模ははるかにそれを上回る。前回は中国沿岸と台湾本島の間の台湾海峡に限定された3カ所で行われたが、今回は台湾海峡にとどまらず、台湾本島をぐるりと取り囲むように7カ所の区域が設定されている。このうち3カ所は台湾の主張する領海と一部が重なっている。さらに、3カ所は日本の排他的経済水域（EEZ）、1カ所はフィリピンのEEZと一部が重なっている。[21] 中国軍は8月4日に弾道ミサイルを発射し、一部が日本のEEZ内に落下したが、いずれの弾道ミサイルもこの軍事演習区域内に正確に落下したとみられる。

7カ所にのぼる広範囲の区域で行われた今回の軍事演習は、台湾の「海上封鎖」に向けた予行演習だとみることができる。中国軍はこれらの区域については演習期間中、立ち入らないように警告し、実際に多くの民間航空会社は台湾便を欠航したり、運航しても演習区域を避けて迂回ルートを飛行したりしなければならなかった。[22] 中国人民解放軍国防大学の教授・孟祥青（少将）は、台湾を取り囲むこれらの演習区域を「ロープの輪のようなもの」と指摘し、「ロープの輪を固く締めれば、（台湾）島の分離勢力を封じ込めることができる」と解説した。[23] 中国軍は23年4月、蔡が訪問先の米カリフォルニア州で米下院議長ケビン・マッカーシー（共和党）と会談した際も、台湾本島を取り囲んで大規模な軍事演習を行っており、中国軍はこうした演習を通じて実戦的な経験を積み重ねながら、実際にトップの習近平の判断が下されれば、ただちに台湾の海上封鎖に取りかかることができる態勢づくりを進めているとみられる。

第4次台湾海峡危機（2022年）をめぐる中国軍の軍事演習

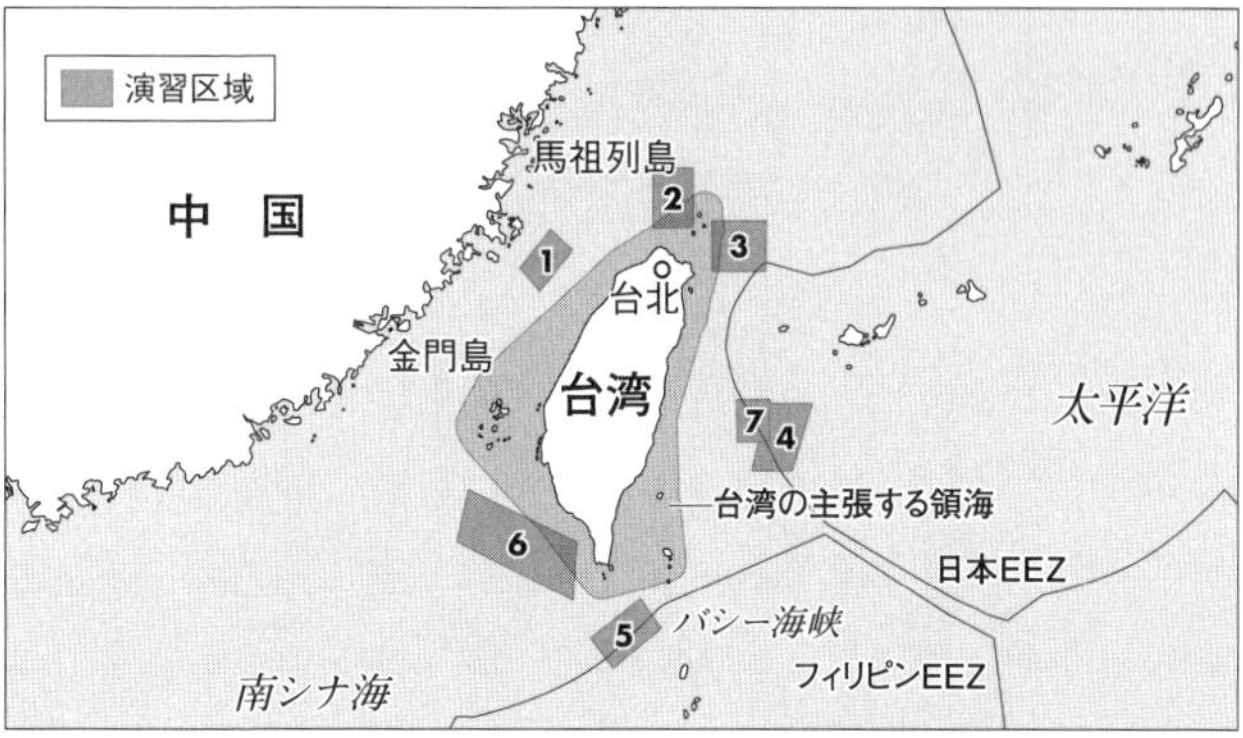

【注】CSISの報告書をもとに作成

もう一つの注目点は、ペロシ訪台以降、中国軍が中国本土と台湾を隔てる「中間線」の無効化を図る動きを加速させていることである。台湾は台湾海峡の中心部に引かれた中間線を中国と台湾をわける軍事防衛ラインだとみなしてきた。一方、中国は中間線の存在を公式に認めないものの、台湾軍との偶発的な衝突を避けるために中間線を越えて中国機を飛行させることを控えてきた。しかし、ペロシ訪台でその状況は一変する。台湾国防部の発表によると、8月4～7日の軍事演習の期間中、中国軍機が台湾海峡の中間線を越えて飛行したのは、計100回以上にのぼる。[24]その後も中国軍機が中間線を越えて台湾側に入るケースは後を絶たず、中国軍機の中間線越えは今やすっかり常態化したといえる。これは日本の尖閣諸島をめぐる中国艦船の動きと似ている。日本政府の尖閣諸島国有化をきっかけに、中国当局は日本側接続水域内や領海内への中国艦船の侵入を常態化させており、日本の領有権の主張を無効化しようと試みている。この尖閣のケースと同様に、中国はペロシ訪台の機会を利用し、台湾の主張する中間線や防空識別圏（ＡＤＩＺ）を事実上消滅させようとしているのだ。

途絶えた米中軍同士の対話チャンネル

ペロシ訪台によってその後の米中関係はさらに険悪化し、米中間の偶発的な衝突も危ぶまれる事態へと発展していった。大きな原因は、中国がペロシ訪台の対抗措置として、米中間の軍同士の対話チャンネルを遮断したことにある。23年2月、飛来した中国の「スパイ」気球を米軍が撃墜した際も、軍同士の対話チャンネルは機能しなかった。南シナ海や台湾周辺で軍事的緊張が続く一方で、国防当局間では意思疎通ができない状態が続いていることに、米ホワイトハウスは米中間で偶発的な衝突が起きるリスクを真剣に懸念していた。「スパイ」気球撃墜事件以降、米側は中国側に対し、米中間の競争が紛争へと発展しないように双方の指導者が責任をもって両国関係を管理し、少なくとも軍同士の対話チャンネルは早期に再開するよう働きかけを強めていくことになる。

米軍制服組トップの統合参謀本部議長チャールズ・ブラウンも、中国側に軍同士の対話チャンネルの早期再開を働きかけていた一人だ。

23年10月にコリン・パウエル以来2人目となる黒人の統参議長に就任したブラウンは、初外遊先としてインド太平洋地域の日韓両国を選んだ。ブラウンは元太平洋空軍司令官で、対中国を念頭に、米軍のインド太平洋地域重視の姿勢を同盟国・友好国に示す狙いがあったとみられる。ブラウンは翌月、東京を訪れた際、筆者を含めた少数の日米メディアとのインタビューに応じ、米中間の軍同士の対話再開について「相手の意図を見誤らないことを確実にするため極めて重要だ」と語った[25]。ブラウンの話でとくに印象深かったのは、自身がシリア内戦をめぐる米軍の作戦に参加した際、ロシア側とは現場の軍同士の対話チャンネルを使って意思疎通を図っていたという経験談である。ブラウンによると、現場でのやりとりでは電話やGメールを使っていたといい、「(相手の意図を)誤って解釈しないように実際に役立った」と語った。ブラウンはインタビューの中で、就任後に中国軍のカウンターパートに軍同士の対話チャンネルの再開を求める書簡を送ったことも明らかにした。

ブラウンのインタビューから5日後、米サンフランシスコで行われた米大統領バイデンと中国国家主席・習近平との首脳会談において、米中の軍同士の対話チャンネルの再開は合意された。ペロシ訪台による遮断から1年余りを経て、米中は偶発的な衝突を防ぐために軍同士で意思疎通を図るというごく当たり前のことがようやく出来るようになったのである。ただし、今後もまた中国側が米国の行動に不満を持った際に軍同士の対話チャンネルを再び遮断する可能性は否定できず、問題が完全に解決したとは言い難い。

台湾海峡における軍事バランスの変化

ペロシ訪台をきっかけに起きた「第4次台湾海峡危機」について、次の四つのことを指摘することができる。

第1に、今回の危機は、中台対立ではなく、米中対立が直接的な引き金となって生み出された初めてのケースであるという点だ。過去の三つの危機は、中台間の軍事衝突や台湾総統・李登輝の訪米などいずれも中台対立が原因だった。しかし、今回は、ペロシ訪台を中国側が自分たちの「一つの中国」原則に対する「挑発活動」ととらえ、その報復措置として台湾に軍事的制裁を加えるという構図のもとで行われた。今回の危機の発生をつぶさに見てみると、米中両国ともに抱える内政的理由が大きく左右し、今回の危機が発生したことがわかる。つまり、米国内の対中強硬派の動きに中国側が報復措置を取ることで台湾海峡危機が引き起こされるという、新たな危機発生のメカニズムが生まれたわけである。

第2に、米中対立に巻き込まれる形となる台湾にとって、これは好ましい状況ではないということだ。「現状維持」を望む台湾は、中国に台湾側の「挑発活動」という口実を与えないように、細心の注意を払い、外交・軍事面において抑制的な対応を心掛けている。にもかかわらず、台湾は今回、米中対立に巻き込まれ、中国の米国への報復措置を代わりに自分たちが受けることになった。しかし、台湾にこの状況をコントロールするという当事者能力はない。台湾は今、中国が軍事的圧力を強めれば強めるほど、米国からの支援にますます依存するという構造のもとにある。台湾のある国民党関係者は筆者に対し、「米国からのいかなる『善意の意思表示』であれ、断ることはできない」と語り、台湾の置かれた難しい政治的立場を説明する。台湾は中国の軍事的威圧の直接的な被害を受けるにもかかわらず、米国の対中強硬派の動きを抑制することはできず、結局のところは「米国自身が台湾への『善意の意思表示』がどのような結果をもたらすかを真剣に考えてくれるかどうかにかかっている」（同じ国民党関係者）ということになる。

第3に、中国が前回をはるかに上回る規模の軍事演習を米軍の干渉もなく行うことができたのは、台湾海峡の軍事バランスが確実に変化したことを示している。第3次台湾海峡危機の際、米軍が二つの空母打撃群をそれぞれ台湾近海に派遣したことで、中国の軍事活動は完全に押さえ込まれた格好となった。その後、2000年代に台湾総統・陳水扁（民進党）が台湾独立に向けた動きを強めても、中国は直接的な軍事行動を取ることを控えていた。その理由は、中国が台湾海峡における米国の軍事力の優位性を恐れていたことが大きい。中国は米中間の軍事力には圧倒的な開きがあることを自覚し、1990年代後半以降は米軍の接近を阻止する「A2／AD」能力を高めるため、ミサイル能力の伸展にとくに力を入れた。また、未熟だった海軍力の増強にも取り組み、今では空母「遼寧」や「山東」を就役。現在の国防費も当時と比べて20倍以上に増やしている。[26] 今回のペロシ訪台をきっかけに、中国が前回を上回る規模の軍事演習に踏み切ったのは、台湾海峡の軍事バランスが90年代半ば当時に比べて確実に変化したと分析し、少なくとも海上封鎖レベルの軍事演習ならば、米軍は軍事介入してこないと判断したからだ。実際、米国も同様の分析をしているからこそ、米軍は前回のような空母派遣は行わず、中国の軍事行動を抑え込むような強い態度に出ることはなかった。米軍が現在の中国軍を相手に前回と同様の行動を取れば、米軍の被るリスクは高いと判断したからにほかならない。

第4に、中国がさらに軍事力を伸展させ、米軍が台湾海峡における軍事的優位性をこのまま失っていけば、中国は今回を上回る規模の軍事演習を行う可能性が高いということである。米国の対中強硬派がこれからも中国側の言う「挑発活動」を続ければ、中国は当然、強力な対抗措置を取り続けることは間違いない。その際、中国側が米軍は自分たちの軍事能力を恐れて軍事介入してこないと計算するだろう。そのときに行われる大規模演習は、もはや演習と実戦の区別はつかないレベルのものとなるはずだ。今回の危機は、軍事的緊張は極めて高いものであったが、中国軍、台湾軍、米軍の3者ともに統制はとれていた。しかし、これを上回る規模の危機が台湾海峡で起きた際、果たして偶発的な衝突が絶対に起きることはないとだれが断言できるだろうか。中国が台湾海峡において軍事的優位性を確立すれば、米国に中国の大胆な軍事行動を抑止することは難しく、これと同時に偶発的衝突をきっかけとした軍事衝突のリスクも高まることになる。

「第4次台湾海峡危機」は、私たちにこうした重い課題を突きつけている。

3. 台湾海峡有事の有力シナリオとは何か

四つの主要シナリオ

米国の専門家が考える中国の台湾への武力行使の主要シナリオは、次の四つである。[27]

①台湾の軍事施設や政府機関などへのミサイル攻撃と空爆
②台湾に対する海上封鎖
③台湾の周辺地域に展開している米軍に対するミサイル攻撃と空爆
④水陸両用作戦による台湾本島への上陸、占拠

米国の専門家たちは、①②③のシナリオについては、中国軍は十分に作戦を遂行する能力を持って

いるとみている。とくに台湾への武力行使をめぐって大きな役割を果たすとみられているのが、世界最先端技術を誇る中国軍のミサイル能力だ。

台湾への武力行使シナリオと米国の専門家による中国軍の能力評価

中国の武力行使シナリオ	米国の専門家による中国軍の能力評価
① 台湾の軍事施設や政府機関などへのミサイル攻撃と空爆	十分に作戦遂行能力あり
② 台湾に対する海上封鎖	十分に作戦遂行能力あり
③ 台湾の周辺地域に展開している米軍に対するミサイル攻撃と空爆	十分に作戦遂行能力あり
④ 水陸両用作戦による台湾本島への上陸、占拠	兵員輸送能力の欠如により作戦遂行能力なし

中国軍は第3次台湾海峡危機以降、A2／AD能力を高めることに力を入れており、現在は「空母キラー」と呼ばれる対艦弾道ミサイル「DF21D」（最大射程2150キロメートル）、米領グアムまで射程に含む「グアム・キラー」と呼ばれる中距離弾道ミサイル「DF26」（同4000キロメートル）など優れたミサイル能力をもつ。こうした中国の最新鋭のミサイル技術がすでに米国を上回っているという見方はワシントンでは根強い。中国が21年夏に極超音速（ハイパーソニック）兵器の発射実験を行い、ロケットで打ち上げられた極超音速滑空体は地球をほぼ一周した後に下降して標的近くに着弾した。この発射実験について、米統合参謀本部議長マーク・ミリーは、1957年に旧ソ連が人工衛星を人類史上初めて打ち上げた「スプートニク・ショック」の衝撃を例に出し、「極めてそれに近いと思う」と語っている。[28] トランプ米政権が地上発射型中距離ミサイルの保有を禁じる中距離核戦力（INF）全廃条約を一方的に離脱したことには国際的な批判が集まったが、米政権にはロシアが条約を守っていないという不満と同時に、条約を締結していない中国が中距離ミサイルの開発を独自に先行させていることに強い危機感を抱いていたという事情もあった。中国軍は台湾に向けて少なくとも160

0発以上を配備しているとみられ[29]、武力行使の際には台湾に壊滅的な打撃を与えることができる能力を持っている。

ただし、中国軍にとって台湾を侵攻するうえで最も重要なのは、台湾をミサイルで壊滅する能力ではなく、台湾本島に上陸し、そして占拠する能力をもっているかどうかである。しかし、この最も重要な④の台湾上陸・占拠のシナリオの実現性をめぐっては、米国の専門家たちの多くは現段階の中国軍の能力に否定的な見解をもつ。

水陸両用作戦能力に欠ける中国軍

米シンクタンク・ランド研究所の上級研究員で、中国の軍事力に詳しいスコット・ハロルドも取材に対し、現在の中国軍の能力では台湾侵攻は極めて困難だという見方を示している[30]。

ハロルドによると、中国軍が台湾侵攻を行う場合、台湾本島の地形が大きな制約になるという。台湾の東海岸は山岳地帯であり、西海岸には干潟などが広がっているうえ都市部が海岸線のすぐそばまで迫っている。このため、ノルマンディー上陸作戦の「D－Day」型のような大規模上陸作戦には不向きな地形だという。

さらに、中国軍は大量の兵員を台湾に輸送する能力が航空、海上両面で決定的に欠けているという。

軍事戦略上、台湾を奪取して制圧するためには、攻撃する側の中国軍の兵員数が台湾本島を守備する側の台湾軍の兵員数を数倍上回る必要がある。具体的には、約17万人の台湾軍兵士（現役兵）に対し、中国軍は45万～80万人規模の兵士が必要になる、とハロルドは言う。さらに台湾軍には、現役兵に加え、166万人の予備役兵もいる。台湾本島に上陸した中国軍部隊に対し、台湾軍の予備役兵も加わったゲリラ戦が展開されることも予想される。こうしたことを考慮すれば、中国軍は史上空前の数の兵員を台湾に送り込まなければいけない。

しかし、中国軍にとって最も悩ましいのは、この大量の兵員を台湾に輸送する手段がまだ確保できていないという問題である。台湾海峡は130キロ以上の幅があり、中国軍にとって兵員輸送は困難な作業となる。空挺部隊など空から兵力を直接地上に投下する中国軍のエアボーン能力も限定的であるため、台湾海峡を渡るには大規模な水陸両用船団に頼らなければいけない。だが、航空輸送能力と同様に、中国軍の水陸両用船の輸送能力は極めて不足している。中国軍は揚陸艦などの建造を急ピッチで進めているものの、必要な兵員数を輸送するだけの能力には全く足りていない。このため、民間船団を動員して兵員を台湾本島まで輸送しなければいけない。しかし、民間船団はすぐに米軍や台湾軍の標的となり、沈められてしまうリスクが非常に高い。

一方、米軍にとって、中国軍の台湾侵攻に対する戦略的な目標は、極めてシンプルなものになる。それは、台湾海峡を渡ろうとする中国艦船を完全に沈めることだという。ハロルドは米軍によるこれらの中国艦船の撃沈は「7時間半で可能」だとみている。もともと限定的である兵員の輸送能力を完全に奪われてしまえば、中国軍は台湾を奪取、占拠することはできなくなってしまう。この点こそ中国軍が台湾侵攻を試みるうえで最大の弱点になっているという。

台湾侵攻のシミュレーションをもとにした中国軍の能力に関するこうした分析をもとに、ハロルドは「中国共産党は、台湾を利用して国内の支持を集めようとしているが、実際の紛争は望んでいない」と結論づける。現時点における中国軍の能力では、台湾奪取という目的を遂げられないため、台湾侵攻シナリオは非現実的だというわけだ。実際、ハロルドと同じような見方は米軍上層部でも広く共有されており、統参議長ブラウンが東京に来て行った一部メディアとのインタビューの中でも、筆者が台湾侵攻をめぐる中国の意図と能力についての評価を尋ねたところ、ブラウンは「習近平は必ずしも台湾を武力で奪いたいわけではないだろう」と述べたうえで、「(中国軍にとって)大規模な水陸両用作戦は簡単ではない」と語った。

中国軍が台湾侵攻を完遂できるレベルの水陸両用作戦能力を整えるのは、米インド太平洋軍司令官フィリップ・デービッドソンが指摘した2027年かもしれない。もちろん将来的な可能性は否定できないものの、台湾島に上陸、占拠できるだけの十分な能力をもたない現在の状況では、中国軍は物理的に台湾侵攻に踏み切ることはできない。

では、中国軍にとって当面の間、最も現実的かつ有効な台湾海峡有事のシナリオとは何か。

最も有力な海上封鎖シナリオ

米国の専門家たちの分析のもと、前述した四つの主要シナリオのうち、最も有力視されているのが、②の台湾を海上封鎖するというシナリオである。

米シンクタンク・ブルッキングス研究所上級研究員のマイケル・オハンロンは、台湾海峡有事シナリオを研究した報告書の中で、「海上封鎖が最も可能性が高い」と結論づけている。[31] 中国軍は潜水艦や水雷を使って台湾本島に艦船が近づくのを妨害し、台湾に甚大な経済的打撃を与え、台湾政府に対し、中国本土との統一に向けて政治的妥協を迫るというものだ。台湾は石油など必要な全エネルギーの97%を海上からの輸入に頼っているため、中国軍による海上封鎖で輸入が妨害されれば、台湾経済は立ちゆかなくなる。[32] 主権国家に対する海上封鎖は国際法違反だが、中国側は台湾問題をそもそも内政問題だと主張しているので台湾に対する海上封鎖を「隔離措置」と称して実行するとみられている。[33]

中国の台湾に対する海上封鎖が軍事作戦上の観点から有用な点が、次の二つだ。

第1に、台湾に対して極めて大きな脅威を与える一方、台湾に対する物理的な攻撃をひかえることができる点だ。もともと中国の台湾統一の基本路線は「平和的統一」にあり、台湾への武力行使についても習近平は「決して広範な台湾同胞に向けたものではない」という方針を繰り返し強調している。[34] 海上封鎖は、軍事力を行使して台湾を中国の方針に従わせるという戦争行為であることには間違いないが、台湾を直接ミサイル攻撃したり空爆したりするわけではないので、台湾の人々への被害を最小限に抑えることができる。また、中国軍は台湾経済に打撃を与えることを戦略目標としているため、人道的配慮から必要な医療支援物資の輸送や民間航空機の台湾への出入りも許容する可能性がある。

第2に、中国は、米国や日本など同盟国との全面的な衝突を避けることが可能となる点だ。中国が台湾の海上封鎖をした際、米国が米軍艦船の派遣など台湾に対する軍事支援の動きを見せる可能性がある。とはいえ、第5章で触れたように、米軍が実際に武力行使に踏み切るのは、米軍兵士や米国市民が犠牲になったり、米軍のアセットが攻撃されたりした際、その報復措置としてのケースが多い。海上封鎖の場合、中国軍は台湾本島を直接攻撃するわけではないので台湾人のみならず米国市民が犠牲になる可能性は低いうえ、中国軍は米艦船や米軍機に対する直接的な攻撃も控えることになる。このため、米国としての軍事介入の判断は極めて難しいものとなる。中国側は、仮に米軍が台湾支援に駆けつけても、台湾を取り囲んで海上封鎖している中国軍に対し、米軍は手出しができずににらみ合って対峙するという神経戦にとどまると踏んでいるだろう。また、中国軍にとっては、自分たちの判断で海上封鎖を終了することができるというメリットもある。

中国軍がペロシ訪台などの際に海上封鎖の予行演習ともいえるような、台湾を取り囲む大規模軍事演習を行ったのも、将来的な海上封鎖を見据えているためとみられる。中国人民解放軍少将・孟祥青が「ロープの輪を固く締めれば、（台湾）島の分離勢力を封じ込めることができる」と語ったように、実際の海上封鎖も、ペロシ訪台の際の軍事演習の規模をさらに大きくしさえすれば、技術的には実現するのである。米軍がペロシ訪台の際に中国軍の大規模演習を静観したということも、中国側の自信を深めることになっただろう。中国側はこれを自分たちのA2／AD能力が高まった成果とみなし、米国の軍事介入の可能性は低くなったと考えているだろう。

米中戦争に巻き込まれる日本

台湾海峡有事シナリオとして最も有力な台湾に対する海上封鎖だが、米中間の偶発的な衝突が本格的な戦争へとエスカレートしていく可能性は十分にある。中国側の期待とは裏腹に、台湾を取り囲む中国軍と、台湾支援に駆けつけた米軍がお互いに対峙して神経戦を繰り広げている間に、極度の軍事的緊張の高まりから一方が相手の意図を読み違えて攻撃し、今度は攻撃された側が反撃し、お互いの報復措置が次第に本格的な衝突へと発展していくというリスクである。軍同士の対話チャンネルが不安定な米中間ではなおさらその危険がある。海上封鎖をめぐって米国が軍事介入に慎重な姿勢をとったとしても、米軍兵士やアセットに直接的な被害が出れば、中国軍への報復措置を取らざるを得なくなる。

米中が本格的に軍事衝突すれば、前述した四つの主要シナリオのうち、中国軍は、①の「台湾の軍事施設や政府機関などへのミサイル攻撃と空爆」と③の「台湾の周辺地域に展開されている米軍に対するミサイル攻撃と空爆」という手段を取る可能性が高いとみられている。中国軍は台湾軍の能力を奪うために台湾本島を攻撃するのみならず、台湾周辺に展開している米軍艦船や航空機に対しても攻撃することになる。

台湾海峡周辺の事態がエスカレートしていけば、日本も米中衝突へと巻き込まれていく可能性が高まってくる。沖縄などの在日米軍基地は、台湾に軍事支援に駆けつける米軍の出撃拠点となる。このため、③の手段が取られる場合、中国軍は戦争を有利に進めるため、在日米軍基地をミサイル攻撃や空爆する可能性がある。このとき、いくら中国軍の標的が在日米軍基地といえども、日本の施政下にある領域が中国軍から直接攻撃を受けることになるわけで、日本は中国に対し自衛権を発動することになる。かつて元首相の安倍晋三が「台湾有事は日本有事[35]」と語ったのは、このような理屈があるためだ。台湾海峡有事の戦場は日本の国土まで際限なく拡大する可能性がある。この問題については次の章で詳述する。

偶発的といえども米中衝突がいったん始まれば、米中間の全面戦争へと発展する可能性がある。在日米軍基地を攻撃するのと同様に、米領グアムの米軍基地も台湾に対する軍事支援の重要拠点となる。このため、中国軍は米領グアムに対してもミサイル攻撃する可能性が出てくる。米本土でないとはいえ、自身の領土を攻撃された米国の中国に対する反撃は熾烈なものになって中国沿岸部へのミサイル攻撃や空爆が行われることになり、米中間の報復はさらにエスカレーションを重ねることになる。

第3次世界大戦へと発展するリスクも

米中戦争が極めて深刻なのは、通常兵器にとどまらず、核兵器を使った戦争になる可能性があるという点だ。核兵器保有数は23年1月時点で、米国が５２４４、ロシアが５８８９と世界全体の約９割を占めているものの、両国とも引退した核弾頭の解体でその数を減らし続けている。[36] これに対し、中国の核兵器保有数は両国に比べれば少ないものの、その数を急速に増やしている。米国防総省は米議会に提出した報告書の中で、中国は23年5月時点で５００発以上の運用可能な核弾頭を保有していると分析。30年までに中国の核弾頭は1千発を超えると見積もっている。国防総省は「中国軍は今後10年間、核戦力を急速に近代化、多様化、拡大化させ続ける」と強い警戒感を示している。[37]

米中衝突は、世界的な大戦争へと発展する可能性もある。米中間の軍事衝突が激しさを増していけば、中国は関係を強めているロシアや北朝鮮と連携を図り、米国と日本など同盟国の軍事的な連携のかく乱を図ることも想定される。過去にも、朝鮮半島有事と台湾海峡有事の同時発生という複合事態が起きる可能性があるとみられていた。１９５０年に朝鮮戦争が勃発した際、米大統領ハリー・トルーマンは中国軍の台湾侵攻の可能性が強まったとみて、台湾に第7艦隊を派遣した。[38] 米国は現在、ロシア、中国、北朝鮮、イランなど複数の脅威に直面している。台湾海峡有事をきっかけに世界各地で複合事態が起きれば、「民主主義国家vs.専制主義国家」という構図の第3次世界大戦が始まるという最悪のシナリオをたどる恐れもある。

もちろん中国側も台湾奪取の試みが米中間の本格的な軍事衝突へと発展するリスクを理解しているため、米国の軍事介入をいかに防ぐかという点に主眼を置いて軍の近代化を進めてきたという経緯がある。中国がこれまでミサイルを始め、潜水艦、機雷、サイバー能力を高め、A2／AD能力の強化を図ってきたのも、米軍を遠方にとどまらせ、米中間の直接的な衝突を避けるためでもある。中国の軍事的な狙いは、米国や日本など同盟国による軍事介入を防いだうえで、台湾軍だけを相手に必要最小限の戦闘を行い、台湾統一という目標を達成することにある。

しかし、繰り返しになるが、米国の軍事介入が比較的難しいとみられている台湾の海上封鎖においても、台湾海峡において米中間で軍事的緊張が高まれば、両軍の偶発的衝突のリスクもまた高まっていくことになる。すでに台湾海峡では、中国軍艦船が演習中の米軍駆逐艦に100メートル余りの距離まで異常接近するなど、米中両軍は日ごろから偶発的衝突が起きる火種を抱えている。[39] 核戦略専門家エルズバーグは「優秀な人々がとてつもなく愚かな判断をしてしまう」と警告している。第2次台湾海峡危機当時、アイゼンハワー政権が核攻撃を検討していたように、比較的烈度の低いシナリオとみられる台湾の海上封鎖が始まりであっても、米中間の全面戦争、さらには破滅的な核戦争へと発展する可能性はだれも否定しきれない。

これまで米中対立の当事者である米中両国に焦点を当てて論じてきたが、次は日本の視点から考えたい。米中対立は日本の安全保障に重大な影響を与えている。米中対立の中で、日本の安全保障政策はどのように変化しているのか、そして、中国を抑え込もうとする米国の対中戦略の中に日本はどのように組み込まれているのか、検証する。

第8章 「対中抑止同盟」へと変質する日米同盟

1．日本にとって安全保障上の脅威とは何か

「見捨てられ」から「巻き込まれ」の局面に

2023年8月8日、台北市内のホテル。台湾外交部など主催のフォーラムで基調講演に立った自民党副総裁・麻生太郎は、台湾海峡で戦争を起こさせないことがいかに重要かを語り始めた。[1]

「我々は、日本、台湾、アメリカを始めとした有志の国に、非常に強い抑止力を機能させる覚悟が求められている」

そして、言葉を続けた。

「戦う覚悟だ」

麻生が強調したのは、台湾防衛に向けた「覚悟」を中国側に明確に伝えることこそ、中国に台湾侵攻を思いとどまらせる最大の抑止力になるという主張だ。麻生は続けて「日本のこの毅然とした態度は岸田政権のもと、それ以後も変わらない」と語った。

台湾側は、麻生発言を歓迎した。麻生は首相の岸田文雄を支える政権ナンバー2の実力者であり、台湾側からみれば、麻生発言は個人的見解にとどまらず、岸田政権として台湾防衛に向けた決意を示したと解釈できる。台湾には、麻生にとどまらず、自民党政調会長の萩生田光一や日本維新の会代表

の馬場伸幸ら日本の与野党政治家が続々と訪れており、日本としての台湾支援の表明を繰り返し行っている。

台湾側には、日本への期待感は強い。日本は中国とのライバル関係にあり、東アジアでは経済・軍事力で中国に次いでそのプレゼンスは大きい。ロシアのウクライナ侵攻直後、台湾人を対象とした世論調査でも、台湾有事の際に米軍よりも自衛隊の介入を期待する意見が上回ったほどだ。麻生の「覚悟」発言は、こうした台湾側の期待に応えるものだ。

しかし、麻生の勇ましい掛け声とは裏腹に、現実の国際政治では、日本の台湾支援は自主的というよりも、米国の対中戦略に組み込まれているという側面が強い。中国を「国際秩序を再構築する意図と能力を持つ唯一の競争国」と位置づける米国は、軍レベルで同盟国・友好国との相互運用性や統合運用能力を高め、米国の抑止力を強化するという「統合抑止（Integrated Deterrence）」を掲げている。[2]米軍は対中をにらんで第1列島線に沿って地上発射型中距離ミサイルの配備計画を持ち、日本は米国との緊密な連携のもと、防衛費の「GDP比2％」への大幅増額に踏み切り、敵国のミサイル発射基地などを叩く敵基地攻撃能力（反撃能力）の保有を決めた。国際関係論において、安全保障をめぐる同盟関係には同盟相手に対して「巻き込まれ」と「見捨てられ」の恐怖がつきまとうという理論がある。[3]こうした「同盟のジレンマ」は日米同盟にも当てはまる。日本は尖閣諸島国有化直後から中国の激しい攻勢にさらされたにもかかわらず、米国の中国に対する脅威認識が低いことに危機感を覚え、米国からの「見捨てられ」の恐怖を感じた。このため、尖閣諸島国有化以降の日本外交は、米国の中国に対する脅威認識を高めたうえで米国をインド太平洋地域に何とか引き込むことに注力してきたと言ってよいだろう。しかし、今では台湾海峡をめぐる米中間の緊張の高まりに今度は日本が「巻き込まれ」の局面を迎え、日米同盟は米国主導のもとの「対中抑止同盟」としての性格を強めている。

この章では、米中対立における日本の安全保障政策を検証する。

最初に、日本にとっての安全保障上の脅威とは何かを考える。筆者は日本にとっての大きな脅威は二つあり、一つは日本周辺で覇権主義的な動きを強める中国であり、もう一つは「内向化・不安定化」する同盟国・米国だと考える。

次に、これら中国と「内向化・不安定化」する米国という二つの安全保障上の脅威に日本はどう対処しようとしているのかを論じる。日本が力を入れて取り組んできたのが、①米国をインド太平洋地域につなぎとめる②自主防衛力の向上③米国以外の「同志国」との連携強化――である。

最後に、日本は現在の米中対立にどのように関与し、米国の軍事戦略に組み込まれているのかを分析したい。

中国という「これまでにない最大の戦略的な挑戦」

日本が自国の平和と安全を確保するうえで安全保障上の最大の脅威としてとらえているのは、中国である。

22年12月策定の安保3文書の一つ、日本版「国家安全保障戦略（ＮＳＳ）」では、中国が東シナ海や南シナ海で力による現状変更を試み、ロシアとの連携のもとに国際秩序に対して挑戦していると指摘し、中国の軍事動向を「これまでにない最大の戦略的な挑戦」と位置づけている。[4] 一連の表現は、米国版NSSの「米国にとって最も重大な地政学上の挑戦」「国際秩序を再構築する意図と能力を持つ唯一の競争国」[5]という中国への脅威認識と足並みをそろえた格好となった。

ただ、今でこそ米国は中国を「競争国」と呼び、その競争政策の激しさは日本政府関係者を驚かせるほどだが、実は、中国に対する脅威をいち早く認識したのは日本の方だった。

きっかけは、日本の尖閣諸島国有化にさかのぼる。

尖閣諸島国有化の衝撃

12年9月11日の尖閣諸島国有化は、戦後日本の安全保障政策の一つの大きな転換点になったといってよい。日本は戦後、竹島と北方領土を除き、本格的な国境紛争を経験していない。しかし、尖閣諸島国有化以降、中国公船が周辺海域で領海侵入を繰り返すようになり、日本は、無人島といえども、自分たちの領土が中国の攻勢で侵食されるかもしれないという脅威を肌身で感じるようになった。

尖閣国有化をめぐっては、中国側は日本が一方的に現状を変更したと主張するが、それに至る経過を子細にみると事実は異なる。尖閣諸島問題をめぐっては長年にわたって日中間の懸案であり、1978年に鄧小平が「棚上げ」論を提唱するなどしてきたが[6]、2008年に中国公船2隻が突然、尖閣諸島周辺の領海に侵入。さらに、10年には中国漁船が海上保安庁巡視船に意図的に衝突するという前代未聞の事件が発生した。民主党・菅政権が中国漁船の船長を処分保留のまま釈放したことに、日本国内の保守派を中心に怒りの声が吹き上がった。当時官房長官だった仙谷由人はのちに筆者の取材に「長期的に日中関係を考えれば、政治決着を図らなければいけないと思った」と超法規的措置の真相を明らかにしたが[7]、この中国漁船の海保巡視船衝突事件が、日本政府による尖閣諸島国有化を後押しすることになる。東京都知事の石原慎太郎が世論の不満を背景に、東京都による尖閣購入計画を打ち上げ、菅政権の後を引き継いだ民主党・野田政権が石原の先手を打つ形で尖閣諸島の国有化に踏み切った。

ただし、日本政府の尖閣諸島国有化の正当性は別として、尖閣諸島国有化がここまで日中間の最大の懸案になったのは、野田政権の国有化のプロセスに民主党政権特有の稚拙な政治手法があったことは否めない。国有化2日前、中国国家主席・胡錦濤は、訪問先のロシア・ウラジオストクでのアジア太平洋経済協力会議（APEC）の会場で、首相の野田佳彦と立ち話を行い、尖閣諸島国有化に踏み切らないように強い警告を与えている。しかし、野田は予定通り尖閣諸島国有化の閣議決定を行い、胡のメンツはまるつぶれとなった。野田政権の中国側への根回し不足は明らかだった。中国側は激怒し、国有化直後から尖閣諸島周辺では、中国公船が領海侵入を繰り返すようになった。いくら日本の国内事情があったとはいえ、中国側がどのような報復措置に打って出るかすら十分に予測せず、それに備えた対応も整えぬままに野田政権が尖閣諸島を急いで国有化したことで、結果的に日本の安全が長期間にわたって脅かされるものとなったことは否めない。

法執行重ねる中国海警船

国有化から10年以上が過ぎた今でも、石垣島から約170キロ、中国大陸から約330キロ離れた距離にある尖閣諸島の周辺海域は、日中間で最も緊迫した場所となっている。

「こちらは日本国海上保安庁巡視船である。尖閣諸島は日本の領土である」
「こちらは中国海警局。貴船の主張は受け入れられない。釣魚島（尖閣諸島の中国名）及びその付属の島々は古来から中国の固有領土である。貴船は我が国の領海に侵入した。直ちに退去して下さい」[8]
23年1月下旬、尖閣諸島周辺の海上で、日本の海上保安庁巡視船と中国海警局所属公船の間で緊張した口調のやりとりが行われた。

2021年、沖縄・尖閣諸島の周辺海域で、中国海警局所属の船（奥）を警戒する海上保安庁の巡視船＝海上保安庁提供

石垣市の委託した民間調査船が尖閣諸島を海上から視察したところ、4隻の中国海警船が民間調査船の動きに合わせて日本の領海内に侵入した。中国海警船は民間調査船と併走するように航行し、海保巡視船が中国海警船に領海から退去するように警告。幸いにも中国側と日本側の船の接触はなかった。[9]

日本の尖閣諸島国有化以来、中国海警船によるこうした領海侵入や接続水域内航行は、日常的な光景となっている。22年の中国海警船の領海侵入はのべ103隻にのぼり、接続水域内航行は過去最多の336日を記録した。とくに接続水域内航行をめぐっては20、21年も330日を超えており、ほぼ連日にわたって中国海警船の航行が確認されている。[10] 中国海警船が日本漁船に近づく動きを見せたり、機関砲搭載船が領海侵入をしたりしており、海保巡視船は中国海警船との偶発的な衝突のリスク

日本周辺海空域における最近の中国軍の主な活動

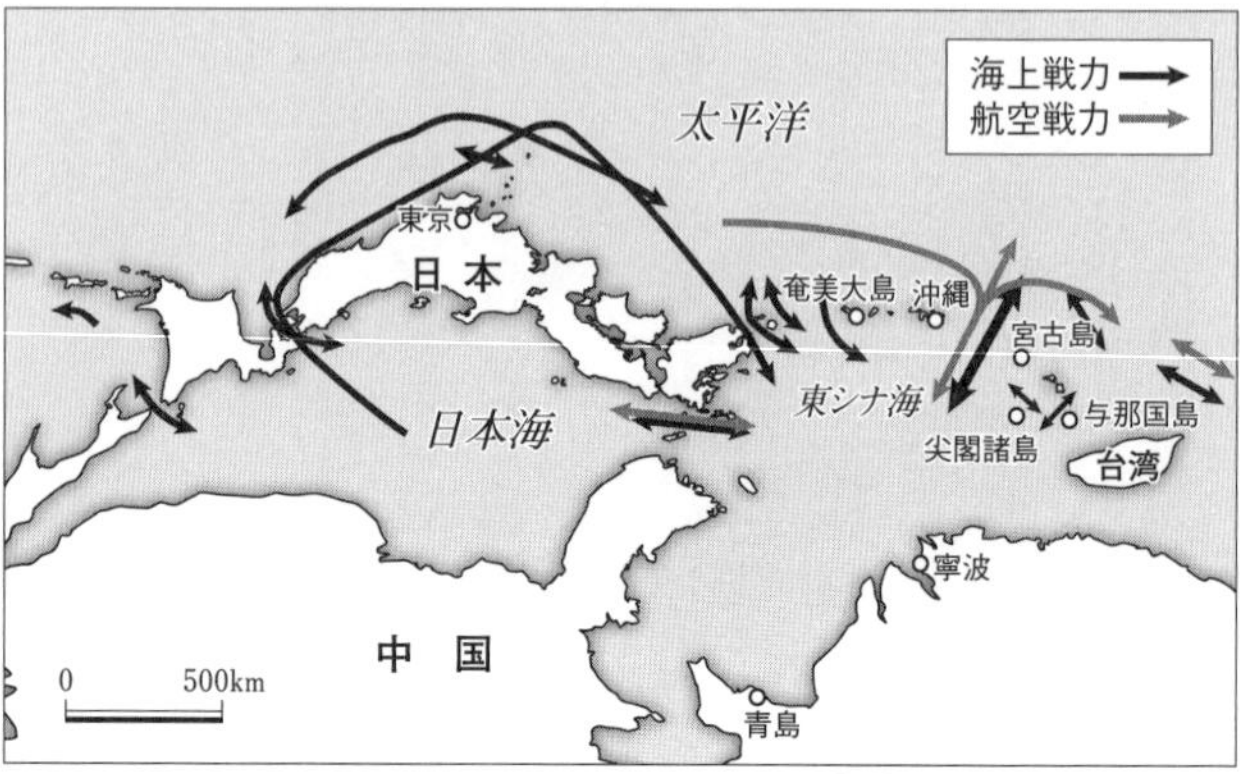

【注】防衛白書をもとに作成

を抱える中、24時間態勢で尖閣諸島周辺の警備を続けている。

日本にとってみれば、中国海警船の領海侵入や接続水域内航行は、明らかに力による現状変更の試みだ。

中国は尖閣諸島を「中国固有の領土」と主張しており[11]、中国には、日本の領域や接続水域内で中国海警船による法執行を積み重ねて常態化させることで、「尖閣諸島は日本固有の領土であることは歴史的にも国際法上も明らかであり、有効に支配している[12]」という日本の主張を無効化する狙いがある。これは、米下院議長ペロシの台湾訪問後に中国が大規模軍事演習を行って以降、中国軍機が頻繁に台湾の主張する「中間線」を越えて飛行し、「中間線」の無効化を常態化させようとしている動きと同じである。日本は、海保巡視船と中国海警船による偶発的な衝突が自衛隊と中国軍の本格的戦闘へと発展したり、中国が漁民を装った武装集団を尖閣諸島に上陸させる事案が発生したりする可能性があるとみている。日本は、尖閣諸島をめぐる中国側の攻勢を、自国の主権と領土を脅かすものとして極めて深刻に受け止めている。

日本にとって大きな気がかりが、沖縄など南西地域を含め、日本周辺の海空域で、中国が軍事活動を活発化させていることだ。中国軍艦は、沖縄本島と宮古島の間にある宮古海峡を、東シナ海と西太平洋を結ぶ重要ルートとして頻繁に利用している。中国側から見れば、九州から沖縄、台湾、フィリピンを結ぶ第1列島線はかつて米国が中国本土に近づくことを阻止するための「防衛ライン」としての性格が強かったものの、今では自分たちが太平洋へと進出するうえでの地理的な障害となっている側面もある。とくに日米は、南西地域において制空権、制海権を握っており、中国にとって目障りな存在だ。中国は、ロシアとも結んで日本周辺で共同軍事演習を盛んに行っている。

日本の安全保障にとって、北朝鮮の核ミサイル開発も大きな脅威である。日本版NSSでは北朝鮮の軍事動向を「従前よりも一層重大かつ差し迫った脅威」という強い言葉で表現している。北朝鮮の核搭載の弾道ミサイルが日本に着弾するリスクを考えれば、極めて深刻な問題だ。北朝鮮がロシアとの関係を急速に深めているのも日本にとって大きな懸念だ。ただし、誤解を恐れずに言えば、北朝鮮としては、あくまでも米韓の侵略から自国領土を守るために核ミサイル開発を行っているわけであり、中国が尖閣諸島周辺で行っているような日本領土・領海の「切り取り」を試みているわけではない。北朝鮮の第一の標的は米韓である。日本の防衛力強化をめぐっては、対北朝鮮を口実としているものの、実際には対中を念頭にしている部分もある。日本版NSSは中国を過度に刺激しないように中国の軍事動向について「脅威」という表現を使っていないが、中国の軍事動向を最初に記し、次に北朝鮮について言及しているように、日本は中国の脅威の方が北朝鮮よりも格段に大きいと考えている。

米国への依存強める日本

尖閣諸島国有化後、中国の脅威を強く感じた日本は、米国への依存をますます強めるようになった。パワーを重視する中国を押し返すには、日本側もそれに対抗するだけのパワーをもつ必要がある。とはいえ、日本は中国に対して物量面では全く太刀打ちできない。このため、米国を尖閣問題に巻き込み、日米同盟によって東シナ海における中国の海洋進出に対抗するという戦略を立てた。日本は米国との同盟をさらに深化させることで、日本周辺で攻勢をかけ始めた中国とのバランシングを図ろうとしたわけだ。

しかし、米国の動きはにぶかった。

尖閣諸島国有化当初、日本と米側の中国に対する脅威認識には大きな差があった。オバマ政権当時、筆者は米ハーバード大で客員研究員として研究していた時期があったが、その時に忘れられない出来事がある。大学を訪れた日本の経済団体と知日派の教授陣との意見交換会で、日本の経済団体側が尖閣諸島をめぐる窮状を訴え、「米国はどうやって日本を守ってくれるのか?」と切羽詰まった様子で問うた。しかし、米側の教授陣は、返答に困って顔を見合わせるだけだった。日本に精通する知日派の間でさえも、中国に対する日本側の認識とのギャップがあった。ましてやオバマ政権内には、日中関係の険悪化の主要因は、靖国参拝など安倍政権の右派的言動にあると冷ややかに見る向きもあった。一方、日本の外務・防衛当局者たちは、米国は中国に対して経済関係の強化ばかりに力を入れ、中国の覇権主義的な動きに目をつぶろうとしていると不満をもった。米国が、東シナ海や南シナ海における中国の動きを、米国にとっても安全保障上の脅威だと明確に認識するまでには、まだしばらくの時間が必要だった。

中国に対する日米間の認識のギャップに苦しみながら、日本が米側に熱心に働きかけたのが、尖閣諸島への「日米安保条約第5条の適用」表明である。

第5条には米国の対日防衛義務が明記されており、「安保条約の中核的な規定」と位置づけられている。[13]具体的には、日米両国は「日本国の施政の下にある領域における、いずれか一方に対する武力攻撃」に対し、「共通の危険に対処するよう行動する」と定めている。すなわち、在日米軍基地を含め、日本の「施政下」の領域内に対する武力攻撃に対し、日米両国は共同で日本防衛にあたることが規定されているのだ。もともと米国は、尖閣諸島の領有権を日中のどちらが持っているかを判断していない。ただし、尖閣諸島は日本の「施政下」にあることは認めており、このため、尖閣諸島も「日米安保条約第5条の適用」対象だという見解を従来よりもっている。国有化後、尖閣諸島周辺で中国の攻勢が強まると、日本政府は米政府に対し、首脳、外相、防衛相とあらゆるレベルの公式会談の場で、尖閣諸島への「日米安保条約第5条の適用」表明を要望するようになる。日本は、かつて江沢民が台湾問題に関して語った「大きな男」、つまり、米国という存在が自分たちの背後にいることを中国側に見せることで、尖閣諸島を守ろうとしたわけである。

一方、尖閣問題は、日米同盟をめぐる両国の力関係において、米国の「強み」となる一方、日本側の「弱み」としても機能するようになった。

オバマ政権以降の米政府は、日本側の要請に応え、日本側の公式会談のたびに共同声明や合意文書に、尖閣諸島への「日米安保条約第5条の適用」を盛り込むようになった。第5章でも述べたように、米国が実際に尖閣防衛に駆けつけるかどうかは高度な政治判断によるものの、米国は日中間の尖閣有事に介入し得る姿勢を中国側に示したわけである。とはいえ、米国は安保条約があるからといって自動的に尖閣諸島への「日米安保条約第5条の適用」表明をしているわけではない。その表明を行うかどうかについても米政権としての政治判断がある。このため、日本は米国の政権が代わるたびに表明を要望するという構図が生まれた。米国にとってみれば、日本は同盟国とはいえ、あくまでも他国である。日米関係の構造において、米国は尖閣問題をめぐって日本側に「貸し」を作り続け、日本には米側の別の要求により一層応えなければいけないという義務もここに生まれたわけである。

一方、日本は、また別の次元の深刻な問題に向き合う必要にも迫られた。頼りにしている米国の「内向化・不安定化」という問題である。

「内向化・不安定化」する米国という脅威

日本にとっての最大の脅威が中国であることは論をまたないが、もう一つの大きな脅威として日本の安全保障コミュニティの中でささやかれているのが、米国である。

正確に言えば、「内向化・不安定化」する米国である。

米国は9・11米同時多発テロをきっかけに始まった一連の対テロ戦争に疲弊し、国際的な関与を減らそうという「内向き」志向を強め、国内政治の「リベラルvs.保守」の対立激化で米内政は不安定化している。軍事同盟を組む唯一の相手である米国が内向化し、不安定化することは、日本の安全保障を危うくする。もちろん日本側の米国を不安視する見方は、表で語られることはない。同盟は条約のみならず相手国に対する信頼に基づいて成立しており、日本が米国への信頼が揺らいでいるというシグナルを出せば同盟関係そのものが危うくなりかねない。しかし、裏では、日本の外務・防衛当局者の多くが、米国の「内向化・不安定化」は、日本の安全保障にとって「変数」だと表現しており、その「変数」を考慮したうえで日本の外交安全保障政策を組み立てなければいけないと考えている。

変容する米国を自国にとっての安全保障上の脅威として懸念しているのは、日本だけではない。ほかの米国の同盟国・友好国も同様である。米国と「特別な関係」をもつイスラエルもそのうちの一つだ。

筆者が、米ジョンズ・ホプキンス大学高等国際関係大学院（SAIS）で研究していたとき、イスラエルでの研修で、同国の対外諜報機関モサドの元高官から、イスラエルにとっての安全保障上の戦略的脅威について講義を受ける機会があった。元モサド高官が第1の脅威として挙げたのがイスラエルの宿敵イラン、そして、第2の脅威として挙げたのが「米国の弱体化」だった。

元モサド高官の説明によれば、それまで米国が優勢だった中東地域のパワーバランスが壊れる決定的な瞬間だったのが、13年の米大統領バラク・オバマのシリア空爆をめぐる「レッドライン（越えてはならない線）」発言をめぐる米政権の対応だったという。オバマは当時、シリアのアサド政権による化学兵器使用を「レッドライン」だと表明していた。しかし、実際にアサド政権が化学兵器を使用しても、米政権はシリア空爆に踏み切ることはなかった。以来、イランは対外活動を活発化させ、サウジアラビアなども米国抜きの地域秩序形成を模索し始めたといい、元モサド高官は「オバマは中東地域の歴史を変えた」と語った。

一緒に研修に参加していた筆者の米国人同僚らの中には「米国の弱体化」という元モサド高官の見解に納得できない様子を見せる人たちもいたが、私は元モサド高官の語ったイスラエルと米国との関係は、米国の「内向化・不安定化」という脅威に直面している日本に酷似しているという印象をもち、元モサド高官の訴える危機感を理解することができた。

米国の「内向化・不安定化」の最も象徴的な出来事が、米国の利益を最優先とする「アメリカ・ファースト」を掲げた共和党のトランプ政権の誕生である。

ドナルド・トランプは16年米大統領選当時から、日本は安全保障面で米国に「フリーライド（ただ乗り）」しているという批判を繰り返してきた。もちろん日本にとってみれば、米国が日本防衛の義務を負う代わり、日本も米国に対して施設・区域を提供する義務を負っており、決して「フリーライド」ではない。しかし、そんな日本側の主張はトランプには通じない。トランプは選挙演説で、日本は在日米軍駐留経費負担を「１００％」支払うべきだと主張したうえで、こんな持論を展開し、聴衆たちから拍手喝采を浴びた。

「日本が北朝鮮から自国を守るのは難しいだろう。我々は日本との間で条約を結んでいるが、もし日本が攻撃されれば、我々は米国のもてる力を使わなければいけない。しかし、もし米国が攻撃されても、日本は何もしなくていいのだ。彼らは家にいてソニーのテレビを見ていればいいのだ[14]」

自由貿易に否定的なトランプは大統領に就任すると即座に環太平洋経済連携協定（ＴＰＰ）からの離脱を表明した。ＴＰＰはオバマ政権のもと、日米両国が多大な時間と労力をかけて設計した自由貿易協定だ。中国の経済的影響力の拡大に対抗するため、米国を中心とする自由貿易ネットワークを形成することが目的だったTPPは、米国のアジア政策の中核となる予定でもあった。それだけに、トランプ政権のTPP離脱によって、米国のアジア政策の中核部分は事実上「空白」となってしまった。さらにトランプは日米同盟に関しても「不公平な条約だ」と批判。[15]日本に対し、在日米軍駐留経費負担について、現在の3倍以上となる80億ドルを要求し、支払わなければ米軍撤退も辞さない構えを見せた。[16]

ただし、ここで重要なのは、トランプの「内向き」志向の政策は、トランプの強烈な個性のみならず、それを支持する米国市民の民意によって生じたという点である。リアリストの米国際政治学者スティーブン・ウォルトが『The Hell of Good Intentions: America's Foreign Policy Elite and the Decline of U.S. Primacy（善意の地獄：アメリカの外交政策エリートと米国優位の衰退）』で描き出したように、一連の対テロ戦争により疲弊した米国社会では、ごく少数のワシントンの「外交政策エリート」たちだけが米国の外交安全保障政策を独占し、米国の国家意思を決め、さらに「失敗」を重ねてきたことに対する不満が強まっている。[17]米国が世界各地で進めている米軍の前方展開戦略をめぐっても、米国市民の多くは、なぜ米国だけが莫大な経済的、人的コストをかけ、日本のような裕福な同盟国を防衛しなければいけないのかという根源的な疑問をもっている。日本は施設・区域を米側に提供する代わりに、米国は軍事力を日本側に提供しているので、日米は対等な関係にあるという理屈は、米国市民を納得させるものではない。彼らにとって、若い米軍兵士たちの命は極めて重く、突き詰めて言えば、「他国から提供されるモノ＝若い米軍兵士の命」という等価交換の図式は決して成り立つものではないのだ。また、多くの米国市民が、自由貿易についても、中国など労働賃金の安い国に米国内の製造業などの仕事がアウトソーシングされた結果、ウォールストリートの大金持ちを潤したとしても、米国内産業は空洞化したと考えている。トランプの訴えた「アメリカ・ファースト」は、地方に住む白人のブルーカラー層を中心とする米国市民のワシントンの「外交政策エリート」たちに対する怒りの声が具現化したものだともいえる。

こうした米国世論の大きな方向性は、民主党のバイデン政権になっても変わることはない。例えば、バイデン政権がTPPに復帰することはあり得ない。民主党は、自由貿易に反対姿勢を取る労働組合を支持母体に抱えている。米国のアジア政策の中核部分がいまなお事実上「空白」だという問題意識をもつ日本は、今でも繰り返し、米国にTPP復帰を呼びかけている。首相の岸田文雄は23年1月に訪米した際、SAISで講演し、バイデン政権にTPP復帰を呼びかけた。しかし、いまさら米国のTPP復帰に現実味はあるのだろうか。岸田の講演に出席した旧知の元オバマ政権高官に筆者がこう問うたところ、元政権高官は首を振って耳をふさぐジェスチャーをして、「バイデン政権のだれもが『これ以上言ってくれるな』と思っている」と打ち明けた。

米国の「内向き」志向に加え、米国内政治は「リベラルvs.保守」の対立激化でますます不安定化し、人種、銃規制、妊娠中絶、移民といったあらゆる問題で米国社会にはミシン目が走っている。20年に起きたジョージ・フロイド殺害事件をきっかけとした全米各地の大規模デモに見られるように、人々の不満はいつ爆発するかわからない。同年の米大統領選の結果をめぐっても、トランプ支持派が自分たちの負けた結果に納得せず、米連邦議会議事堂襲撃事件も起きた。24年米大統領選ではトランプの再選も予測されているため、バイデン政権が現在推し進めている政策の継続性についても、国内外から疑念の目が向けられているのが実情だ。

では、日本は「これまでにない最大の戦略的な挑戦」と位置付ける中国と、「内向化・不安定化」する米国という安全保障上の二つの脅威に対し、どう対処しようとしているのか。

2. 日本は安全保障上の脅威にどう対応しようとしているのか

米国をインド太平洋地域につなぎとめる

中国と「内向化・不安定化」する米国という脅威に直面する日本は、①米国をインド太平洋地域につなぎとめる②自主防衛力の向上③米国以外の「同志国」との連携強化——という三つの取り組みに力を入れ、自国の安全保障を確保しようとしている。

日本がこのうち最も重視しているのが、米国をインド太平洋地域にこれまで以上に深く関与させ、日本の安全保障問題に「巻き込む」ことだった。尖閣諸島国有化以来、日本は中国の攻勢にさらされ続けている。しかし、いくら中国が急速に軍事力を伸展させているといっても、米国の国防費は中国に比べて3倍も大きい。[18] 現在の米国は「世界の警察官」役をすでに降り、G・W・ブッシュ政権のような単独行動主義によって大規模な軍事作戦を展開するという意思は持っていない。とはいえ、世界的に見れば、米軍が中国軍に比べて圧倒的優位に立っていることに依然として変わりはない。そんな米国も、オバマ政権のもとで打ち出されたアジアへの「リバランス」政策に見られるように、インド太平洋地域に比重を移す必要性を感じていた。米国がこれまで中東地域に深く関わってきた理由の一つに石油資源の確保があったが、シェールガス革命によって中東地域への資源依存度は大幅に低下した。日本は、このタイミングにおいて米国のインド太平洋地域への関与を後押しするような政策を打ち出し、米国の軍事力を同地域に集中させようとしたわけである。

その柱が現在、日米両国の掲げる「自由で開かれたインド太平洋（FOIP）」構想である。

FOIP構想の創設は、首相の安倍晋三が果たした役割が大きい。もともと日本版FOIP構想は、安倍が16年8月、ケニア・ナイロビで開かれた第6回アフリカ開発会議（TICAD）で発表し、アジアとアフリカを結ぶという意味合いを込めて「インド太平洋」という名称を使った。安倍は演説で「日本は、太平洋とインド洋、アジアとアフリカの交わりを力や威圧と無縁で、自由と法の支配、市場経済を重んじる場として育て、豊かにする責任を担う」と語っている。[19] その後、FOIP構想は、対中国を念頭に、「自由」や「法の支配」という民主主義的な価値観を結集軸として、米国を始め、豪州、インド、東南アジア諸国連合（ASEAN）などと緩やかな連携強化を図る原動力となっていく。

とくにFOIP構想で特徴的なのが、アジア太平洋地域とインドという概念を結合させ、日米とインドとの関係強化を図ろうとした点である。安倍政権内には、米中2大国のほか、経済成長著しく、人口規模も間もなく中国を抜いて1位となろうとしていたインドも加えた米中印3カ国の「3G時代」が到来するという予測もあった。中国と国境紛争を抱えるインドには、中国の急速な軍事力の伸展に対する警戒心もある。安倍政権は、日本がインドとの関係を強化し、さらに日本が仲介役となって米印関係を強化すれば、日米印の連携によって中国にバランシングを図ることができると考えた。安倍は、米国との関係強化のみならず、インドにも積極的にアプローチし、インド首相のナレンドラ・モディを日本に招いて新幹線「のぞみ」に一緒に乗って懇談したり、山梨県鳴沢村の自身の別荘でもてなしたりして個人的な関係も深めた。

日本が生み出したFOIP構想には、発足直後のトランプ政権が飛びついた。「Anything But Obama」を遂行するトランプ政権は、オバマ政権の始めたアジアへの「リバランス」政策をそのまま踏襲することはできない。NSCアジア上級部長に就任したマット・ポッティンジャー（のちに大統領副補佐官）を中心とするホワイトハウスのチームが、トランプ政権のアジア政策をめぐる新たな概念を探していた。対中強硬派のポッティンジャーは、日本側と頻繁に水面下で情報交換を行った。米大統領トランプは17年11月、ベトナムで開かれたAPEC関連会合で米国版のFOIP構想を発表した。[20]トランプの最初に示したFOIP構想は、中国の「一帯一路」への対抗を念頭に、アジアにおける米国の新たな貿易政策の基本方針という色合いが強かった。その後、米国版FOIP構想は、軍事戦略的な性格を強めていき、米太平洋軍の名称も「インド太平洋軍」に改称。国防総省は「インド太平洋戦略」を発表し、同盟国・友好国とのネットワーク化を打ち出し、インドについても「米印関係を深化させ、新たなパートナーシップを構築する」と明記した。[21]

次のバイデン政権も、トランプ政権のFOIP構想を引き継ぎ、深化させた。日米豪印4カ国の戦略対話「QUAD（クアッド）」の初めての対面式の首脳会談をワシントンで開催し、2回目を東京で開催した。この「クアッド」に加え、米英豪3カ国の安全保障協力の枠組み「AUKUS（オーカス）」が米国にとって中国に対抗するための最重要の多国間の枠組みであり、いずれの枠組みも米国版ＦＯＩＰ構想を基調として組み立てられたものだ。中国はクアッドとオーカスを自国の安全保障に対する脅威ととらえ、「冷戦思考」として激しく反発している。[22] ただし、米国のインド太平洋地域における戦略は、前述の通り、米国のＴＰＰ離脱のため、周辺国を経済的に引きつける魅力に欠けているのが難点だ。バイデン政権は新たに経済圏構想「インド太平洋経済枠組み（ＩＰＥＦ）」を打ち上げたものの、関税削減で市場開放を目指すわけではなく、周辺国に参加するメリットは低い。とはいえ、日本がもともと生み出したＦＯＩＰ構想は、米国がインド太平洋地域に関与を深めるために一定の役割を果たしているのは事実だ。

自主防衛力の向上

日本は、米国をインド太平洋地域につなぎとめようとすると同時に、自主防衛力の向上に力を入れ始めた。日本の外務・防衛当局者は、米国で高まる「フリーライド（ただ乗り）」批判に神経をとがらせてきた。米国社会で日本に対する不満が強まれば、日米同盟が根幹から揺らぎかねない。ワシントンの安全保障コミュニティからも、日本が世界有数の経済大国であるにもかかわらず、その地位にふさわしい負担をしていないという批判は強まっていた。日本の外務・防衛当局者は、「内向き」志向の米国が、有事の際に日本防衛に駆けつけることをためらいかねないと恐れ、次の二つの取り組みを通じ、日本の自主防衛力を向上させて米側の負担を減らし、米国の日本に対する不満を静めようとした。

第1の取り組みが、防衛費の大幅な増額である。

日本の防衛費増は、米国にとってインド太平洋地域における自分たちの負担を減らすための最重要課題だった。日本の防衛費はこれまでGDP比で1％以内におおむね抑えられてきた。しかし、米国はNATO加盟国に対し、国防費のGDP比2％の目標を達成するように繰り返し要求してきた。複数の日米関係筋によると、米側は水面下で日本に対しても様々なチャンネルを使い、NATO加盟国並みの防衛費増への期待感を示し続けてきた。米国からの「見捨てられ」を恐れる日本にとって、米国が日本に示す強い期待感は、事実上の圧力となる。まず自民党は21年秋の総選挙の政権公約で、防衛費について「NATO諸国の目標水準（国防予算の対GDP比2％以上）も念頭に、防衛関係費の増額を目指（す）[23]」と明記。自民党の打ち出した防衛費2％方針は、22年末策定の日本版NSSに盛り込まれ、「（防衛費の）予算水準が現在の国内総生産（GDP）の2％に達するよう所要の措置を講ずる」という国家目標が掲げられた[24]。岸田政権は米国の期待感に満額回答を出して応えたのである。

バイデンは、日本の防衛費2％方針に、喜びを隠しきれない様子だった。バイデンは23年6月、カリフォルニア州で行われた選挙集会で支持者を前に演説し、広島サミットも含めて様々な場面で3回にわたって首相の岸田文雄を「説得した」結果、日本が前例のない規模で防衛費を増額したと語った[25]。バイデンは翌月、リトアニアで開かれたG7の共同宣言を発表する式典の冒頭、「彼（岸田）は軍事予算を増やし、日本を強化した。私はこの公の場で再度感謝の念を伝えたい」と隣にいた岸田に語りかけた[26]。さすがに日本側は、バイデンの「説得した」という発言にはのちに訂正を申し入れたものの、バイデンとしては米側の働きかけがあったからこそ日本の防衛費の大幅増は実現したと受け止めていたし、実際に米側の強い期待感に突き動かされる格好で日本側が大幅増に踏み切った側面があることも事実だ。バイデンにとってみれば、日本側の防衛費増は、米国と同盟国の関係をめぐる米国市民の不満に対応したものであり、大統領選に向けてアピールポイントになるものでもあった。

日本の自主防衛力向上に向けた第2の取り組みが、敵基地攻撃能力（反撃能力）の保有だ。

敵基地攻撃能力は、日米同盟の役割分担上、日本が保有してこなかった能力である。敵基地攻撃能力は、日本へ武力攻撃を行う敵国の領域内にあるミサイルなどの発射基地を攻撃する能力で、政府見解では「法理的には自衛の範囲に含まれ、可能である」[27]とされてきた。ただ、日米同盟においては長年、平和憲法の精神に基づいて専守防衛に徹する自衛隊は「盾」、米軍は「矛」という役割分担だったため、日本は政策判断として敵基地攻撃能力という「矛」にあたる攻撃力をもつことはなかった。

しかし、中国が日本周辺で覇権主義的な動きを強め、北朝鮮の核ミサイル問題も深刻化してくると、安倍政権のもとで敵基地攻撃能力をもつことが本格的に検討され始め、オバマ政権との間で水面下の協議も開始された。日本が敵基地攻撃能力をもつというのは、米軍の攻撃力の一部を自衛隊が肩代わりするということになり、日米間の綿密な調整が不可欠だったからだ。敵基地攻撃能力の保有をめぐって、日本側は終始積極的だったが、オバマ政権は当初、慎重姿勢を示した。日本が敵基地攻撃能力をもつことでとくに中国を刺激することを恐れたからだ。その後、トランプ、バイデン政権になって米中競争が激しさを増すに従い、米政権はこれまで米軍だけが担ってきた「矛」の一部を自衛隊に担わせて統合的に運用する方が、日米の抑止力を高めるうえでより効率的だと考えるようになる。敵基地攻撃能力の保有は、日本の防衛費2％方針を打ち出した日本版ＮＳＳに「反撃能力」という名称で明記され、日本は日米同盟における「矛」の能力も持つことが決まった。[28]

とはいえ、実用化に向けた技術的な課題は多い。日本の敵基地攻撃能力を担う長射程ミサイルは、米国製の巡航ミサイル「トマホーク」（射程約1600キロ）や国産の12式地対艦誘導弾能力向上型（同約1000キロ超）などだ。中国沿岸部も標的に入れるほどの射程を誇るが、そもそも自衛隊には長射程ミサイルの標的を定める能力がないため、米国の人工衛星が集めた情報などを頼りにしなければいけない。日本の敵基地攻撃能力を実用化するためには、日米間で今後、情報収集やターゲティングをめぐってさらなる連携強化を図っていく必要がある。

一方、米国が「内向き」志向となって日本側に安全保障面においてさらなる負担や米軍の能力の一部肩代わりを求めてきたことは、自主防衛力の向上を長年願ってきた日本の国内政治グループにとっては、大きな好機でもあった。米国の対日政策に長年深く関わってきた元米政府高官は、歴史的な観点から日本の国内政治グループを次の四つに分類している。

①「吉田ドクトリン」派（主流派。経済を重視）
②「自主外交」派（反主流派。再軍備と憲法改正を主張）
③左派（平和主義。親中派）
④「サラミスライス（時間をかけて少しずつ変化させる戦略手法）」派（米国との緊密な協力のもと、旧日本軍の能力復活を目指す）

このうち「自主外交」派は、「真の独立日本」を訴えた元首相・岸信介を系譜とするグループであり、「サラミスライス」派の典型的な政治家は、その岸の孫である元首相・安倍晋三といえる。とくに憲法解釈の変更による集団的自衛権行使の限定容認や安全保障法制の策定など、戦後日本の安全保障政策の近年の転換は、米国との関係を深化させると同時に自衛隊に旧軍の能力を徐々に取り戻させることを目指している「サラミスライス」派の影響が大きかったといえるだろう。

「同志国」との連携強化

日本が同盟国・米国以外の「同志国」と安全保障をめぐる連携強化を図る動きも顕著になりつつある。これは日本が米国と「同志国」の関係強化を仲介すると同時に、米国が今後さらなる「内向化」を進めてインド太平洋地域への関与が薄れた場合のリスクへッジをかける動きでもある。「同志国」とは、「like-minded countries」の訳語であり、その定義は「ある外交課題において目的を共にする国」[29]といういあいまいなものだ。具体的に、日本版NSSが「同志国」として言及しているのは、豪州、インド、韓国、欧州諸国、ASEAN、カナダ、NATO、欧州連合（EU）だが、「同志国」の定義で民主主義的な価値観に触れていないのは、ベトナムといった共産主義国家もこれに含まれるからだとみられる。重要なのは、政治体制ではなく、外交課題を共有しているかどうかであり、現在の日本にとって最大の外交課題とは、「これまでにない最大の戦略的な挑戦」と位置づける中国の軍事動向である。「同志国」とは、日本と同様に、中国という安全保障上の脅威に対処しなければいけないという外交課題を共有する国のことであり、「同志国」との連携強化とは、すなわち対中抑止力の強化を図っていくことにほかならない。もちろん日本は「同志国」との関係を強化していくことで同盟国・米国と「同志国」の橋渡しの役割も果たしていきたい考えで、日本版NSSでは「同盟国・同志国間のネットワークを重層的に構築する」ことも掲げる。ただ、日本の外務・防衛当局者たちの多くが語るように、米外交の先行きは日本の安全保障にとって「変数」でもある。このため、日本は米国以外の国々とも連携し、対中抑止力の強化を図っていく必要性にも迫られているのだ。

とくに日本が「同志国」として関係強化に力を入れている相手が、「準同盟国」に位置づけている英国、豪州に加え、NATOとASEANの海洋国家だ。

深化する日NATO関係

ウクライナ戦争が始まって以降、急速に安全保障協力が深まっているのが、日NATO関係である。首相の岸田文雄は22年6月、マドリードで開催されたNATO首脳会議に、日本の首相として初めて出席した。岸田は、中国の台湾侵攻を念頭に、「ウクライナは明日の東アジアかもしれない」と強い危機感を表明した[30]。「欧州とインド太平洋の安全保障は切り離せない」とも述べ、日NATO間でサイバー分野や海洋安全保障分野における協力、相互の演習へのオブザーバー参加を拡充する考えを示した。

一方、NATO側も日本に対するアプローチを強めている。NATOは関係強化を推進するインド太平洋地域のパートナーとして、日本、韓国、豪州、ニュージーランドの4カ国を指定した。NATO事務総長のイェンス・ストルテンベルグは23年1月、東京を訪問して岸田と会談し、両者は共同声明で「日NATO協力を新時代の挑戦を反映した新たな高みへと引き上げる」と強調した[31]。

日本がNATOとの関係強化を図るのは、日本にとって中国の脅威が増していることが大きな要因である一方、NATOの日本接近は、NATOにとって最大の脅威であるロシアが中国との関係を深めていることが大きい。

ロシアのウクライナ侵攻後、中国は欧米による前例のない大規模な制裁に繰り返し反対の意向を示し、ロシアのプーチン政権を支援する姿勢を明確に示している。中国はロシアからのエネルギー供給を増やし、22年における中ロの貿易額は過去最高を記録した。[32] 中ロの密接な協力関係について、ストルテンベルグは「我々は、ロシアや中国のような権威主義国家の台頭する危険な世界を目撃している。両国は関係を緊密化させている」と強い危機感を示している。[33] NATOは、ロシアを自分たちに対する直接的な脅威としてとらえていると同時に、中国とロシアという権威主義国家同士が協力関係を深めることで、ロシアが軍事的、経済的に強化され、その結果、ウクライナ、そして自分たちがロシアとの対立の中で劣勢に立たされることを恐れているのだ。

緊迫する欧州情勢のもと、NATOは22年6月、長期的な行動指針を示す「戦略概念」を12年ぶりに改訂し、中国からの「挑戦」に初めて言及した。「戦略概念」では、ロシアを「脅威」と位置付けるとともに、中国の政策を「我々の利益、安全保障、価値観に対する挑戦だ」と非難した。[34] NATOの支援するウクライナがロシアに勝利するためには、ロシアの抑止だけでは不十分であり、最大の対ロ支援国である中国を抑止しなければいけない。このため、NATOは、中ロへの対抗のために、大西洋とインド太平洋地域の民主主義国同士が安全保障をめぐって手を携えることが死活的に重要だと考えている。

中ロを抑止するという目標のもと、NATOがインド太平洋地域の国々の中で最も期待しているパートナーが、日本だ。東アジアで経済力、軍事力ともに存在感をもち、中国とは軍事的に競争関係にある。日本はウクライナ戦争をめぐっても、G7メンバー国として大規模な経済制裁に参加し、対ロ対策で欧米諸国と足並みをそろえる。中ロの対抗勢力との関係強化を狙うNATOにとって、日本はインド太平洋地域における最適なパートナーといえる。

とはいえ、日本がNATOに加盟することは事実上不可能だ。北大西洋条約第5条は、ある加盟国に対して武力行使があれば、その攻撃を全加盟国に対する攻撃とみなし、加盟国は集団的自衛権を行使すると規定する。しかし、第6条は、その対象地域を「欧州または北米における加盟国の領域」などと限定している。[35]つまり、インド太平洋地域における中国の武力行使に対し、第5条の適用を受けたいと希望するならば、条約改正の必要も出てくる。

仮に日本が加盟して条約が改正されれば、NATOの性格は根本的に変わることになる。NATOの集団防衛範囲は、欧州・北米からインド太平洋地域へと飛躍的に拡大し、ロシアのみならず、中国もNATOの仮想敵国となる。NATO加盟国の中には、集団防衛範囲の拡大で自分たちの軍事負担と役割が増えることや、日本の加盟で中国を刺激することに懸念の声も出てくるだろう。NATOが新しい「戦略概念」で中国を「脅威」とは呼ばず、「挑戦」という抑制的な言葉を使用したのは、フランスとドイツが反対したからとされる。[36]NATO加盟国の中には、ロシアに直接の脅威を感じる一方、中国と強い経済的つながりをもっている国は多い。米国は日本のNATO加盟を支持する可能性はあるが、中国との正面対決を望まない欧州の加盟国が、日本の加盟に反対する可能性は高い。

次に、日本側にも、憲法9条という大きな法的制約がある。安倍政権当時の14年の閣議決定で、個別的自衛権行使だけを認めてきた憲法9条の従来解釈が変更されたことで、日本は集団的自衛権を行使できるようになった。しかし、その新しい憲法解釈においても次の「武力行使のための新3要件」を課されているため、日本は他国とは異なり、集団的自衛権を限定的な場面でしか使うことはできない。[37]

（1）我が国に対する武力攻撃が発生したこと、又は我が国と密接な関係にある他国に対する武力攻撃が発生し、これにより我が国の存立が脅かされ、国民の生命、自由及び幸福追求の権利が根底から覆される明白な危険があること

（2）これを排除し、我が国の存立を全うし、国民を守るために他に適当な手段がないこと

（3）必要最小限度の実力行使にとどまるべきこと

現行の集団的自衛権行使を限定的に認めている憲法解釈のもとでは、日本はNATOのような集団防衛組織に加入することはできない。日本がNATOに加盟するためには新たな憲法解釈変更か、もしくは憲法9条改正が必要だ。これに加え、日本の国内世論はそもそも日本がウクライナ戦争に巻き込まれることに対する警戒感が強い。だが、そもそも日本が欧州での戦争に主体的に関わる覚悟なしに、欧州を集団防衛範囲の中心とするNATOに日本が加盟するのは難しい。日本のNATO加盟は、現在の日本の政治情勢を考えれば、現実的な選択ではない。

日本のNATO加盟が事実上不可能であるならば、日本はNATOの主要パートナーとして対中を念頭に協力を強化することに傾注するべきだろう。同時に、日本は、NATO加盟国と個別に協力を深める必要もある。日本が関係強化を図るべき候補の国々は、これまでも日本との防衛協力を積極的

に行ってきた英国、フランス、ドイツになるだろう。日本が豪州とともに「準同盟国」と位置づける英国は21年9月、英空母クイーン・エリザベスを日本に派遣し、日本と共同訓練を行った。フランスは同年5月、仏練習艦隊ジャンヌ・ダルクを日本に派遣し、仏軍は初めて日本国内での共同訓練に参加した。ドイツは「インド太平洋ガイドライン」を策定しており、同年11月には独フリゲート艦バイエルンを日本に派遣した。[38] こうした日本と同じ民主主義的価値観を共有する欧州の国々を1カ国でも多くインド太平洋地域に関与させることは、台湾統一に武力行使の構えも辞さない中国を牽制することにつながる。

とはいえ、日本とNATO加盟国との安全保障協力にも、限界はある。ロシアのウクライナ侵攻をめぐって明らかになったように、NATO加盟国は加盟国に対する攻撃がない限り、集団的自衛権を行使することはない。このため、NATOはウクライナへ武器は送っても、部隊を送ることはなかった。これは、中国の台湾侵攻においても同じことがあてはまる。第7章でも触れたが、もし中国が台湾を攻撃すれば、同時に日本有事が起きる可能性がある。しかし、その場合、いくら日本と欧州各国が平時の安全保障協力を深めていても、NATOに加盟していない日本に対し、欧州各国が集団的自衛権を発動して日本防衛に駆けつける可能性は低い。つまり、日本とNATO加盟国との安全保障協力は、平時は有効であっても、有事は機能しない公算は高く、日米同盟と同じ次元まで高めることはできないのが実情だ。

ASEANの海洋国家への支援

NATO諸国との安全保障協力強化と同様に、日本が「同志国」との関係強化に乗り出している相手が、ASEANの海洋国家だ。

23年12月17日、東京で開催された日ASEAN友好協力50周年を記念する特別首脳会議。首相の岸田文雄は「現在、国際社会は歴史の転換点にあり、法の支配に基づく自由で開かれた国際秩序は重大な挑戦を受けている」と訴えた[39]。

首相発言の念頭にあるのが、中国だ。東シナ海では尖閣周辺で領海侵入を繰り返し、南シナ海では軍事拠点化を進めている。とくに南シナ海は日本のエネルギー輸送にとって重要なシーレーン（海上交通路）に位置しており、日本は中国の海洋進出を押し返すため、ASEANの海洋国家と連携強化を図らなければならないと考えている。このため、特別首脳会議の共同ビジョン声明にも「海洋安全保障協力を含む安全保障協力を強化」を盛り込んだ[40]。

日本がASEANの海洋国家の中でもとくに重視しているのが、「同志国」と位置づけるフィリピン、ベトナム、インドネシアの3カ国だ。いずれも南シナ海において中国との間で領有権や海洋権益を争っている。とくにフィリピンとは、自衛隊とフィリピン軍が共同訓練をする際の入国手続きなどを簡略化する「円滑化協定」の締結に向けて正式交渉入りで合意している。日本がフィリピンと協定を締結すれば、日本が「準同盟国」と位置づける豪州、英国に続いて3カ国目となる。また、フィリピンに対しては、日本が「同志国」の軍隊に防衛装備品などを無償提供するために創設した「政府安全保障能力強化支援（OSA）」を初適用し、フィリピン海軍への沿岸監視レーダーシステムの提供を決めた。

日本が進めている海洋安全保障をめぐるASEAN諸国との連携強化は、米国との緊密な連携のもとで行われている。米国は、とくにフィリピンとベトナムとの関係強化の構築に力を入れている。フィリピンとは対米関係を重視するマルコス政権との間で、米軍が一時的に駐留できる拠点を従来の5カ所から9カ所に増やし、新たに台湾に近いルソン島北部もその中に含めることで合意した。岸田は23年11月にフィリピンを訪問して議会演説をした際、「同盟国・同志国の重層的な協力が重要だ」と述べ、日米比3カ国の安全保障協力を強化する考えを示している[41]。一方、かつて戦争で敵対した米ベトナム両国も、対中を念頭に急速に関係改善が図られており、米大統領バイデンが同年9月、ハノイを訪問し、ベトナムの最高権力者である共産党書記長グエン・フー・チョンと会談し、両国関係を「包括的戦略的パートナーシップ」に格上げすることで合意。日本も、東京で行われた岸田とベトナム国家主席ボー・バン・トゥオンとの首脳会談で、日ベトナム関係を「アジアと世界における平和と繁栄のための包括的戦略的パートナーシップ」に格上げすることで合意した。

日米がASEANとの連携強化を図るのは、東南アジアが米中競争の最前線となっているからだ。日米にとっては、米国版NSSで「東南アジアの友好国と深い絆を追求する[42]」と強調しているように、ASEAN諸国を味方につけて「中国包囲網」を形成したいという思惑がある。一方、中国は東南アジアを自国の安全保障に直結する「裏庭」にあたるとみなし、自分たちの影響力をASEAN諸国に拡大することで、自国の安全を確保しようと考えている。常設仲裁裁判所の判決を無視し、南シナ海で軍事拠点化を進めると同時に、巨大経済圏構想「一帯一路」を通じ、ASEAN諸国に莫大なイン

ASEAN各国への日本の主な安全保障支援

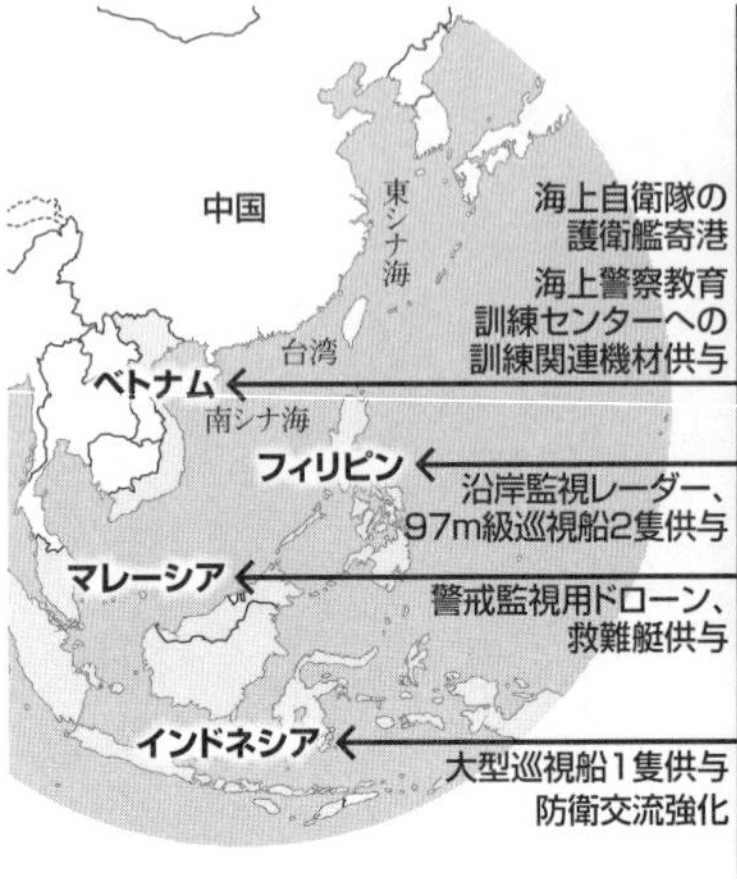

フラ投資を行っているのも、こうした安全保障上の理由が関係している。09年以降、ASEANにとって中国は最大の貿易相手国となっており[43]、東南アジアをめぐる米中の経済競争は、中国の方が米国よりも有利に展開している。とくにカンボジアやラオスなど、中国との間で南シナ海における係争事案をもたない国々には中国の影響力は極めて強い。これに対し、日米は、南シナ海問題をめぐっては「法の支配」を前面に打ち出し、中国の「一帯一路」に対しては「借金漬け外交」の批判を強める。「日米vs.中国」のもと、双方がASEAN諸国を自分たちの陣営に引き入れようとしのぎを削っている。

ただし、日本の安全保障分野をめぐるASEAN支援には二つの問題があることを指摘しておきたい。

第1に、日米が緊密な協力のもとで関係強化を図っているASEAN諸国だが、完全に日米側の陣営に引き入れることは難しい。これまで大国間のパワーゲームに翻弄されてきた歴史をもつASEAN諸国は、米中競争をめぐり、米国側に立つか、中国側に立つか、と白黒を明確につけるような態度を迫られることを嫌う。各国はそれぞれ対米、対中関係をめぐって温度差はあるものの、東南アジア地域の平和と安定を保つためには、「バランス外交」が重要だという考え方は共通している。このため、ASEANは、日米の提唱する「自由で開かれたインド太平洋（FOIP）」構想とは距離を取り、自分たち独自の指針である「インド太平洋に関するASEANアウトルック（AOIP）」を策定して、インド太平洋地域を「対抗ではなく協力と対話」の場として位置づけ、米中競争から距離を置く姿勢を示している[44]。日米が安全保障問題をめぐって最も懸念している台湾海峡有事についても、ASEAN側は「中立」の態度を取る可能性が高い。日NATO関係と同様に、有事の際に日本はASEAN諸国の支援を期待することはできない。

第2に、日本のASEANへの海洋安全保障協力は中国の牽制につながると同時に、日本が南シナ海の係争事案に巻き込まれる可能性が出てくる。日本のASEANの海洋国家に対する支援は、南シナ海における中国の現状変更の試みを防ぐことが日本のシーレーンの安全確保という国益につながると考えているからだ。日本はすでにフィリピンやベトナムに巡視船を供与しているが、武器輸出を制限している防衛装備移転三原則と運用指針を見直して輸出規制を大幅に緩和したことで、今後はOSAの枠組みを利用し、各国軍隊に殺傷兵器の完成品の供与も可能となる。中国と南シナ海で対峙しているASEAN各国は日本の軍事支援によって海軍力を向上させることになるだろう。ただし、重要な点は、南シナ海における係争事案の緊迫度は極めて高いということだ。とくに中国とフィリピンとの間では、フィリピン船が中国海警船から放水銃を浴びせられたり、中国側のレーザーの照射を受けてフィリピン船の乗組員が一時的に失明したりするなど、小競り合いのレベルとはいえ、すでに偶発的な衝突ともいえる事案が頻発している。日本がこれまで南シナ海問題に直接的な関与を控えてきたのも、こうした係争事案に巻き込まれることを避けるためだった。しかし、今後は仮に中国と日本が軍事支援する「同志国」との間で戦闘が起きれば、「同志国」は日本にさらなる軍事支援を期待するだろうし、中国も日本への敵対行為を強めてくる可能性がある。こうした点を考えると、日本のASEAN諸国への軍事支援は、平時における中国牽制とは別に、南シナ海における有事への日本の関与についても十分にシミュレーションをしたうえでの政策決定なのか、疑問も残る。究極的には、尖閣諸島とは異なり、日本は南シナ海に領有権をもっていない。南シナ海のシーレーンが日本にとって重要であることは論をまたないが、日本が各国の抱える複雑な係争事案に軍事的に深入りすることで、逆に日本の安全を脅かすリスクはないのか、ASEAN諸国との安全保障協力のあり方については今後も注意深く検証する必要があるだろう。

3. 米中対立に日本はどう巻き込まれているか

「台湾海峡の平和と安定の重要性」

12年の尖閣諸島国有化以降、日本の外務・防衛当局者は米国をいかにインド太平洋地域に引き入れるかに腐心し続けた。とくにオバマ政権の前半は、米国の中国に対する警戒感が低いことに日本は強いいらだちを覚えていた。

しかし、今やその日米の立場は逆転しつつある。

日本の安全保障政策は、米国の対中戦略に巻き込まれる格好で推し進められ、日米同盟は「対中抑止同盟」としての性格を強めている。

その最大の焦点は、台湾だ。

21年4月16日、ホワイトハウス。米大統領バイデンが就任して初の対面式の日米首脳会談が行われた。会談後の共同記者会見で、バイデンの横に並んだ首相の菅義偉は、記者団から首脳間の共同声明に「台湾海峡の平和と安定の重要性」という文言が明記されたことを問われ、淡々とした表情でこう語った。

「『台湾海峡の平和と安定の重要性』は、日米間で一致しており、今回改めてこのことを確認した」[45]

日米首脳間の文書で「台湾」に触れるのは、日本が1972年に中国との国交を正常化し、台湾と断交して以来、初めてのことだった。

背景にあるのが、日本など同盟国・友好国の連携を軸に、中国の台湾への圧力を押し返そうとするバイデン米政権の戦略だ。

米国はしたたかに動いた。

まず首脳会談前に外堀を埋めることから始めた。3月、バイデン政権発足後初めての日米外務・防衛担当閣僚会合（2プラス2）が東京都内で行われ、共同声明では日本側の要望に応じ、尖閣諸島に対する「日米安保条約第5条の適用」を盛り込んだ。しかし、代わりに米側が日本側に要求したのが、「台湾海峡の平和と安定の重要性」という文言だった。

日本政府関係者の一人は取材に「米国にとってみれば、日本側の要望に満額回答を与えたわけであり、『我々は日本の要望に応えた。では、日本は対中政策で具体的に何をやってくれるのか?』という態度だった」と振り返る。

日本政府側は首脳会議の共同声明に「台湾海峡の平和と安定の重要性」を盛り込むことに慎重だった。しかし、日米首脳会談前日の4月15日には、米政権高官が電話会見に応じ、首脳会談についてのバックグラウンドブリーフィングを行った。[46] 米政権高官は、3月の日米2プラス2に言及したうえで、日米間で最終調整中の今回の首脳間の共同声明の書きぶりに触れ、「最近の日米間の対話とも一致している」と踏み込んだ。メディアは一斉にこれを報じ、首脳会談の共同声明における「台湾」明記の流れを一気に作り上げた。日本政府にとっては、米側が事前に「台湾」明記の方向性をメディアに語るのは想定外のことだった。

今回の日米交渉の舞台裏で主導的な役割を果たしたのが、米国家安全保障会議(NSC)インド太平洋調整官カート・キャンベルだ。米政府関係者によると、日米首脳会談直前、極秘に東京を訪問し、日本側と折衝して共同声明案の詰めの作業を行った。

米側にとって、首脳間で「台湾」を確認できた意義は大きい。バイデン政権の対中戦略では同盟国との連携を最重視しており、台湾海峡をめぐる問題でも日本に同一歩調を取るように迫ることができる根拠を首脳レベルの意思確認を通じて手に入れたからだ。

日本にとって、緊迫する台湾情勢のもと、日米同盟の局面は「見捨てられ」から「巻き込まれ」に変わってきている。もともと日本の外務・防衛当局者は尖閣諸島国有化後、米国をインド太平洋地域における対中抑止に引き込むことを画策した。しかし、トランプ政権以降、米国が中国を「競争国」

と定義し、ここまで激しく中国との競争をするとは予想していなかった。台湾問題をめぐる米中間の対立をめぐっては、ペロシの台湾訪問をきっかけに「第4次台湾海峡危機」が起きたように、中国による台湾の海上封鎖などをきっかけに偶発的衝突が起きるリスクを常に抱えている。バイデン政権が策定した国家安全保障戦略（NSS）に盛り込まれている「統合抑止（Integrated Deterrence）」は、軍レベルで同盟国・友好国との相互運用性や統合運用能力を高め、米国の抑止力を強化する戦略だ。[47]米国の掲げる「統合抑止」のもと、日本はインド太平洋地域における米国の最も重要な同盟国として、対中抑止の役割を果たすことが期待されている。日米同盟の深化に伴い、自衛隊と米軍のオペレーションをめぐる一体化は進んでおり、日本の安全保障政策は米国の軍事戦略の中にすでに組み込まれている。

第1列島線への中距離ミサイル配備

米中競争をめぐり、日本が米国の対中戦略に「巻き込まれ」ている一つの事例が、米軍の計画している第1列島線に沿った地上発射型中距離ミサイルの配備計画だ。

米軍は九州・沖縄から台湾、フィリピンを結ぶ第1列島線に沿って対中をにらんだミサイル網を構築する計画を進めている。米国は配備先として第1列島線の延長線で中国に近接している日本国内を有力候補地と考えており、実際に配備となれば、日本は米中対立の最前線として軍事的緊張を強いられることになる。

「中国は今世紀半ばまでに米国より軍事的な優位性をもつ考えを公言している。強力な経済力を持ち、徹底的に資源を投資するつもりだ」

米統合参謀本部議長マーク・ミリーは21年6月中旬、上院公聴会で強い危機感を示し、こう強調した。[48]

「米国は平和と抑止を続けるために軍事的な優位性を維持しなければいけない。失敗すれば、将来の世代を大きなリスクにさらすことになる」

22会計年度の国防総省予算では、インド太平洋地域の米軍強化を目的とした基金「太平洋抑止イニシアチブ（ＰＤＩ）」に51億ドルが計上された。ＰＤＩは中国への対抗を目的として設置された新たな基金だ。

元米太平洋軍司令官特別補佐官のエリック・セイヤーズは取材に対し、「ＰＤＩの始まりは、５年ほど前、共和党上院議員のジョン・マケイン（故人）と当時の米太平洋軍司令官ハリー・ハリスが、太平洋地域で直面している中国の脅威について協議したことにさかのぼる」と振り返った。[49] 欧州ではすでに14年のウクライナ危機を受けて始まった米軍強化の基金「欧州抑止イニシアチブ（ＥＤＩ）」があり、米国防総省と米議会は必要な資源をすぐに投入できる態勢を整えていた。ＥＤＩの成功をみて、米議会はＰＤＩを設置することを決めたという。

インド太平洋軍（司令部ハワイ）が米議会に提出した予算要望書のリストの中で最も注目されたのが、第１列島線に沿って配備される地上発射型中距離ミサイル網の構築だ。５年間の総額として29億ドルを計上。米国は中距離核戦力（ＩＮＦ）全廃条約から脱退したことで中距離ミサイルの配備が可能になった。

セイヤーズは「ＩＮＦ全廃条約による制限は極めて厳しかった。条約脱退で、米国はミサイル能力を制限する必要はなくなった」と語る。

米国がＩＮＦ全廃条約から脱退した背景には、ロシアが条約を守っていないという不満とともに、非締結国の中国がミサイル開発に力を入れていることもあった。セイヤーズによれば、中国軍は四半世紀にわたって近代化に必要な投資を続けていた一方、米軍は対テロ戦争に焦点を当てていて、対艦ミサイルの近代化などに多くの時間とエネルギーを割くことはなかった。中国軍は今や地上、海上、空、海中などあらゆるところから大量の高精度ミサイルを発射できる能力をもっていることが、米軍の作戦計画立案者たちを悩ませているという。

こうした中国のミサイルの脅威に対抗するために打ち出されたのが、米軍の地上発射型中距離ミサイルを第1列島線に沿って配備する計画だった。

ただし、米軍は第1列島線のどの国に配備するかは明言していない。配備先を明らかにすれば、中国のみならず、配備先の国から反発があることを熟知しているためだ。とくに日本では、陸上配備型の迎撃ミサイルシステムである「イージス・アショア」でさえも地元の反対で配備を断念した経緯がある。米側は、攻撃ミサイルである地上発射型中距離ミサイルを日本国内で配備することが明らかになれば、地元の激しい反発が起きるのは必至と予想している。

とはいえ、米軍の戦略上、日本が地上発射型中距離ミサイル配備先の有力候補地であることは公然の秘密だ。

元米国防次官補（ロジスティックス担当）のローレンス・コーブは取材に「第2列島線の米領グア

ムや北マリアナ諸島は中国から遠すぎる。米国が日本国内に配備したいと考えているのは明白だ」と語り、沖縄などに配備の可能性があるとみる。[50] ある米国防総省関係者は「軍事作戦上の観点から言えば、北海道から東北、九州、南西諸島まで日本全土のあらゆる地域に配備したいのが米側の本音だ。中距離ミサイルを日本全土に分散配置できれば、中国は狙い撃ちしにくくなる」と打ち明ける。

日本の安全保障コミュニティには、米軍の地上発射型中距離ミサイルが日本国内に配備されれば、日米同盟の対中抑止力が強化されると期待する見方がある。日本政府の安全保障政策に影響力をもつシンクタンク「平和・安全保障研究所」（RIPS）は提言書の中で、東アジアにおける地上発射型中距離ミサイル配備をめぐり、中国が圧倒的優位に立つ一方、米国は全く保有していないと危機感を示し、「（米国は）第1列島線の内側の軍事バランスを回復して中国の海洋進出を押し留め、台湾の防衛と東シナ海、南シナ海の安定を確保するため、この地域に、中国本土を狙った地上発射の中距離ミサイルを配備することを考えている」と解説。「この地域の力のバランスの改善のために日本は積極的に米国と協力すべきであり、日本は、中距離ミサイルの配備を受け入れるべきである」と結論づけた。[51]

しかし、米軍の地上発射型中距離ミサイルの日本配備をめぐる最大の難点は、日本有事が他国である米国によって引き起こされかねないという国家主権に絡む重大な問題がひそんでいることにある。米軍の地上発射型中距離ミサイルは、中国本土の攻撃が可能だ。このため、米軍が日本に配備されている地上発射型中距離ミサイルを使って中国本土を攻撃した場合、今度は日本の国土が中国側の報復攻撃を受けることになる。つまり、日本は中国との戦争に踏み切るという国家としての主体的判断なしに、同盟国とはいえ、他国の軍事オペレーションによって日中間の戦争が引き起こされ、日本の国土が戦場となりかねないリスクを抱えることになるわけだ。

実際に米軍の地上発射型中距離ミサイルが配備されれば、その軍事オペレーションには台湾海峡有事が深く関わってくることは間違いない。日本国内に配備された地上発射型中距離ミサイルが中国側の先制攻撃の標的となる可能性もある。前出のＲＩＰＳの提言書でも、米軍の中距離ミサイルの日本配備にあたって「ターゲティングを含めて有事におけるその運用については、米国だけに任せるのではなく、日本も主体的に関与できるようにすること」という条件を挙げている。

複数の日本政府関係者によれば、日本が新たに敵基地攻撃能力を保有した背景には、この米軍の地上発射型中距離ミサイル配備計画も関係しているという。日本政府内では、日本の国家主権の絡む問題が生じるリスクを避けるため、日本が敵基地攻撃能力を保有し、日本自らが米国製の巡航ミサイル「トマホーク」など米軍と同様のミサイル能力を導入することで、米側に中距離ミサイルの日本配備をあきらめてもらうことへの期待感もあったという。ただし、これらの日米間の交渉に詳しいある日本政府高官は「日本側としては日本の敵基地攻撃能力で補うという気持ちがあっても、米側が『わかりました。そうします』とはならない」と語る。米側にとってみれば、日本が米軍のミサイル能力を導入してもその能力は自分たちの求めるレベルには不十分だと判断するうえ、日本側のミサイルの用途と目的は米国のものとは必ずしも一致しないからだという。米国は日本国内の世論の動向などを見極めながら、地上発射型中距離ミサイルの日本国内配備の方法とタイミングを慎重に探っているとみられる。

台湾有事で日本列島も戦場に

台湾問題をめぐって米中間の緊張が高まる中、台湾海峡有事は日本の安全保障にとって最も深刻な課題となってきている。台湾海峡有事の際、米国は同盟国・日本に共同対処を求めてくることになり、日本は米軍の後方支援を担うえ、米軍が攻撃されれば自衛隊も中国軍に反撃しなければいけないからだ。

米シンクタンク・ランド研究所上級研究員のスコット・ハロルドによると、米軍は在日米軍基地を拠点に作戦を展開するため、米軍は自衛隊に対し、とくに日本国内の防空活動を要求することになるという。[52] また、台湾周辺への海上自衛隊の潜水艦の派遣要請もあり得るという。

同時に、第7章でも触れたが、台湾海峡有事をめぐる事態のエスカレーションが進めば、作戦拠点となる在日米軍基地は、中国軍の攻撃対象となる可能性が高い。ハロルドによると、米中両国が本格的に軍事衝突する場合、中国軍は第1段階として米軍のコミュニケーション能力などを破壊して『目』と『耳』を奪ったのち、第2段階として在日米軍基地をミサイル攻撃し、米軍の攻撃能力を奪おうとする軍事作戦を展開する可能性が高いという。

ハロルドは「中国側からすれば、米軍が台湾支援で中国をたたく前に在日米軍基地をたたくことは必須であり、日本は台湾海峡有事で第三国として振る舞うことはできない」と語る。

中国軍が在日米軍基地を攻撃すれば、すなわち日本の領域に中国軍が武力行使するわけであり、日本は中国に対して直ちに自衛権を発動して応戦することになる。のちに機密解除されたトランプ政権のＮＳＣが作成した「インド太平洋のための米国の戦略的枠組み」という文書には、対中抑止のための具体的な行動として「紛争時において『第1列島線』内における中国の制海権、制空権を阻止する防衛戦略を策定する」と規定されている。[53] つまり、台湾海峡有事の際、米国は第1列島線内に中国の軍事活動を封じ込めるという戦略を持ち、米中両軍がせめぎ合う日本列島は戦争の主戦場となる可能性が高いことがわかる。こうした状況を考えると、冒頭の自民党副総裁・麻生太郎の言う「戦う覚悟」とは、単なる精神論で片付けることはできない。台湾海峡有事をめぐって、日本は太平洋戦争以来、自分たちの国土が初めて戦場と化し、甚大な数の市民が犠牲になるという最悪の事態も想定しなければいけないことになる。

米中間の危うい綱渡り

台湾から約270キロの距離にある沖縄県石垣島。沖縄本島からは約410キロ、東京からは約2千キロの距離にあり、台湾の方が圧倒的に近い。

23年9月下旬、10日余り前に就任したばかりの木原稔防衛相の姿は、この島に3月に開設された陸上自衛隊石垣駐屯地にあった。中国が周辺海域で領海侵入を繰り返す尖閣諸島、そして、米中間の緊張が高まる台湾海峡に最も近い自衛隊の基地だ。

木原は、駐屯地で集まった隊員らを前に訓示を行い、「特に南西地域の防衛体制の強化はわが国の防衛にとって喫緊の課題だ」と強調した。[54] 沖縄県を含む南西地域は中国と対峙する最前線に位置する。

木原は、隊員たちにこう呼びかけた。

「南西地域で任務に励む諸君の職責は一層重くなっている」

隊員たちは緊張した面持ちで微動だにせず、木原の訓示を聞いていた。木原は石垣島に先立ち、宮古島も訪問し、19年に開設した陸上自衛隊宮古島駐屯地を視察した。

冷戦時代にロシアの侵攻に備えて北海道に戦車部隊を重点配備したのはもはやすっかり過去の話だ。自衛隊の態勢づくりは、南西地域に戦力を重点配備する「南西シフト」の真っただ中にある。陸上自衛隊は16年以降、与那国島、宮古島、石垣島に次々と駐屯地を開設した。安保3文書の一つ、防衛力整備計画では、那覇市を拠点とする陸自第15旅団を「師団」に格上げして改編する方針も示されている。[55]

自衛隊の「南西シフト」の動きは、尖閣有事のみならず、台湾海峡有事を見据えたものだ。ペロシ訪台時に中国軍が日本のEEZ内に弾道ミサイルを撃ち込んだように、台湾海峡有事の際に日本は戦争に巻き込まれる恐れがある。とくに、在日米軍基地の集中する沖縄は、中国軍の標的になるとみられており、米国との連携のもと、日本の外務・防衛当局者は、南西地域での防衛態勢強化を喫緊の課題だととらえている。

とはいえ、日本が中国と「力対力」で対応するには限界がある。日本は中国に物量面で圧倒的に劣るうえ、岸田政権が華々しく打ち上げた防衛費の「GDP比2％」への引き上げをめぐっても、日本経済の長期停滞のさなか、財源となる防衛増税の開始時期すら決められない。頼りになるのは、同盟国重視路線を取るバイデン政権だが、今後の政権交代でトランプ流の「アメリカ・ファースト」が米国内で復活すれば、これまで米国が対中抑止をめぐって整備したはずの「はしご」がいつ外されるかもわからない。このため、日本は中国との間では決定的な対立は避けつつ、対話路線も模索しなければならない。

力で台湾を奪う姿勢を見せる中国と、不安定化する米国とのはざまにいる日本。表では台湾防衛に向けた「覚悟」を訴えつつも、裏では危うい綱渡りを迫られている。

日本の安全保障政策をめぐる四つの問題点

この章では、激しさを増す米中競争の中での日本の安全保障政策を検証した。日米同盟は今、1996年の日米安全保障共同宣言以来の大変革期にある。冷戦中、日米同盟にとって最も強力な仮想敵国はソ連だったが、冷戦終結後に橋本、クリントン政権のもとで策定された日米安全保障共同宣言では、日米同盟を「極東」という概念にとどまらず、アジア太平洋地域の問題に対処するものとして位置づけた。[56]その後、中国が急速に軍事力を伸展させ、アジア太平洋地域において覇権主義的な動きを強める中、日米同盟は今、「対中抑止同盟」としての性格を強めている。

バイデン政権のインド太平洋戦略の核心は、より多くの同盟国・友好国と連携して中国と対抗することにあるが、その中核として期待されているのが日米同盟だ。日米同盟は、日米豪や日米韓、日米比、日米豪印4カ国の戦略対話「QUAD（クアッド）」など、対中を念頭に置いた米国主導の多国間協力のハブ（中核）として機能している。中国はこうした米国主導の多国間協力を自国に対する「包囲網」だとみなし、例えば、クアッドについて中国側は「アジア版NATO」だと激しく反発している。[57]NATOはもともとソ連を仮想敵として発足した集団防衛組織だが、インド太平洋地域には中国に対抗する集団防衛組織は実際には存在しない。しかし、中国側の反発に対し、元米国防総省高官は「クアッドを『NATOタイプ』と捉えてもらった方が対中抑止力は高まる」と語る。日本はすでに、インド太平洋地域において対中をにらんだ米国主導のこうした集団防衛的世界に足を踏み入れているのだ。

日本が中国の軍事動向を最大の脅威と認識している以上、日米同盟の「対中抑止同盟」化に日本が自ら進んで貢献し、インド太平洋地域における軍事バランスを保とうとするのは、国家のサバイバル本能に根差す動きといえるだろう。しかし、この章を終えるにあたり、日米同盟を基軸とする日本の安全保障政策には次の四つの問題があることを指摘しておかなければならない。

第1に、国家主権の問題である。日本はもともと米国から「見捨てられ」の恐怖を感じていたが、米中対立が激しさを増す中、今度は「巻き込まれ」の局面に直面している。日本が新たに武器輸出規制の大幅緩和をしたことによって日本国内で製造した地対空ミサイル「パトリオット」を米国に輸出して米軍の在庫を補充していくように、日本は米国の軍事戦略を補完する役割を強めている。今後は、米軍と自衛隊の相互運用性を高めるための両者の指揮系統連携をめぐる議論を始め、米軍が自衛隊基地だけではなく、民間の空港・港湾を使用する動きも顕著になってくるだろう。つまり、米国の掲げる「統合抑止」のもと、日本の安全保障政策は米国の軍事戦略の中に組み込まれており、自主防衛力を向上させているはずの自衛隊は、実際には米軍の「下請け」化しつつあるのが実情だ。もちろん中国を抑止することは日本単独では不可能であり、日本は米国との安全保障協力を強化しなければいけない状況にはある。しかし、このような中、台湾海峡有事という日本にとっても国家的危機が起きた場合、日本は米国と異なる判断と行動を取り得る余地はあるのか。筆者の答えは「ＮＯ」である。「対米従属」の指摘があるように、日米の軍事的な一体化がかつてない規模と深さで進行する中、日本は国家としての自律性をますます失いつつあるのではないかと懸念せざるをえない。

　第２に、経済力の問題である。パワーを信奉する中国が軍事力を急激に伸展させている現在、日本も防衛費を引き上げ、防衛力強化を図っていくことが喫緊の課題であることは間違いないだろう。ロシアによるウクライナ侵攻を始め、中国が武力による台湾統一も辞さない構えを見せる中、日本は民主主義陣営のリーダー国の一員としてその地位にふさわしい役割を果たすことが国際社会から求められているし、日本にはその期待に応えていく責任がある。とはいえ、日本は経済大国といっても、その経済力は衰退の一途をたどっているという現実も直視しなければいけない。22年度の人口１人あたりの名目ＧＤＰは主要７カ国（Ｇ７）で最下位、経済協力開発機構（ＯＥＣＤ）加盟38カ国の中では21位[58]にまで落ち込み、国全体の名目ＧＤＰについても23年度はドイツに抜かれて４位になると予測されている。これに加え、日本は米国よりもさらに中国への経済的依存度が高い。日本は米国の競争政策に歩調を合わせて中国への半導体製造装置をめぐる輸出規制強化に踏み切ったが、日中関係の悪化が今後も進めばその影響を受ける形で、日本の経済力はさらに弱まる可能性もある。日本の外務・防衛当局者がこうした日本の経済力の脆弱性をどこまで考えたうえで「ＧＤＰ比２％」という具体的な数値をはじき出したのか不明だ。日本版ＮＳＳは、国力の主要な要素として、外交力、防衛力に次いで３番目に経済力を挙げているものの、その経済力向上のための具体策には何ら触れていない。安全保障環境が悪化しているからといって防衛予算は「青天井」であってはならない。例えば、当初、海上要員の負担を減らす目的で導入が検討されたはずの陸上配備型迎撃ミサイルシステム「イージス・アショア」計画が、いつの間にか海上における「イージス・システム搭載艦」計画へとすり替わっている問題など、本来であれば見直すべき防衛関連事業は数多くある。日本は無駄な出費を削るための防衛装備品をめぐる調達改革にも本腰を入れて取り組み、自らの経済力に基づいた防衛力強化の計画を立てるべきだろう。

　第3に、憲法の規範性の問題である。新たに打ち出された敵基地攻撃能力の保有について、日本政府は「専守防衛の考え方を変更するものではない」と強調しているが、敵基地攻撃能力は「反撃能力」と名称を変えても、攻撃能力であることは間違いない。日本は戦後長年にわたり、憲法9条に基づく専守防衛の方針のもと、自衛隊は「盾」の役割に徹するという考えを国内外に示してきた。そこには、実際には自衛隊は「矛」である攻撃能力を持たなくても、米国の「核の傘」と在日米軍による「矛」によって日本は守られているという長年にわたる国家のあり方として欺瞞があったかもしれない。しかし、敵基地攻撃能力の保有は、自衛隊が初めて攻撃能力をもつという戦後安全保障政策の大転換の一つだったことは間違いない。ところが、自衛隊への能力と権限付与をめぐっては、安倍政権下における集団的自衛権の行使容認のように、政府は常に憲法改正論議を避け、特別立法や憲法解釈変更などサラミスライス的手法で対応してきた。しかし、憲法9条2項の戦力不保持の規定が、世界で7位の軍事力を有する自衛隊[59]の存在と能力とはあまりにもかけ離れた内容となっていることはもはや隠しようがない。もちろん憲法9条による自衛隊の能力制限は、米国からの要求を内政的理由のもとに断るという日本独自の「2レベルゲーム」において主要な役割を果たし、自衛隊が世界各地の紛争での戦闘行為に直接関わることを防いできたという側面はある。ただし、憲法と現実のギャップがあまりに大きくなり過ぎれば、憲法の規範性は失われてしまう。国の最高法規の規範性が失われれば、それに付随するほかの法律などの規範性も失われ、法治国家としてのありようが根底から揺らぐ事態になりかねない。国際情勢の変化に合わせて日本の安全を確保するために現在の自衛隊の存在と能力をもはや後戻りさせることができないというのであれば、日本はリアリズムの観点から、自衛隊の能力と憲法の整合性という根本的な問題に正面から向き合う必要があることを覚悟しなければいけない。

第4に、米国のさらなる「不安定化」という問題である。日本が依存を強めている米国だが、懸念されているのが「内向き」志向の強まりに加え、米国内政治の「保守vs.リベラル」の対立激化に伴い「不安定化」が増していることだ。米国は冷戦当時、最大のライバルであるソ連との対決に全エネルギーを集中させていたが、冷戦終結でそのライバルを失い、新たに見つけた闘争相手が、国内における「身内」だった。1992年共和党全国大会で、保守派のパット・ブキャナンがリベラル派と戦う「文化戦争（カルチャー・ウォー）」を提唱したように、冷戦後は「保守vs.リベラル」の価値観闘争の激しさが増した。米同時多発テロの発生で米国は「テロとの戦い」にしばらくは専念せざるを得なくなり、国内闘争はしばらく鎮静化したが、対テロ戦争の終結で再び米国は内なる闘争へとエネルギーを注ぐようになる。24年米大統領選で「アメリカ・ファースト」を掲げるトランプが大統領職に返り咲けば、内政上の混乱が起きる可能性は極めて高い。外交政策をめぐっても、バイデン政権のもとで対決色が強まったロシアや北朝鮮との関係は融和へと向かう一方、中国との間では貿易紛争を含めたさらなる緊張が高まる可能性があるだろう。トランプは大統領当時にNATOを「時代遅れ[60]」と非難して同盟軽視路線を取ったように、バイデン政権の築いてきた多国間協力の仕組みを形骸化させる可能性もある。中国の覇権主義的な動きに対抗する日本は、今後も日米同盟を基軸とした外交安全保障政策を維持しなければいけない立場にある。しかし、米国の「不安定化」は増しているという現実を見据え、米国以外の「同志国」との連携のほか、中国との対話というヘッジングを行うことにも力を注がなければいけないだろう。

本書はこれまでに米中間の覇権争いの構造について検証した。米中戦争の最大のフラッシュポイント（発火点）になるとみられる台湾海峡有事は、日本の平和と安全のみならず、アジア太平洋地域全域に甚大な影響を与える。それでは、米中衝突という最悪の事態を回避するにはどうするべきなのか。

終章では、この問題について考えてみたい。

終章　米中衝突という最悪の事態を回避するために

1．米中対立は「冷戦」か

米中の核開発競争

トランプ政権以来、「新冷戦」と言われるようになった米中対立。終章では、どうすれば米中間の競争が衝突へと発展することを防ぐことができるかを考えたい。

第1に、米中対立とかつての米ソ冷戦との類似点と相違点について検証する。現在の米中対立には核開発競争やイデオロギー闘争など多くの類似点がある一方、米中両国が強固な経済的結びつきをもっているという点においては米ソ関係とは大きく異なる。そうであるならば、米中対立は果たして「冷戦」なのか、そうではないのか。

第2に、激化してゆく米中対立を両国はどう管理しようとしているのかを考える。米下院議長ナンシー・ペロシの訪台をきっかけにした中国軍の大規模演習や、米本土に侵入した中国「スパイ」気球を米軍が撃墜した事件に見られるように、米中対立は極めて危険な段階に入りつつある。米中両国の指導者はこの危機をどのように認識し、どう対応しようとしているのか。彼らは米中間の競争を安定的に管理するための十分な手立てを講じているのか。

最後に、これまでの議論を踏まえたうえで、米中間の軍事衝突という最悪の事態を回避するためにはどうするべきか、日米に対し、筆者なりの考えを提言したい。本来であれば、米中関係をテーマにしている以上、中国に対しても提言すべきところだが、中国は民主主義国家である西側諸国とは政治意思決定のプロセスが根本的に異なるうえ、権威主義化を強める習近平指導部のために提言をすることは現実的な策ではない。このため、提言は日米両政府に対してのみ行うものとする。

それではまず、米中対立と米ソ冷戦の比較から始めてみよう。

米ABCテレビが1983年放送した映画「The Day After」。米ソ核戦争の恐怖をリアリズムの観点から描いた＝Collection Christophel／アフロ

米ソ冷戦の最大の特徴は、核兵器の脅威によって抑止力を効かせた大国間競争だったということが挙げられる。覇権を争った米ソ両国は、核兵器を手中にしたのち、核戦争が起きればお互いの国が壊滅的なダメージを受ける「相互確証破壊（Mutual Assured Destruction, MAD）」理論のもと、米ソ間で「恐怖の均衡」を保つというシステムを作り上げた。この「恐怖の均衡」を確固たるものにするために、米ソは核開発競争にしのぎを削り、ピーク時の1987年には世界に7万発近くの核弾頭が存在した。[1]

ただし、「恐怖の均衡」は決して安定したものではなく、核兵器を使用する寸前の事態は幾度となく起きていた。国連軍司令官ダグラス・マッカーサー（米陸軍元帥）が核使用を検討した朝鮮戦争（50〜53年）、第7章でも触れた第1次台湾海峡危機（54〜55年）と第2次台湾海峡危機（58年）、キューバ危機

中国（北京）を中心とする弾道ミサイルの射程（イメージ）

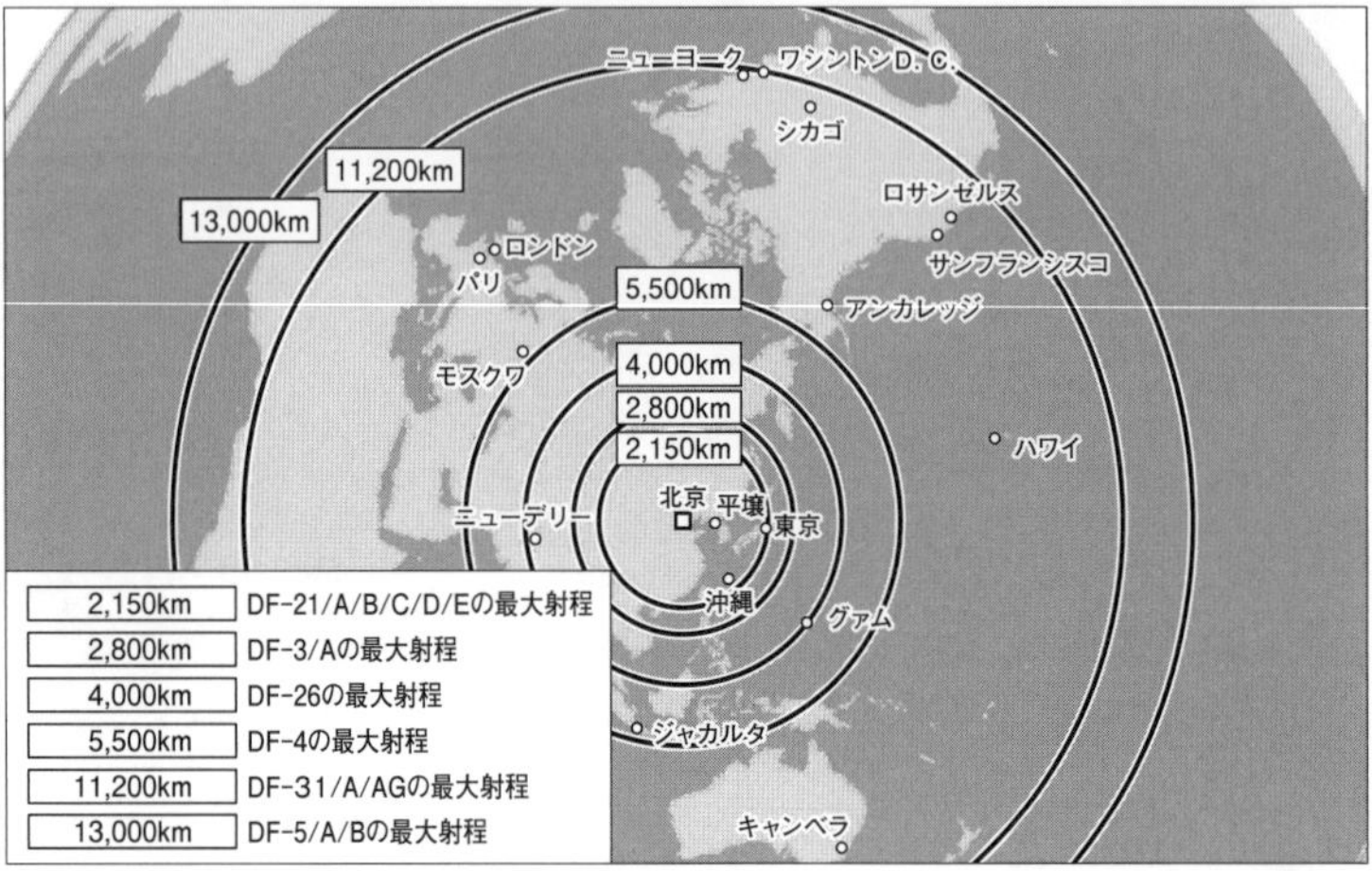

【注】防衛白書をもとに作成

（62年）の事例をみても、結果として核兵器が使用されることはなかったが、むしろ米ソ間の核戦争が起きなかったことは幸運に過ぎなかったともいえる。米ソ間の核戦争をテーマに米ＡＢＣテレビが83年に放送した映画「The Day After」[2]が世界的反響を得たように、冷戦下の世界は核戦争勃発への恐怖という極めて強いストレスに苦しんだ。

一方、米中対立においては、米ソ冷戦のように核戦争がすぐに起きるという切迫感は今のところ乏しいものの、米中間の核開発競争は加速している。核ミサイル能力の開発に取り組む中国はすでに米本土全体を弾道ミサイルの射程圏内に収め、自分たちが核攻撃を受ければ相手国の都市に対して核による報復攻撃を行える能力を維持している。[3]中国が現在保有する核弾頭数は５００発以上で、米国の５千発以上に比べて圧倒的に少ない。しかし、中国は急速に核弾頭数を増やしており、30年までに中国の核弾頭数は１千発を超えるとみられている。[4] これに対し、米国は核弾頭の削減を進めてはいるものの、核抑止を高めるために核兵器の近代化に力を入れている。米国の核政策の指針である「核態勢見直し」（NPR）では、核兵器を「ほかの米国の軍事力では置き換えることのできない特別な抑止効果をもたらす」と評価し、米国や同盟国・友好国への核攻撃を抑止することを「核兵器の根源的な役割」と位置づけるとともに、「核の先制使用」については否定していない。[5]

米中間の核開発競争をめぐる最も深刻な問題は、米ソ冷戦当時のような核軍縮の仕組みが全く構築されていないことだ。米ソ間ではキューバ危機以降、核兵器の削減交渉が進み、条約締結も行われてきた。しかし、中国は米ロ間の軍縮条約である「新戦略兵器削減条約（新START）」に加わることを拒み、米中間ではお互いの核戦力の情報共有もない。米中間には相互理解によって核戦争のリスクを減らす仕組みが整備されていないのだ。何ら核軍備管理の取り組みがないまま、米中間の核開発競争が加速し続ければ、世界は再び米ソ冷戦当時のような、核兵器による「恐怖の均衡」という極めて強い緊張にさらされることになる。前述のNPRは、中ロの存在を念頭に、「米国は30年までに、歴史上初めて、二つの核保有大国と対峙することになる」と強い警戒感を示している。

米ソ冷戦との類似点

「冷戦」を考えるうえで最も重要な核開発を始めとする軍拡競争以外にも、現在の米中対立には米ソ冷戦と多くの類似点を見いだすことができる。

第1に、軍事的対立である。米ソ冷戦においては、両国間の全面的な核戦争に最も近づいた局面だったキューバ危機を始め、朝鮮戦争やベトナム戦争といった数多くの代理戦争が起きた。一方、現在の米中対立をめぐっても、米中両国は直接の軍事衝突に発展する可能性のある台湾海峡有事のリスクを抱えているうえ、南シナ海、東シナ海においては米国の同盟国・友好国が中国との紛争の火種を抱えている。また、ウクライナ戦争をめぐっては、ウクライナを支援する米国主導の西側諸国と、ロシアを支援する中国という代理戦争の様相も呈している。

第2に、イデオロギー闘争である。米ソ冷戦は「民主主義vs.共産主義」というイデオロギーに基づき東西両陣営に分かれて争ったが、米中対立にも「民主主義vs.権威主義」というイデオロギー闘争がある。とくにリベラル的価値観が強いバイデン政権は、「21世紀における民主主義国家と専制主義国家の有用性をめぐる闘い」を打ち出し、民主主義国家の結集によって権威主義国家の台頭を押し返そうとしている。こうした米国の動きに対し、中国とロシアはお互いに接近して「準同盟」的な関係を構築しつつある。冷戦当時にイデオロギーに基づいて世界は東西両陣営に分裂したように、米中対立においても米国主導の西側諸国と中国主導の権威主義諸国のようにブロック化しつつあるのだ。もちろんこうした大国間競争に巻き込まれることを嫌う国々もある。これらの国々は冷戦当時は非同盟諸国、米中対立の現在はグローバルサウスとして独自の存在感を高めようとしている。

第3に、相手国との意思疎通の欠如である。米ソ両国が直接対峙した最も深刻なケースだったキューバ危機では、米大統領ジョン・F・ケネディとソ連首相ニキータ・フルシチョフが直接的に意思疎通を図る仕組みがなかったため、相手の本当の意図がわからぬまま手探りで対応策をとったことが危機の増幅に拍車をかけた。かろうじてケネディの実弟で司法長官ロバート・ケネディと駐米ソ連大使アナトリー・ドブルイニンのラインが機能したことで結果的に米ソ間の軍事衝突は回避されたが、[6]このときの教訓をもとに米ソ両国は翌63年に首脳間のホットラインを設置した。一方、現在の米中対立でも、両国間の意思疎通の欠如は問題視されている。とくに軍事分野において、ペロシ訪台時の中国の大規模軍事演習や中国「スパイ」気球撃墜事件をめぐって米中間で意思疎通を図ることができず、米政府内では米中両軍の偶発的衝突を危惧する見方は根強い。

第4に、最先端科学技術分野での競争である。米ソ両国は、57年にソ連が人工衛星を人類史上初めて打ち上げた「スプートニク・ショック」の言葉に代表されるように、熾烈な宇宙開発競争を始め、軍事分野でも原爆や水爆開発競争などを繰り広げた。一方、米中両国は人工知能（ＡＩ）や量子コンピューター、高速通信規格「５Ｇ」をめぐって技術覇権争いを行っている。米中間の最先端科学技術分野での競争は、「民主主義vs.権威主義」というイデオロギー闘争も深く関係している。第4章でも触れたが、民主主義的価値観を重んじる米国が恐れているのは、中国が最先端科学技術を通じ、新疆ウイグル自治区の監視社会に代表されるような権威主義型統治システムを世界中に広めていくことである。冷戦終結後、米国においては科学技術の進歩は民主主義を促進すると信じられてきた。しかし、現在の中国を見れば、科学技術の進展が権威主義体制による統治をますます強固なものにしているという現実がある。米国はイデオロギー闘争で勝利するためにも、最先端科学技術分野での競争で中国に負けるわけにはいかないのだ。

「西側諸国vs.中ロ」、域内貿易秩序の形成か

米中対立に米ソ冷戦との多くの類似点がある一方、両者は根本的に異なるものだという最大の根拠となっているのは、米中間の経済的な結びつきの強さである。米ソ冷戦では、米国主導の「IMF・GATT体制」、ソ連主導の「経済相互援助会議（コメコン）体制」に分かれてそれぞれの域内貿易秩序が形成され、東西両陣営の経済はデカップリング（切り離し）が起きていた。これに比べ、米中間の貿易取引をめぐっては、米国のモノの輸入先は2000年代後半から中国が首位を保ち続けていたことなどをみても、米ソとは比べものにならないほど、米中は強固な経済的な相互依存関係をもっている。

ただし、次の二つの理由で将来的な米中経済のデカップリングを完全に否定できなくなりつつある。第1に、米国が貿易面で中国依存からの脱却に向けた動きを強めている点である。トランプ政権のもとで始まった制裁関税の影響で米中貿易摩擦などが生じた結果、米国の中国からのモノの輸入は徐々に減り始め、中国は23年に17年ぶりに首位の座をメキシコに譲り渡す見通しとなった[7]。米国は中国に対する競争政策の観点から同盟国・友好国の間で供給網を構築するという「フレンド・ショアリング」を進めており、今後も米国が中国依存を減らしていく傾向は続く可能性は高い。また、米国は半導体をめぐって日本などの同盟国とともに対中輸出規制に乗り出している。米国は重要資源や先端技術で中国への依存を減らしていく政策を「デリスキング（リスクの低減）」と呼ぶ。トランプ政権の国家安全保障戦略（NSS）の主要執筆者のナディア・シャドロウはかつて米ソ冷戦をモデルに、米国は中国に頼らず自国内で必需品を生産できる体制を整えるべきだと提唱したが、最先端技術分野にお

いては経済安全保障を名目に米中間のデカップリングがすでに起き始めているのだ。第2に、ロシアのウクライナ侵攻をきっかけに起きた国際貿易をめぐるダイナミックな変化がある。西側諸国が科した大規模経済制裁をきっかけに、ロシアは自国の生き残りを図るため中国への経済的な依存をこれまで以上に強めている。中国はロシアに対して積極的な経済支援を強めてロシアからのエネルギー供給を増やすなど、22年における中ロ間の貿易額は過去最高を記録した。[8] ウクライナ戦争が長引く中、「西側諸国vs.中ロ」というそれぞれの域内貿易秩序が形成されつつある動きとしてみることもでき、冷戦当時に見られた東西両陣営の経済のデカップリングが米中対立においても生じる可能性を単なる絵空事として片付けられなくなっている。

なお、経済的な結びつきが強ければ、戦争は起きないという理論は必ずしも正しくはない。歴史を顧みれば、経済関係の強い国同士が戦争に突入したケースは枚挙にいとまがない。例えば、第1次世界大戦直前の英独関係、第2次世界大戦直前の日米関係を見ても、それぞれが貿易面で極めて強いつながりをもっていた。相手国との将来の貿易について楽観的な見通しがあれば、貿易には戦争を抑止する効果がある一方、輸出入規制が解除されないなど将来の貿易について悲観的な見通しがあれば、経済的に相互依存関係にある国同士でも戦争を選ぶ可能性があるという理論もある。[9] 国同士がどんなに深い経済関係をもっていても、それは安全保障上の国益をめぐる対立を根本的に解決することはできない。逆に安全保障上の対立が深まっていけば、それまで築いてきた経済的に強固な関係が一気に崩れ去ってしまうことを歴史は証明している。

「米中は『冷戦』の入り口の段階にある」

米国の対中政策に関わってきた元米政権高官は取材に対し、現在の米中対立について「米中は『冷戦』の入り口の段階にある。我々は新たな世界に入りつつあるのだ」という見方を示した。筆者も同感である。現在の米中対立は米ソ冷戦との多くの類似点を持っている。米中関係は、米ソ冷戦当時のように核抑止による「恐怖の均衡」を保っているという状況までは至っていないが、米中両国がこのまま核開発や軍拡競争を進めていけば、再び大国間の全面的な核戦争勃発への恐怖が支配する世界が生まれる可能性がある。また、強固な米中間の経済的な結びつきも米中対立の激化に伴って徐々に弱まり、将来的に米中経済がデカップリングの方向へと進んでいくことも否定できない。もちろんいくら現在の米中対立が米ソ冷戦と多くの類似性をもっているとはいえ、冷戦当時と比べてさまざまな分野でグローバル化が進んだ現代において、米ソ間と全く同じ「冷戦」が米中間において再現されるということはあり得ない。むしろ中国の経済力、軍事力、そして科学技術力は当時のソ連の比にならないほど強大なものであり、米国にとって中国はこれまで対峙してきたライバル国の中でも最も手ごわい競争国といえるだろう。その点において、元米政権高官が語るように、我々はこれまで経験したことのない新しいタイプの「冷戦」の世界へと足を踏み入れていくことになる。

米中「新冷戦」は「既存の覇権国家」と「潜在的覇権国家」の覇権争いという構造的な問題に根ざしている以上、すぐに終結することはできない。少なくとも「中華民族の偉大な復興」を掲げ、強国実現に向けて強烈な指導力を発揮している習近平が中国の最高指導者として君臨し続けている限り、米中「新冷戦」は続いていくことになるだろう。絶対的権力基盤を固めた習体制が今後も当面続くことを前提に考えれば、米中間の覇権争いはさらに激しさを増し、台湾海峡有事をフラッシュポイントに米中間の「冷戦」が「熱戦」へと変わるリスクも高まり続ける。米中間で軍事衝突が起きれば、米国の同盟国・日本もこれに否応なく巻き込まれることは避けられない。さらに米中間の軍事衝突はやがて全面的な核戦争へと発展する可能性は捨てきれず、世界に壊滅的な打撃を与えることになる。

それでは、こうした米中対立の危機に、両国指導者はどう対応しようとしているのか。

2. 米中競争を管理する時代に入ることができるか

「競争が衝突へと発展しないように」

2023年11月15日、米サンフランシスコ中心部から南に約40キロの距離にある歴史的な庭園「ファイロリ」。車から降り立った中国国家主席・習近平は、出迎えた米大統領ジョー・バイデンと親しげに握手を交わした。両首脳は会談の会場となる邸宅に入る前、笑顔で報道陣に向けて手を振った。[10]

22年11月に訪問先のバンコクで行われて以来、1年ぶりとなる米中首脳の対面式会談だった。この間に米中間の意思疎通を欠いた中国「スパイ」気球撃墜事件などが起きており、両首脳は米中間の緊張を少しでも緩和し、米中間の偶発的な衝突を防ぐための仕組みづくりをしなければいけないという危機意識を共有していた。

会談の冒頭、バイデンは、正面に座る習を見ながらこう語りかけた。[11]

「ミスター・プレジデント、私たちは昔からの知り合いだ。私たちはいつも同じ考えを持っているわけではないが、これは驚くことではない。しかし、私たちの会合はいつも率直に意見交換がなされ、有益なものだった。あなたは率直な性格をしており、あなたがこれまで私に話してくれたことを私は一度も疑ったことはない」

「私は、私たちの会話はとても価値あるものだと考えている。思い違いやミスコミュニケーションを防ぎ、指導者双方が相手の考えを明確に理解することが極めて重要だと思うからだ」

そして、こう強調した。

「我々は競争が衝突へと発展しないようにしなければいけない。我々はまた、競争を責任をもって管理する必要がある。このことこそ米国が望んでいることであり、我々の意図するところだ」

習はこれに対し、11年8月にバイデンと一緒に中国国内を旅した思い出から語り始めた。

「ここに来る途中、私が国家副主席だったころ、あなたと一緒に中国国内を旅したことを思い出していた。あれは12年前のことだった。今でもあなたとの当時の交流を極めて鮮明に覚えている。あのときのことを私はいつも考えている」

そのうえで「米中のような二つの大国が、お互いに背を向け合っているべきではない。(米中間の)衝突と対立は、両国に耐えがたい結末をもたらすことになる」と語り、米中間の緊張緩和を目指すバイデンの考えに同意を示した。

ただし、大国のプライドを背負う習は、米国の仕掛ける「競争政策」への反論を忘れていなかった。

「私は今でも、大国間競争は今の時流に合わないと考えているし、米中、そして世界が直面している問題を解決することはできないとも思っている。地球は（米中）２国が成功するのに十分に大きい」

両首脳の会談は約４時間に及んだ。

米中両政府は、両首脳の友好的な雰囲気の演出に余念がなかった。米側は、２人が庭園内を仲良く並んで散策する姿を報道陣に公開した。中国国営通信新華社は、バイデンが会談後の昼食会前、自分のスマートフォンの中から38年前に習がサンフランシスコを訪れた当時の写真を探し出して習に見せ、「あなたは全然変わっていない」と習を持ち上げたというエピソードを配信した。[12]

ただ、両首脳の会談は米中間の対立の解消につながるような進展はなかった。数少ない会談の成果である軍当局同士の対話の再開は、米統合参謀本部議長チャールズ・ブラウンら米側が求めていたものであり、米中間の偶発的な衝突を防ぐための一歩前進といえる。米国内で乱用が社会問題化している合成麻薬「フェンタニル」の取り締まりに中国側が協力することや、ＡＩをめぐる政府間対話を発足させることも決まった。しかし、米側には習が見直しを求めていた「競争政策」をやめる考えは毛頭なく、中国側が撤回を要求している制裁関税や輸出規制をめぐって妥協することもなかった。一方、中国側も「核心的利益」と位置づける台湾問題について一歩も引くつもりはない。習は会談の中で「中国は台湾統一を実現するし、これを止めることはできない」と強い口調で主張した。[13]会談後の記者会見は共同ではなく、バイデン単独で行われた。バイデンは会見の最後に「今でも習近平を『独裁者』と呼ぶか？」と記者団から問われると、「我々とは全く異なる形態の共産主義国家の指導者という点で、彼は独裁者だ」と語った。[14]両首脳は現在の米中関係が潜在的に抱える深刻なリスクについて認識を共有していても、米中対立そのものの構造を変えることはできない。

進まぬ「ガードレール」の構築

バイデン米政権はトランプ政権の「競争政策」を継承しつつも、中国との衝突回避を模索し続けてきた。政権発足前、カート・キャンベル（のちにNSCインド太平洋調整官）とバイデン側近のジェイク・サリバン（のちに国家安全保障担当大統領補佐官）が連名で「カタストロフィー（破局）なき競争」というタイトルの論文を米外交専門誌「フォーリン・アフェアーズ」に発表した。この論文では「競争政策」の必要性を認めつつも、米中の共存を図るためには米ソ冷戦を教訓に「米国は米中間のクライシスマネジメント（危機管理）と抑止力を高める必要がある」と指摘した。[15] バイデンは大統領就任後、「ガードレール」という言葉を用い、米中間の競争が衝突へと発展しないようにするための仕組みづくりを繰り返し習に対して呼びかけた。[16]

しかし、残念ながら、米中間の「ガードレール」の構築は遅々として進んでいない。米中競争を安定的に管理するためには、両国間でどのような競争をしていくのかというルールづくりを進めていかなければいけない。とくに、両国が激しく競い合っている軍事分野においては、米ソ間で設けたような軍備管理をめぐる対話のメカニズムが必要だ。そうでなければ、今のままの米中間の際限なき軍拡競争は最終的に軍事衝突という最悪の結果にたどりつく恐れがある。今回の米中首脳会談では軍同士の対話の再開がようやく合意されたものの、軍備管理をめぐる対話の仕組みづくりなどの動きはにぶい。

とはいえ、米中対立の解消が難しいのであれば、米中対立は当面続いていくという現実を直視したうえで、バイデンが習に対して呼びかけたように、競争が衝突へと発展しないように米中関係を安定的に管理していく方法を探っていく以外に選択肢はない。

それでは、米国は、習率いる中国と対峙しつつ、米中間の競争を安定的に管理するためにどのような対応策を取るべきか。とくに、最大のフラッシュポイントになるとみられる台湾問題をめぐって米中衝突が起きないようにするにはどうすれば良いのか。

また、米国と同盟を組む立場の日本は、米中競争が激しさを増す中でどう行動すれば自国の安全と平和を守ることができるのか。日本は米国と安全保障上の利害関係を共有しているものの、国益は異なるという点もある。

最後に、米国と日本に対し、筆者の提言を示したい。

3.「冷戦」が「熱戦」へと変わることを防ぐためにどうするべきか

米国への提言

●米国は、強力な指導力のもと、米中「新冷戦」を管理するためのルールづくりに全力を注がなければいけない覇権争いという構造的な問題を抱える米中関係だが、最も重要なのは、米中双方は戦争を望んでいないという点である。米中対立は、国際政治における大国間のパワーゲームから生じており、お互いの政治体制をめぐるイデオロギーにおいても妥協できない。しかし、両国の全面戦争は、米中のみならず、世界に壊滅的な打撃を与える。戦争回避という点においては米中双方に共通利益がある。

具体的には、米中両国はお互いに緊密な意思疎通を図ってクライシスマネジメントを行うとともに、核兵器を含む軍備管理をめぐる対話のメカニズムを構築しなければいけない。米ソ冷戦当時、両国はキューバ危機によって核戦争が起きる寸前を経験した教訓をもとに、米ソ間の戦争を防ぐために両国間のコミュニケーションラインを整備した。米中関係もこの米ソ冷戦の教訓に学び、首脳間を含めたあらゆるレベルにおいて緊密な意思疎通を図ることで、相手の意図の読み違えを防ぎ、偶発的な衝突から本格的な紛争への発展を回避しなければいけない。また、現在の米中間のルールなき軍拡競争は、両国関係を不安定化させている。米ソ両国は核戦力削減をめぐる対話のメカニズムを構築しており、米中両国もこれにならって核ミサイル開発などの軍備管理をめぐる対話のメカニズムを構築しなければいけない。

鍵を握るのは、米国大統領の指導力である。軍備管理をめぐる対話について、中国側は自分たちの軍事力が米国に劣ることから消極的な姿勢を示しており、米側が主導的にルール作りを進めていかなければいけない。これに加え、米国内世論も難しい。政権が対中強硬姿勢を取らなければ、「弱腰」批判が吹き出す状況にある。しかし、中国との競争政策を続けながらその競争関係を管理する仕組みを作ることは、決して「弱腰」ではなく、米国の平和と安全を守るために必要な極めて現実主義的な政策である。米国大統領は、衝突リスクの軽減を図るためには対話のメカニズムが必要だと習近平に粘り強く働きかけると同時に、対中強硬の米国内世論を説得するだけの強力な指導力を発揮しなければいけない。

●米国は、中国に台湾侵攻を思いとどまらせるだけの強力な抑止力をインド太平洋地域の同盟国・友好国と連携して構築しなければいけない

中国がパワー重視の価値観をもとに外交安全保障政策を組み立てている以上、米国も中国に自分たちのパワーを示さなければいけない。米中衝突の最大のフラッシュポイントになるとみられる台湾問題も同様に、台湾海峡のステータス・クオ（現状）を維持するためには、対話のみならずパワーが必要である。米国は、中国側と対話を進める一方、軍事演習などを通じて自分たちの軍事力を示し、中国が台湾侵攻に踏み切れば、中国は極めて大きな代償を払わなければならないことを自覚させ、トップの習近平に台湾侵攻を思いとどまらせなければいけない。

台湾問題をめぐり、米国は同盟国・友好国と一緒に抑止力の強化を図るべきである。対テロ戦争の終結とともに、米国だけで「世界の警察官」役を担う時代は終わった。バイデン政権の対中政策の柱は、同盟国・友好国との緊密な連携にある。米大統領バイデンは、「台湾海峡の平和と安定の重要性」について、日本を皮切りに、主要7カ国（G7）や欧州連合（EU）、韓国の首脳間で確認した。こう

した国際的な圧力の強化は中国の台湾侵攻を阻止するうえで有効である。同時に、国家安全保障戦略（NSS）で打ち出した「統合抑止」をもとに、米国は同盟国・友好国との安全保障協力をこれまで以上に強化しなければいけない。米政権の立場としては、米国内世論に根強い同盟国に対する「安保ただ乗り」批判にこたえるためにも、同盟国防衛を大義名分として、同盟国のもつリソース（資源）を十二分に活用する対中抑止戦略を組み立てる必要がある。

一方、米国は同盟国・友好国との連携を図っていくうえで、自由と民主主義というイデオロギーを一方的に押しつけるべきではない。民主主義の未成熟な国々は、イラク戦争など一連の対テロ戦争や米国の歓迎した中東の民主化運動「アラブの春」を見て、米国が民主主義的価値観を世界に広めようとする動きは、権威主義国家のレジームチェンジ（体制転換）をたくらむものだと強く警戒している。バイデンは「民主主義サミット」の開催によって権威主義的価値観の世界的な広がりに対抗しようとしたが、むしろ中ロを中心とする権威主義国家の団結を招いてしまった。バイデンの提唱する「民主主義vs.専制主義」の二者択一を嫌う国々によってグローバルサウスの形成が進んでいるという皮肉な現象も生まれている。米政権は、かつて米大統領ニクソンが語った「我々は民主主義を機能させる伝統や制度をもたない国々に（民主主義を）押しつけようという過ちを犯すべきではない」[17]という言葉を思い出し、ニクソンの現実主義外交をもう一度学びなおす必要もあるだろう。米国が同盟国・友好国との連携を深めるうえで強調するべき共通理念は、修正主義勢力である中ロの軽視している「法の支配」「ルールに基づく国際秩序」にとどめ、自由と民主主義を至上とする米国流の価値観を前面に打ち出すべきではないだろう。

●米国は、台湾防衛の決意を示すと同時に、中国に台湾侵攻の口実を与えないために慎重な行動を取らなければいけない

歴代米政権が採用してきた米国の台湾防衛をめぐる「あいまい戦略」は長年、中国と台湾双方の挑発活動を抑える「二重抑止」の役割を担ってきた。しかし、中国が台湾に対してかつてないレベルの軍事的圧力を加える中、米国には新たな対応策が求められている。米国大統領が台湾を防衛すると力強くコミットメントすることは、中国の台湾侵攻を抑止するうえで有効である。同時に、米国は「一つの中国」政策を強調することで、台湾の独立運動を支持しない姿勢を明確に示し、あくまでも台湾問題の平和的解決を望んでいるという意思を中国側に伝える必要がある。ただ、「あいまい戦略」から「明確戦略」への完全移行は、中国側に武力行使の口実を与えかねないうえ、台湾海峡政策をめぐる米国の自主性や柔軟性を損なわせるリスクがある。米国は「あいまい戦略」を転換したかどうかはっきりさせない「あいまい戦略のあいまい」と呼べる対応を取り続けるべきである。

米国は台湾関係法に基づき、台湾側と綿密な協議のうえ、台湾に対する軍事支援に力を入れるべきである。トランプ政権以降、米国は中国による台湾への圧力に比例する形で軍事支援を増やしており、トランプ政権では182億7千万ドル、バイデン政権は46億5千万ドルの武器を台湾に売却している。[18]一方、ある台湾軍関係者は筆者の取材に、米国からの武器売却をめぐり、「Ｄ－Ｄａｙ」型の大規模上陸作戦を迎え撃つ戦車部隊よりも、対艦ミサイル「ハープーン」や長距離ミサイルを増やす方が台

湾の防衛態勢を整えるうえで重要だという見方を示す。米国による台湾への軍事支援は、米国内の防衛産業の意見に左右されるものであってはならず、あくまでも台湾側との綿密な協議のうえで、どのような軍事支援が中国の台湾侵攻を抑止するうえで最も効果的なのかを検討するべきである。

一方、米国は中国に対し、台湾侵攻の口実を与えないように慎重な行動を取るべきである。22年夏のペロシ訪台をきっかけに、中国軍は台湾本島を取り囲む形で大規模な軍事演習を実施。以来、中国軍機が台湾と中国本土を隔てる「中間線」を越える飛行を頻繁に行っており、中間線は事実上消滅しつつある。この「第4次台湾海峡危機」で特筆すべきは、過去3回の台湾海峡危機の「中国vs.台湾」とは異なり、「米国vs.中国」の構図で初めて起きたという点にある。台湾では、圧倒的多数の台湾人が、台湾が独立宣言をしないまま、中台それぞれの政府が別々に存在しているという「現状維持」を支持しているため、台湾当局は中国を刺激しないように言動には細心の注意を払っている。台湾の国民党関係者が筆者に「台湾は、米国からのいかなる『善意の意思表示』であれ、断ることはできない。米国自身が台湾への『善意の意思表示』がどのような結果をもたらすかを真剣に考えてくれるかどうかにかかっている」と訴えるように、米国の政治家たちは中国に台湾侵攻の口実を与えるような「挑発的」と受け止められる行動は厳に慎むべきだ。

●米国は、中国と気候変動など協力できる分野は協力を深めていかなければいけない

米国は中国との関係の安定化を図るために、気候変動や感染症などの地球規模課題や朝鮮半島情勢

をめぐって協力できる分野は協力を深めていかなければいけない。中国との関係においては競争分野のみならず協力分野もある。23年11月の米中首脳会談で、米国で乱用が問題となっている合成麻薬「フェンタニル」対策への中国側の協力や、AIをめぐる政府間対話の設置などが決まったことは、米中間の協力を進めるうえで一定の成果があったと評価できる。もちろん台湾問題は米中の安全保障にとって極めて重要な課題だが、両国関係が台湾問題だけで席巻されるようであってはならない。

米国の対中政策に長年携わってきた元米国務次官補のダニエル・ラッセルは、取材に対し、今後も米国の対中戦略の中心は「競争政策」だとの考えを示す一方、中国と共通利益を模索することの重要さも説く。「中国はもはや大きすぎるし強すぎるので、封じ込めることはできない。中国とは、共通の利益、国際的な利益のある分野において協力・連携する必要がある。好き嫌いは別として、我々はこの地球上に中国とともにあり、そこに我々の選択の余地はない。我々は（米中共通の利益を見つける）最大限の努力をする必要がある」。ラッセルの語るように、米中競争は不可避の構造であってもお互いに協力分野を維持していくことが両国関係を安定させるうえで重要なのだ。

日本への提言

●日本は、日米同盟の深化に取り組むと同時に、米中対話の積極的な仲介役を果たす必要がある日本にとって米国は、中国の覇権主義的な動きを抑止するという安全保障上の戦略目標とともに、自由と民主主義という価値観を共有している国である。このため、日米同盟は日本の安全保障にとって基軸であり続けるだろう。尖閣諸島という中国との領土紛争などを抱える日本は、中国を安全保障上の最大の脅威としてとらえている。民主主義的な価値観を最重視する米国も同様に、中国をロシアとともに最大の脅威としてとらえている。日本は中国に対し、米中間以上に経済的に強いつながりをもっているものの、国家と個人の関係という国家の成り立ちに関わる根源的な問題について両国は考え方を異にする。日本は民主国家であり、一党独裁国家として権威主義体制を強めて国内の新疆ウイグル自治区や香港で人権弾圧を行い、国外では軍事力を使って現状変更の動きを強める中国と同盟を組むという選択肢はない。パワー重視の価値観をもつ中国を押し返してインド太平洋地域のバランス・オブ・パワー（勢力均衡）を図るため、今も世界最強の軍事力を維持する米国と安全保障協力関係を深化させていくことは、日本にとって合理的な選択だといえる。

ただし、日本が忘れてはいけないのが、米中対立をめぐって日本の抱える地政学的リスクは米国よりも格段に大きいという点である。日米は対中をめぐって安全保障上の戦略目標を共有してはいても、日本と米国の国益は異なる。米国の国益は米国人の安全を守り、米国の経済的繁栄を拡大することである一方、日本の国益は日本人の安全を守り、日本の経済的繁栄を拡大することである。米国の立場としては、中国との競争において、同盟国・日本を大いに活用し、中国の台頭を押し返そうとするのは当然である。米国にとっての同盟国という存在は、米国の国益を追求するうえで極めて重要なリソースだからだ。このため、第1列島線に沿った地上発射型中距離ミサイルの配備も、米国本土から遠方で中国軍の進攻を抑え込むためには極めて合理的な戦略である。すなわち、日米は中国を押し返すという安全保障上の戦略目標は共有していても、米国の対中戦略は日本の国益を守るためにあるわけではない。両者は同盟関係といえども別々の国であり、対中をめぐる日米の地政学的リスクは異なる。ところが、日米の軍事的な一体化がかつてない規模と深さで進行する中、日本が自律的な判断力と行動力を失いつつあるのではないかという疑念は拭い去れない。もちろんお互いの国益の最大化を目指すにあたって日米両国が協力し合うのは当然である。しかし、日本は対中をめぐって米国と安全保障上の戦略目標は共有しているものの、両国の国益はあくまでも異なるという点をもう一度自覚したうえで、日米同盟を基軸とした安全保障政策を組み立てていく必要がある。

一方、日本は日米同盟を深化させると同時に、米中対話の仲介役を積極的に果たし、米中対立の緊張緩和に努める必要がある。激しい競争をしている米中両国だが、衝突回避という点では一致している。米国は、中国との競争関係を安定して管理するため、両国間の「ガードレール」の構築を中国側に働きかけている。米中対立をめぐって地政学的リスクの大きい日本が、こうした米国の対話の動きを積極的に支援し、米中関係の安定化に貢献するのは当然である。日本自身、日本の国益を守るために中国に対してはバランシングと同時にヘッジングも行わなければいけない。東京電力福島第一原発の処理水放出をめぐり中国が日本産水産物の全面禁輸に踏み切ったのちも、日本側は中国側に対話を働きかけ、23年11月の日中首脳会談で両首脳が「戦略的互恵関係」の包括的推進を再確認した。こうした日本側の対話の姿勢は、両国間の緊張緩和に向けて一定の前進をもたらしたと評価できる。日本は抑止と対話を組み合わせて中国との関係を安定的に管理するとともに、米中間のルール作りをめぐる対話の動きも後押しし、米中衝突のリスク軽減を図っていかなければいけない。

●日本は、自主防衛力を高めつつ、「同志国」との連携強化を積極的に図らなければいけない

米国の「内向化・不安定化」は、中国とともに日本の安全保障にとって大きな脅威である。日本の外務・防衛当局者の多くが、米国の「内向化・不安定化」は、日本の安全保障にとって「変数」だと語っている。24年米大統領選でトランプが復権すれば、米国社会はさらに分断が進んで内政上の混乱が起きる可能性があるうえ、トランプは外交面でも1期目と同じように同盟軽視路線を取り、権威主義国家の指導者たちとの直接的なディール（取引）外交を繰り広げていくことになるだろう。米国は日本にとって唯一の同盟国である。しかし、米国の「内向化・不安定化」がさらに進む可能性もあるという現実を見据え、日本はこれまでの安全保障分野における米国一辺倒の依存体質を改めていく必要があるだろう。

このため、日本は自主防衛力の向上とともに、米国以外の「同志国」とのさらなる連携強化は避けて通れないだろう。日本を取り巻く安全保障環境が悪化していく中、日本は防衛費を引き上げ、防衛力強化を図っていく必要がある。とくに対中においては、外交力と軍事力が密接に結びつかざるをえないのが現実だ。ただし、防衛費は決して「青天井」であってはならない。無駄な出費を削るための防衛装備品をめぐる調達改革にも本腰を入れたうえで、自らの経済力に基づいた防衛力強化を図って

いく必要があるだろう。また、豪州やNATO諸国など米国以外の「同志国」との間で安全保障関係を強化していかなければならない。中国に対する安全保障上の懸念を共有する「同志国」との幅広いネットワークが構築されることで、日本の対中抑止力は強化されていくことになる。ただ、「同志国」とは日米関係のような安全保障条約に基づく同盟関係ではないため、「同志国」が有事の際に日本防衛に駆けつける公算は低い。日本が「同志国」とはどんなに関係を深めても、日米同盟を代替するものではないということも肝に銘じておかなければいけないだろう。

「向こう側」論

この章では、米中衝突という最悪の事態を避けるためにはどうするべきかを考えた。核兵器を保有する大国間のルールなき競争は、世界に壊滅的な打撃を与える全面的な核戦争へと発展するリスクがある。米国が習近平率いる中国と競争するために最も重要なのは、米ソ冷戦を教訓に、米中関係を安定的に管理できるルールづくりを中国側に粘り強く働きかけていくことである。米中衝突の最大のリスクである台湾問題をめぐっては、同盟国・友好国と連携して強力な抑止力を構築すると同時に、中国とは協力できる分野で協力を進めなければいけない。米国大統領が強い指導力を発揮し、これらの取り組みを主導的に進めていくことが米中「冷戦」が「熱戦」へと変わるのを防ぐことにつながってくるだろう。

本書を締めくくるにあたり、米中対立の荒波に巻き込まれている日本についても触れておきたい。この章で記した「日本への提言」をめぐり、筆者は日米同盟は今後も日本の安全保障の基軸だという考えをもとに、日本の取るべき行動について論じた。

しかし、優れた米国研究で知られる国際政治学者の中山俊宏（22年5月に逝去）は、トランプ政権当時の17年、将来の日米同盟をめぐって次のように記している。

少し長くなるが、ここに引用したい。

「トランプ政権の誕生は、日本にとっても最も重要な同盟国が、地政学的不確実性の源泉になるかもしれないという深刻な事態を突きつけている。トランプ現象が我々に否応なしに突きつけている問題は、もう一つある。それは同盟の『向こう側』を語る現実的な言葉を日本自身が持っていないことである。『向こう側』とは、アメリカとの同盟に依存できない、あるいはしない状況に日本が立ち至った場合のことだ。〈中略〉たしかに左右両極に同盟の『向こう側』を語る言葉があるにはある。だが、そこにあるのは、自らの政治的立場を説明しようとする、いわば『自分探し』の言葉であって、安全保障政策の言葉ではない。むしろファンタジーに近い。他方、外務省・防衛省を中心とする、『同盟のマネージャー』たちは、逆説的にいえば、同盟の向こう側を語ることは不毛だから止めようと同意した人たちのグループだ。トランプは、当面は『日米同盟堅持』というオプションしかないものの、長期的には、その『向こう側』を語る言葉が必要だということを、我々に気づかせてくれたといえよう[19]」

中山の言う日米同盟の「向こう側」論は、トランプ政権のあとも引き続き「不安定化」の傾向にある米国と向き合っている現在の日本にとってますます重要な意味をもつ。

翻ってみれば、日本はこの数十年間、日本の平和と安全を守るという国益を最大化しようと、米国との同盟深化にひたすら取り組んできた。ところが、ふと気づいて周りを見渡したとき、日本の平和と安全は盤石なものになったどころか、むしろ危うくなっていることは否めない。もちろん米国との同盟関係を深化してきたからこそ、日本の平和と安全はかろうじて保たれてきたという見方もできるだろう。ただし、日本の将来を考えたとき、米国との同盟関係を今後も「深化」し続けることだけで、日本は平和と安全を保つことができるのだろうか。いや、それどころか、米中対立の激化で日本の地政学的リスクがますます上昇していくようなことがあれば、日米の安全保障上の利害関係が一致しなくなるという可能性はないのだろうか。

こうしたことを考えていくと、日本は今こそ同盟の「向こう側」を語る現実的な言葉を見つけ出そうとする努力が必要だろう。もちろん、その結果、中山の指摘するように、日本は日米同盟を再び選択するかもしれないし、または想定もしていないような全く新しい選択が出てくるかもしれない。しかし、米中が激しくぶつかり合って既存の国際秩序が揺らぐ中、日本は国内で自衛隊をめぐる憲法の規範性や日米安保の非対称性といった国のかたちの根源に関わる問題にも直面している。こうした問題に正面から取り組み、日米同盟の「向こう側」を含めたタブーなき議論を積み重ねることで初めて、日本は混沌とする国際社会の中で生き残るための自らの力強いグランドデザインを描き出すことができるだろう。

あとがき

筆者は2018年から4年半、ワシントン特派員を務めたのち、同じワシントンにある米ジョンズ・ホプキンス大学高等国際関係大学院（SAIS）で1年間、大学院生として国際政治を学ぶ機会を得た。

授業では自分の凝り固まっていた既成概念を突き崩される経験が何度もあった。

例えば、北朝鮮の授業では、まず「主体思想」とは何かから始まり、北朝鮮政府の意思決定過程や直面している国内外の課題について学ぶ。授業の最後には必ず、例えば北朝鮮国内の災害時にどのような政策決定をしてどの機関を動かすべきかなど、北朝鮮当局者側からの視点でシミュレーションを繰り返した。この授業の中で最も印象に残っている課題の一つが、北朝鮮の金正恩総書記宛てを想定した政策提言書の作成である。SAISでは、政府高官宛てに提出するための「Policy Memo」と呼ばれる政策提言書を書く訓練をよく行っているが、普段は米国や同盟国の政府高官宛てを想定したものが多いので、米国が敵対勢力とみなしている金総書記宛ての政策提言とは驚きだった。さらに、その課題の内容とは、「あなたは北朝鮮の金総書記の国家安全保障担当補佐官である。それでは、金総書記宛てに、最も効果的な軍事的挑発活動を立案し、その効果を説明する政策提言書を作成しなさい」というものだった。こうした課題は、決して北朝鮮側の主張や行動に共感することを目的としたものではなく、むしろその逆である。北朝鮮の試みようとする軍事的挑発活動を想定することができれば、米国は事前に対応策を打つことが出来る。そのための実践的な訓練なのだ。タブーを排した議論を通じて最適解を見つけ出そうとする姿勢は、合理主義的思考を重視する米国ならではの情報分析手法だろう。ミサイル発射を繰り返す北朝鮮を「我々には理解しがたい存在」ととらえ、日米両政府が表で主張するラインにほぼ沿って北朝鮮を眺めてきた筆者にとって、まさに目から鱗の落ちる体験の連続だった。

SAISは、ポール・H・ニッツェ元国防副長官とクリスチャン・A・ハーター元米国務長官の2人が1943年、第2次世界大戦後の複雑で困難に満ちた世界に対応するために次世代のリーダーを育成しようと設立した教育機関である。以来、ここで国際政治・経済、外国語を学んだ大勢の卒業生たちがホワイトハウス、国務省、国防総省、中央情報局（CIA）など政権中枢で活躍してきた。筆者がこの大学院で学んでみようと考えたのも、多くのSAIS出身の政策決定者たちに取材で接するたび、国際政治を動かすワシントンのエリートたちが一体どのような教育を受けて養成されてきたのか、強い興味を覚えたからである。

筆者が所属したのは、国際公共政策学（Master of International Public Policy, MIPP）という社会人を対象に1年間で修士号を得るプログラムである。約100人の大学院生のうち、6割以上を米軍人が占め、ほかには各国外交官が多かった。米軍人は大佐級がほとんどで、次のキャリアアップのためにここで学ぶわけである。

ＳＡＩＳの大きな特徴は、ワシントン政治との近さにある。指導教官には、歴代米政権で政策決定を担ってきた元政府高官たちが多く、自分たちの経験を踏まえて非常に実践的な講義を行っている。これらの指導教官たちは、現在の政権中枢の人脈と通じている。例えば、筆者が参加した10人規模程度のゼミ形式のクラスでも、めったに取材アポの入らないワシントンの「大物」や特派員当時は接触すら難しかったＣＩＡ分析官が授業のゲストとして招かれ、我々学生たちとざっくばらんにオフレコで議論を交わす機会も多かった。これまでジャーナリズムという「外側」からだけしかワシントン政治を見ることができなかったが、ＳＡＩＳという「内側」から覗かせてもらう機会を得たことは、知的に興奮する日々だった。

そんなＳＡＩＳで筆者が最も学んだのは、相手国を徹底的に知ることの重要性である。米国の外交安全保障政策というと他国の実情を知らずに米国のパワーを振りかざすような印象をもっている人も多いかもしれない。しかし、ここでの授業はそのイメージと全く異なる。学生たちのキャリア上の目標は、将来的に米国政府のための政策立案をすることができるようになることだ。ここでは、各国事情に精通する指導教官のもと、学生たちは相手国が敵対勢力であっても、先入観を排除し、相手国を徹底的に研究して知り尽くすことを学んでいく。相手国は何を普段から重要だと考え、どのような情報に接し、ある事態が起きたときにどのような行動を取るのか――。前述した北朝鮮の授業もそうだが、学生は相手国に精通する専門家として育成されることで、米政府に入ったのちに相手国に対する最も効果的な政策を組み立てることができるようになる。

こうした授業に参加していると、ごく当たり前のことではあるが、各国それぞれに独自の国益と正義があるということに改めて気づかされる。たとえそれが北朝鮮、中国、ロシアといった敵対勢力であっても、彼らは彼らなりの国益と正義をもつわけだ。すなわち、所属する国（組織であっても）が異なれば、国益と正義もまた異なる。このことを理解しなければ、最も効果的な対外政策をつくることはできないのだ。

現代の国際政治において、この国益をかけて最も激しくぶつかり合っているのが、米中の二大国である。

筆者はワシントン特派員として18年に赴任した際、米国内で米中関係を取り巻く雰囲気が一変していることに驚いた。

15年にボストンの大学で客員研究員をしていた当時、米国内では、中国による知的財産侵害などを警戒しつつも、中国の「平和的台頭」がまだ信じられているという雰囲気が残っていた。米国の学生たちの間では、中国語学習を始めとする中国研究は非常に盛んだった一方、日本研究は中国研究の副次的に行うという関心の低さだった。日中関係をめぐる学会などでの議論を聞いていても、中国の覇権主義的な動きよりも、安倍政権下の日本の右傾化の方に非があるという意見が強かったのは、本書でも触れた通りである。

しかし、それから3年後の米国では、トランプ政権が中国を「競争国」と規定した国家安全保障戦略（NSS）を策定して制裁関税を打ち出し、米中間の貿易戦争は本格化していた。米国内の大学では孔子学院が続々と閉鎖されていた。そして、歴代米政権の対中政策の大きな転換を象徴するペンス演説を聴いたとき、まさに時代の歯車がこれまでとは別の方向へと大きく動き出したことを感じた。以来、日本も大きな影響を受けることになる米中対立をテーマに、トランプ、バイデン両政権の米政府高官たちの取材を続けてきた。トランプ政権のNSSを執筆したナディア・シャドロウ元国家安全保障担当大統領次席補佐官は、ワシントンの安全保障コミュニティに所属するエリートの1人だが、彼女の口から米中経済の「デカップリング（切り離し）」論を直接聞いて驚き、同じくトランプ政権に所属していたものの、シャドロウ氏と対極的な世界にいるはずのスティーブン・バノン元大統領首席戦略官と出会って彼から激しい中国批判を聞く中、バノン氏とシャドロウ氏の主張には共通点もあることに気づき、さらには、バイデン米大統領が対中強硬姿勢のボルテージを上げていくのを見て、なぜこうなるのかと考える。その結果、米中対立には何らかの構造的な問題があることに気づき、これをきちんと解き明かしたいと思うようになった。

本書は、ワシントン特派員当時に行った朝日新聞デジタル連載「バイデンと習近平　対中強硬の深層」（全7回）をベースに、SAISにおける研究を加えて大幅に加筆修正したものである。

本書を完成させるにあたり、この本の執筆で最も影響を受けた人物として、SAISで筆者の指導教官だったデビッド・シアー元国防次官補とデビッド・キーガン元国務省台湾政策部長の御二人の名前を挙げたい。外交官として豊かな経験をもつ御二人からは米政権内部での政策立案の考え方とともに、鋭い各国分析を学び、授業を受けるたびに大いに目が開かされる思いがした。とくに、キーガン氏の最終授業で、クラスメートが米中台のそれぞれ3チームに分かれ、台湾問題の解決策を探るシミュレーションを行ったとき、何としてでもこの困難な問題を解決に導きたいというキーガン氏の執念を感じ、深い感動を覚えた。また、本音で語り合うことができたＳＡＩＳでのクラスメートにも感謝したい。これまでの取材する者・取材される者という立場を越え、制服を脱いだ彼らとおしゃべりをして本音を聞くのはとても楽しかったし、彼らの率直な考え方を知ることはこれからの日米関係を考えるうえで非常に貴重な経験だった。本書における米側の考え方には米国の安全保障分野の最前線で働くこうした友人たちの考え方も反映したつもりである。

本書は、米中対立の構造を解き明かすために、中国側の主張と立場についても十分に説明を試みようとしたが、筆者の経歴上、やはり米側からの見方が強すぎると感じる読者もおられるかもしれない。その批判は甘んじて受けたうえで、米中対立をめぐる中国側からの見方はほかの優れた中国研究にゆだねたい。

今回の出版においては、朝日新聞出版書籍編集部の中島美奈氏に企画の段階から大変にお世話になった。私の遅筆のために当初予定よりもずいぶんと遅れてご迷惑をおかけしたが、辛抱強く付き合っていただき、長期間にわたって執筆作業を力強く支えていただいた。朝日新聞では、春日芳晃・ゼネラルエディター補佐（前国際報道部長）、五十嵐誠・国際報道部長、望月洋嗣・アメリカ総局長、其山史晃・中東アフリカ総局長（前国際報道部次長）には、ワシントン特派員当時の取材を大いに支援して頂いた。佐藤武嗣・編集委員、冨名腰隆・元北京特派員には、米中対立を考えるうえで数々の有益なアドバイスを頂いた。

日米関係の第一線でご活躍され、両国の政治外交問題に精通されている秋元諭宏・米国笹川平和財団会長兼理事長に解説を書いて頂いたのは、この上なく光栄なことである。ＳＡＩＳ所属当時、米国笹川平和財団で台湾問題のプレゼンテーションをさせて頂く機会を得たことも、この本を執筆する動機となった。秋元氏には日米両国を行き来する多忙な最中に解説を書いて頂き、深く感謝を申し上げたい。

そして、取材でお世話になったすべての方々に心より御礼を申し上げたい。大勢の日米中台の当局関係者の方々を取材させて頂いたが、それぞれのお立場上、ほとんどの方のお名前を記すことはできない。しかし、皆様方の取材へのご協力なしにこの本の出版はあり得なかった。

最後に、いつも私の原稿の最初の読者であり、貴重な助言をくれる妻啓子には心より感謝の念を伝えたい。特派員、留学当時に全面的に支えてもらった。

1月の台湾総統選では、民進党の蔡英文総統のあとを継いだ頼清徳副総統が当選した。中国の習近平指導部は、頼氏を「独立派」とみなしており、今後も台湾に対して軍事的圧力を強めていくだろう。一方、米国では11月の米大統領選が控えており、トランプ前大統領の復権の可能性もある。ただ、バイデン氏、トランプ氏、いずれが勝利しようが、米中対立は解消することなく、米中の覇権争いはこれからも国際政治において最も深刻なテーマであり続けるだろう。そんなとき、この本が、なぜ米中は対立しているのかを知りたいと思う読者の皆さま方の一助になれば、望外の幸せである。

2024年2月12日

園田耕司

解説

秋元諭宏
（米国笹川平和財団会長兼理事長）

ワシントンは言うまでもなく政治と政策の街である。米国のみならず、世界中の政治と政策に関する情報が、ホワイトハウス、各省庁、議会、各国大使館、シンクタンク、学術機関、国際機関、法律事務所、ロビイスト、コンサルタント、企業事務所、メディアなどにより、経済における通貨や資産のように流通するエコシステムが築かれている。具体的には、政治指導者、政府関係者、上下両院議員による会見や声明発表、シンクタンクや法律事務所における討論会や報告書発行、学術機関による授業、研究、会合、ロビイストやコンサルタントの顧客ブリーフィング、あるいは個別の意見交換などが公開、非公開で行われている。

園田氏は本書で、中国の歴史的な台頭と安全保障の脅威にいかに対応するべきかという、米日両国にとって少なくとも今世紀前半の最重要な地政学的課題を取り上げている。２０１８年から4年半にわたった朝日新聞の特派員勤務とその後1年間を費やしたジョンズ・ホプキンス大学高等国際関係大学院での学究を通じたワシントンでの生活が本書の執筆活動の基盤を成しているが、園田氏が情報流通のエコシステムの一員として認められ数多くのワシントンの専門家と情報収集及び意見交換を行った成果が、具体的な発言と共に生々しく迫ってくる。5年以上をかけてワシントンの情報コミュニティに深く食い込んだ園田氏ならではの著作と言えよう。

園田氏は米中の対立の構図を「既存の覇権国家（米国）」と「潜在的な覇権国家（中国）」の対立として理解し、米国が大国化する中国を自由主義、民主主義、市場経済に基づく国際社会に組み込もうとして失敗したことから政策を大転換し、今度は戦略的競争国である中国が覇権国家として米国にとって代わることを防ごうとしていると捉える。本書では第1章から第6章までで、電撃的なニクソン大統領の訪中に始まる米国の関与政策の開始、バイデン大統領とトランプ前大統領の国内外の情勢を反映した対中政策の転換、さらに中国の威圧的態度の原点となる中国特有の屈辱的な歴史を、米中の対立深化の歴史的背景として説明している。

さらに、園田氏はこの歴史的背景を踏まえて米中両国の対立の焦点とも言える台湾問題について、米国にとっての台湾の戦略的重要性と「あいまい戦略」、中国にとっての台湾の戦略的重要性と「祖国統一ナラティブ」と米中それぞれの相克する考え方を詳述した上で、台湾を巡る米中の軍事と経済が一体化した安全保障上の緊張という本論に取り組んでいる。第7章「台湾海峡有事のメカニズムと軍事衝突シナリオ」は、ジャーナリストとしての取材と研究者としての分析という手法を自由自在に活用し、バイデン大統領を取り巻く米国内の政治事情、両国間の軍事的優位性の変化などを踏まえた「第4次台湾海峡危機」の深刻度を浮き彫りにする。加えて、台湾へのミサイル攻撃と空爆、台湾に対する海上封鎖、台湾周辺地域に展開する米軍へのミサイル攻撃と空爆、水陸両用作戦による台湾本島への上陸と占拠を、4つの台湾海峡有事の主要シナリオとして論理的に説明し読み応えがある。また、ミリー統合参謀本部議長が2021年の中国による極超音速兵器の発射実験成功を、1957年の旧ソ連による人類史上初の人工衛星打ち上げに成功した際の「スプートニク・ショック」の衝撃に「極めて近い」と語ったことなどを取り上げ、ワシントンが中国の軍事能力と技術開発力に強い危機感を感じていることを鮮明に伝えている。

日本人にとって最も気になるのは、日本の平和と安定の維持に直接的に関係する第8章「『対中抑止同盟』へと変質する日米同盟」と終章「米中衝突という最悪の事態を回避するために」であろう。第8章では前章で詳述された台湾海峡有事という日本有事とほぼ同列に捉えられるべき危機に直面した日本が、米国により対中安全保障戦略の最重要な同盟国と位置付けされることから生じるジレンマを炙《あぶ》り出している。園田氏は中国という超大国に一国の「力と力」では対抗できない以上、日米同盟は日本の防衛に必要不可欠である一方で、日本の国家主権、経済力、憲法という固有の問題に加えて、自国最優先主義の復活という米国の問題にも言及し、重層的な議論を展開する。

終章は米中の競争が世界に壊滅的な影響を与える大紛争に発展することを防ぐために、米国と日本に提言を行っている。園田氏は、米国には「新冷戦」に関する管理と対話、同盟国・友好国との抑止力強化、中国に力による現状変更行動の口実を与えない慎重な行動、気候変動などの分野での協力、日本には日米同盟の強化、米中対話の仲介、自主防衛力の強化、同志国との連携強化を求めている。

中国が提示する安全保障上の脅威に加えて、ロシアの時代錯誤的なウクライナ侵攻、北朝鮮の常軌を逸したミサイル連続発射、中露の軍事同盟的な行動などにより、日本人の安全保障に関する関心は数年前と比較しても飛躍的に高まると同時に、国家安全保障戦略、国家防衛戦略、防衛力整備計画が、防衛費倍増、反撃能力導入など数年前まで考え難かった項目を含めて２０２２年末に改定された。こうした流れの中で、数年前までタブー視されていた「台湾有事」、「トマホーク導入」などの言葉が、従来安全保障に対して懐疑的だったメディアでも日常的に使用されるまでになった。園田氏が指摘する「戦う覚悟だ」という麻生太郎自民党副総裁が２０２３年8月に台湾で行った発言もこうした文脈だ。

しかし、小さなやかんのお湯は直ぐに沸くが、冷めるのも早いのが自然の摂理だ。短期間に盛り上がった安全保障論と軍備増強論は国家的な理解と支持が醸成されなければ、人命が失われる現実に直面すると瞬時に腰砕けになる脆弱性を内包している。園田氏が本書で展開する包括的な議論は、日本人に日本を取り巻く安全保障環境と日米安全保障同盟について、リアリズムに基づく良質の国家的な議論を行うことで同盟関係の将来像を構築する指針を提供する。園田氏は終章の末尾で国際政治学者の故中山俊宏氏を引用する形で、国内政治の不安定化が外交・安全保障政策の変化に繋がる米国発のリスクを考慮し、「タブーなき議論を積み重ねる」ことで「自らの力強いグランドデザインを描き出す」ことを示唆している。園田氏が次著でどのようなグランドデザインを描き出すのか期待したい。

園田氏が客員研究員を務めたハーバード大の故エズラ・ヴォーゲル教授は、米国、日本、中国の3カ国を熟知した学究人生の最後の著作として『日中関係史　１５００年の交流から読むアジアの未来』を遺した。ヴォーゲル教授は日中関係を米中関係の単なる従属物ではない、アジアで2番目に重要な二国関係と位置付け、日中両国が軍拡競争に走るのではなく紛争を回避し、肯定的な関係を構築することに期待した。ヴォーゲル教授は中国の力により現状を変更する傍若無人な行動に失望していたが、中国と日米の武力衝突は敗者のみで勝者はいないという壊滅的な結果をもたらすというリアリズムに基づき、「You can't make an enemy out of China」と亡くなるまで説き続けた。園田氏の著作はこうしたボーゲル教授の遺志にも共鳴する部分があり、異質の超大国である中国との軍事衝突を憂慮する全ての日本人に読んでもらいたい好著である。

参考文献

英語文献

Allison, Graham T. *Destined for War: Can America and China Escape Thucydides's Trap?* Boston: Houghton Mifflin Harcourt, 2017.

Bolton, John R. *The Room Where It Happened: A White House Memoir*. New York: Simon & Schuster, 2020.

Brands, Hal, and Beckley, Michael. *Danger Zone: The Coming Conflict with China.* New York: W.W. Norton & Company, 2022.

Bush, Richard C. *At Cross Purposes: U.S.-Taiwan Relations since 1942.* London; Routledge, 2015.

Campbell, Kurt M. *The Pivot: The Future of American Statecraft in Asia*. New York: Twelve, 2016.

Ellsberg, Daniel. *The Doomsday Machine: Confessions of a Nuclear War Planner.* New York: Bloomsbury, 2017.

Freeman Jr. Charles W. *Arts of Power: Statecraft and Diplomacy.* Washington, D.C: United States Institute of Peace Press, 1997.

Garver, John W. *China's Quest: The History of the Foreign Relations of the People's Republic of China*. New York: Oxford University Press, 2016.

Gilpin, Robert. "The Theory of Hegemonic War." *The Journal of Interdisciplinary History* 18, no. 4 (1988): 591–613.

Goldstein, Avery. "China's Grand Strategy under Xi Jinping: Reassurance, Reform, and Resistance." *International Security* 45, no. 1 (2020): 164–201.

Goldstein, Steven M. *China and Taiwan.* Malden, MA: Polity Press, 2015.

Green, Michael J. *Line of Advantage: Japan's Grand Strategy in the Era of Abe Shinzo.* New York: Columbia University Press, 2022.

Jervis, Robert. "Realism, Neoliberalism, and Cooperation: Understanding the Debate." *International Security* 24, no. 1 (1999): 42–63.

Kaplan, Robert D. *The Revenge of Geography: What the Map Tells Us about Coming Conflicts and the Battle against Fate.* New York: Random House, 2012.

Kennedy, Paul M. *Grand Strategies in War and Peace.* New Haven: Yale University Press, 1991.

Kennedy, Robert F. and Schlesinger, Arthur M. *Thirteen Days: A Memoir of the Cuban Missile Crisis.* New York: W.W. Norton, 1999.

Kirshner, Jonathan. "The Tragedy of Offensive Realism: Classical Realism and the Rise of China." *European Journal of International Relations* 18, no. 1 (2012): 53–75.

Kissinger, Henry. *White House Years*. Boston: Little, Brown, 1979.

Klinkner, Kenneth K. *The United States & Cross-Straits Relations: China, Taiwan and the US Entering a New Century.* Champaign, IL: Center for East Asian and Pacific Studies, University of Illinois, 2001.

Lampton, David M. *Following the Leader: Ruling China, from Deng Xiaoping to Xi Jinping*. Berkeley: University of California Press, 2014.

Mastro, Oriana Skylar. "The Taiwan Temptation: Why Beijing Might Resort to Force." *Foreign Affairs, June 3*, 2021.

Mearsheimer, John J. *The Tragedy of Great Power Politics*. New York: W.W. Norton & Company, 2014.

Medcalf, Rory. *Indo-Pacific Empire: China, America and the Contest for the World's Pivotal Region*. Manchester: Manchester University Press, 2020.

Nixon, Richard M. (Richard Milhous). *In the Arena: A Memoir of Victory, Defeat, and Renewal*. New York: Simon and Schuster, 1990.

Nixon, Richard M. (Richard Milhous). *RN: The Memoirs of Richard Nixon*. New York: Warner Books, 1979.

Nye, Joseph S. *Is the American Century over?* Malden, Massachusetts: Polity Press, 2015.

Pillsbury, Michael. *The Hundred-Year Marathon: China's Secret Strategy to Replace America as the Global Superpower*. New York: Henry Holt and Co., 2015.

Platt, Nicholas. *China Boys: How U.S. Relations with the PRC Began and Grew: A Personal Memoir*. Washington, D.C: New Academia Publishing, 2010.

Schwartz, Thomas Alan. Henry Kissinger and American Power: A Political Biography. New York: Hill and Wang, a division of Farrar, Straus and Giroux, 2020.

Snyder, Jack. *One World, Rival Theories*. *Foreign Policy*. Vol. 145. Washington: Carnegie Endowment for International Peace, 2004.

Tsang, Steve Yui-Sang. *If China Attacks Taiwan: Military Strategy, Politics and Economics*. London: Routledge, 2006.

Walt, Stephen M. *The Hell of Good Intentions: America's Foreign Policy Elite and the Decline of U.S. Primacy*. New York: Farrar, Straus and Giroux, 2018.

Waltz, Kenneth Neal. *Realism and International Politics*. New York: Routledge, 2008.

Wang, Zheng. *Never Forget National Humiliation: Historical Memory in Chinese Politics and Foreign Relations*. New York: Columbia University Press, 2012.

Weiss, Jessica Chen. *Powerful Patriots: Nationalist Protest in China's Foreign Relations*. New York: Oxford University Press, 2014.

Westad, Odd Arne. *The Cold War: A World History*. New York: Basic Books, 2017.

日本語文献

アジア・パシフィック・イニシアティブ. *検証　安倍政権*. 東京: 文藝春秋, 2022.

大嶽秀夫. *ニクソンとキッシンジャー*. 東京: 中央公論新社, 2013.

岡本隆司. *中国の論理*. 東京: 中央公論新社, 2016.

川島真, 清水麗, 松田康博, and 楊永明. *日台関係史　1945-2020　増補版*. 東京: 東京大学出版会, 2020.

高坂正堯. *国際政治　改版*. 東京: 中央公論新社, 2019.

佐橋亮. *米中対立*. 東京: 中央公論新社, 2021.

ジョン・J・ミアシャイマー. *完全版　大国政治の悲劇*. 奥山真司訳. 東京: 五月書房新社, 2017.

園田耕司. *独裁と孤立　トランプのアメリカ・ファースト*. 東京: 筑摩書房, 2020.

阪田雅裕. *憲法９条と安保法制*. 東京: 有斐閣, 2016.

高原明生, 園田茂人, 丸川知雄, and 川島真編. *日中関係 2001-2022*. 東京: 東京大学出版会, 2023.

鶴岡路人. “日本とNATO: 米国の同盟国を結ぶ新たな可能性.” nippon.com, July 13, 2022. https://www.nippon.com/ja/in-depth/d00820/.

西崎文子. *アメリカ外交とは何か*. 東京: 岩波書店, 2004.

日本再建イニシアティブ. *現代日本の地政学*. 東京: 中央公論新社, 2017.

原彬久. *戦後日本を問いなおす*. 東京: 筑摩書房, 2020.

船橋洋一. *地政学時代のリテラシー*. 東京: 文藝春秋, 2024.

益尾知佐子. *中国の行動原理*. 東京: 中央公論新社, 2019.

注記

序章　「蜜月」から一転、不信募らす米中首脳

1 “Remarks by Vice President Biden in a Meeting with Chinese Vice President XI.” The White House, August 18, 2011. https://obamawhitehouse.archives.gov/the-press-office/2011/08/18/remarks-vice-president-biden-meeting-chinese-vice-president-xi.
2 Daniel Russel (Former US Assistant Secretary of State for East Asian and Pacific Affairs), in discussion with the author, March 2, 2022.
3 “Remarks by President Biden in Press Gaggle.” The White House, November 13, 2022. https://www.whitehouse.gov/briefing-room/speeches-remarks/2022/11/13/remarks-by-president-biden-in-press-gaggle-9/.
4 “President Xi Jinping Has a Video Call with US President Joe Biden.” Ministry of Foreign Affairs of the People's Republic of China, March 19, 2022.
https://www.fmprc.gov.cn/eng/zxxx_662805/202203/t20220319_10653207.html.
5 “Vice President Mike Pence's Remarks on the Administration's Policy Towards China.” Hudson Institute, October 4, 2018. https://www.hudson.org/events/1610-vice-president-mike-pence-s-remarks-on-the-administration-s-policy-towards-china102018.
6 “National Security Strategy.” The White House, October 2022. https://www.whitehouse.gov/wp-content/uploads/2022/10/Biden-Harris-Administrations-National-Security-Strategy-10.2022.pdf.
7 習近平. “中国共産党第20回党大会報告全文.” *新華社,* October 16, 2022.
https://jp.news.cn/20221028/7d7768e4a1b34579b9b49d0bcad9ec14/202210287d7768e4a1b34579b9b49d0bcad9ec14_zhongguogongchandangdi%EF%BC%92%EF%BC%90huidangdahuibaogaoquanwen.pdf.

第1章　バイデンが「対中強硬」へと転じた理由

1 “Remarks by Vice President Biden and Chinese Vice President Xi at a U.S.-China Business Roundtable.” The White House, August 19, 2011. https://obamawhitehouse.archives.gov/the-press-office/2011/08/19/remarks-vice-president-biden-and-chinese-vice-president-xi-us-china-busi.
2 “#VPinAsia on Twitter.” The White House, August 16, 2011.
https://obamawhitehouse.archives.gov/blog/2011/08/16/vpinasia-twitter.
3 Daniel Russel (Former US Assistant Secretary of State for East Asian and Pacific Affairs), in discussion with the author, March 2, 2022.
4 “Address to the First Session of the 12th National People's Congress.” National Ethnic Affairs Commission of the People's Republic of China, March 17, 2013.
https://www.neac.gov.cn/seac/c103372/202201/1156515.shtml.
5 David Stilwell (Former US Assistant Secretary of State for East Asian and Pacific Affairs), in discussion with the author, February 5, 2022.
6 “Courtesy Call on Prime Minister Shinzo Abe by U.S. Vice President Joe Biden.” Ministry of Foreign Affairs of Japan, December 3, 2013. https://www.mofa.go.jp/region/page4e_000050.html.

7 “Remarks to the Press by Vice President Joe Biden and Prime Minister Shinzo Abe of Japan.” The White House, December 3, 2013. https://obamawhitehouse.archives.gov/the-press-office/2013/12/03/remarks-press-vice-president-joe-biden-and-prime-minister-shinzo-abe-jap.

8 “Remarks by Vice President Joe Biden and President Xi Jinping of the People's Republic of China.” The White House, December 4, 2013. https://obamawhitehouse.archives.gov/the-press-office/2013/12/04/remarks-vice-president-joe-biden-and-president-xi-jinping-peoples-republ.

9 “Remarks by President Obama and President Xi Jinping of the People's Republic of China Before Bilateral Meeting.” The White House, June 7, 2013. https://obamawhitehouse.archives.gov/the-press-office/2013/06/07/remarks-president-obama-and-president-xi-jinping-peoples-republic-china-.

10 “Vice President Biden Delivers Remarks on U.S.-China Business Relations.” The Obama White House, December 5, 2013. Video, 22:01. https://www.youtube.com/watch?v=ULKM-amcTM0.

11 “Biden Argues with China's President.” *Associated Press*, December 5, 2013. https://www.politico.com/story/2013/12/vice-president-joe-biden-china-xi-jinping-air-defense-zone-east-china-sea-100698.

12 “Read the Full Transcript of the South Carolina Democratic Debate.” *CBS News*, February 25, 2020. https://www.cbsnews.com/news/south-carolina-democratic-debate-full-transcript-text/.

13 Adam Edelman. “Biden's Comments Downplaying China Threat to U.S. Fire Up Pols on Both Sides.” *NBC News*, May 3, 2019. https://www.nbcnews.com/politics/2020-election/biden-s-comments-downplaying-china-threat-u-s-fires-pols-n1001236.

14 Charles A. Stevenson (Former Member of the Secretary of State's Policy Planning Staff), in discussion with the author, January 25, 2022.

15 “Increasingly Negative Evaluations of China across Advanced Economies.” Pew Research Center, October 5, 2020. https://www.pewresearch.org/global/2020/10/06/unfavorable-views-of-china-reach-historic-highs-in-many-countries/pg_2020-10-06_global-views-china_0-01/.

16 “National Security Strategy of the United States of America.” The White House, December 2017. https://trumpwhitehouse.archives.gov/wp-content/uploads/2017/12/NSS-Final-12-18-2017-0905.pdf.

17 Joseph R. Biden, Jr. “Why America Must Lead Again.” *Foreign Affairs*, January 23, 2020. https://www.foreignaffairs.com/articles/united-states/2020-01-23/why-america-must-lead-again.

18 Susan A. Thornton (Former Acting Assistant Secretary of State for East Asian and Pacific Affairs), in discussion with the author, January 21, 2022.

19 “Remarks by President Biden in Press Conference.” The White House, March 25, 2021. https://www.whitehouse.gov/briefing-room/speeches-remarks/2021/03/25/remarks-by-president-biden-in-press-conference/.

20 “Remarks By President Biden To Mark One Year Since The January 6th Deadly Assault On The U.S. Capitol.” The White House, January 6, 2022. https://www.whitehouse.gov/briefing-room/speeches-remarks/2022/01/06/remarks-by-president-biden-to-mark-one-year-since-the-january-6th-deadly-assault-on-the-u-s-capitol/.

21 Laura Silver, Kat Devlin, and Christine Huang. “Most Americans Support Tough Stance Toward China on Human Rights, Economic Issues.” Pew Research Center, March 4, 2021. https://www.pewresearch.org/global/2021/03/04/most-americans-support-tough-stance-toward-china-on-human-rights-economic-issues/.

22 Evan Osnos. "Born Red."*The New Yorker*, March 30, 2015.
https://www.newyorker.com/magazine/2015/04/06/born-red.
23 Max Greenwood. "Trump: Kim's People Sit up When He Speaks, 'I Want My People to Do the Same.'" The Hill, June 15, 2018. https://thehill.com/homenews/administration/392430-trump-i-want-americans-to-listen-to-me-like-north-koreans-listen-to/.
24 "FULL TEXT: Joe Biden's 2020 Democratic National Convention Speech." *ABC News*, August 21, 2020. https://abcnews.go.com/Politics/full-text-joe-bidens-2020-democratic-national-convention/story?id=72513129.

第2章　トランプ政権、中国への「競争政策」を始める

1 "National Security Strategy." The White House, October 2022. https://www.whitehouse.gov/wp-content/uploads/2022/10/Biden-Harris-Administrations-National-Security-Strategy-10.2022.pdf.
2 "National Security Strategy of the United States of America." The White House, December 2017.
https://trumpwhitehouse.archives.gov/wp-content/uploads/2017/12/NSS-Final-12-18-2017-0905.pdf.
3 "National Security Strategy." The White House, February 2015.
https://obamawhitehouse.archives.gov/sites/default/files/docs/2015_national_security_strategy_2.pdf.
4 Stephen M. Walt. *The Hell of Good Intentions : America's Foreign Policy Elite and the Decline of U.S. Primacy*. New York: Farrar, Straus and Giroux, 2018.
5 Nadia Schadlow (Former US Deputy National Security Advisor for Strategy), in discussion with the author, April 15, 2021.
6 "More Headlines: George W. Bush on China." OnTheIssues, December 1999. http://www.issues2000.org/celeb/More_George_W__Bush_China.htm.
7 Robert B. Zoellick. "Whither China: From Membership to Responsibility?" US Department of States, September 21, 2005. https://2001-2009.state.gov/s/d/former/zoellick/rem/53682.htm.
8 "Remarks by Secretary Carter on the Budget at the Economic Club of Washington, D.C." US Department of Defense, February 2, 2016. https://www.defense.gov/News/Transcripts/Transcript/Article/648901/remarks-by-secretary-carter-on-the-budget-at-the-economic-club-of-washington-dc/.
9 Anthony Vinci and Nadia Schadlow. "Time for the US to Declare Independence from China." *Washington Examiner*, April 5, 2020.
https://www.washingtonexaminer.com/opinion/time-for-the-us-to-declare-independence-from-china.
10 Steve Bannon (Former White House Chief Strategist), in discussion with the author, April 26, 2022.
11 Julia Mueller. "DeSantis Clarifies Ukraine Comments: No 'Sufficient Interest' for US to 'Escalate' Involvement." *The Hill*, March 23, 2023. https://thehill.com/homenews/state-watch/3915635-desantis-clarifies-ukraine-comments-no-sufficient-interest-for-us-to-escalate-involvement/.
12 Andy Cerda. "About Half of Republicans Now Say the U.S. Is Providing Too Much Aid to Ukraine." Pew Research Center, December 8, 2023. https://www.pewresearch.org/short-reads/2023/12/08/about-half-of-republicans-now-say-the-us-is-providing-too-much-aid-to-ukraine/.
13 "Public Expresses Mixed Views of U.S. Response to Russia's Invasion of Ukraine." Pew Research Center, March 15, 2022. https://www.pewresearch.org/politics/2022/03/15/public-expresses-mixed-views-of-u-s-

response-to-russias-invasion-of-ukraine/.
14 Peter Navarro. *Death By China: How America Lost Its Manufacturing Base (Official Version)*, 2012. https://www.youtube.com/watch?v=mMlmjXtnIXI.
15 高坂正堯. *国際政治 恐怖と希望*.（東京: 中央公論新社, 2019）, 40.
16 "Cost of War." Watson Institute for International and Public Affairs. https://watson.brown.edu/costsofwar/figures.
17 Richard Fontaine (Chief Executive Officer of the Center for a New American Security), in discussion with the author, October 24, 2019.
18 "Remarks by the President in Address to the Nation on Syria." The White House, September 10, 2013. https://obamawhitehouse.archives.gov/the-press-office/2013/09/10/remarks-president-address-nation-syria.
19 John J. Mearsheimer. *The Tragedy of Great Power Politics.* New York: W.W. Norton & Company, 2014.
20 Mearsheimer, *Tragedy*, 21.
21 Saloni Salil. "AUKUS and QUAD: Beijing's Response." *SP's Naval Forces,* May 2021. https://www.spsnavalforces.com/story/?id=775&h=AUKUS-and-QUAD-Beijingandrsquo.
22 Susan A. Thornton (Former Acting Assistant Secretary of State for East Asian and Pacific Affairs), in discussion with the author, January 21, 2022.
23 Graham T. Allison. *Destined for War : Can America and China Escape Thucydides's Trap?* Boston: Houghton Mifflin Harcourt, 2017.

第3章　ニクソン訪中の功罪

1 Nicholas Platt (Former US Ambassador to Pakistan), in discussion with the author, March 3, 2022.
2 Richard M. Nixon. *In the Arena: A Memoir of Victory, Defeat, and Renewal.* New York, N.Y.: Simon and Schuster, 1990.
3 Nicholas Platt. *China Boys : How U.S. Relations with the PRC Began and Grew : a Personal Memoir.* Washington, D.C: New Academia Publishing, 2010.
4 Nixon, *Arena*, 11.
5 Richard M. Nixon. "Asia After Viet Nam." *Foreign Affairs*, October 1, 1967. https://www.foreignaffairs.com/articles/united-states/1967-10-01/asia-after-viet-nam.
6 Nixon, *Arena*, 351.
7 Nixon, *Arena,* 332.
8 Mao Zedong. "People of The World, Unite And Defeat The U.S. Aggressors And All Their Running Dogs." May 23, 1970, *Selected Works of Mao Tse-Tung Volume IX,* May 23, 1970. https://www.marxists.org/reference/archive/mao/selected-works/volume-9/mswv9_86.htm.
9 Henry Kissinger. *White House Years* (Boston: Little, Brown, 1979), 685.
10 Nixon, *Arena,* 287-288.
11 Kissinger, *White*, 687.
12 Li Zhisui. *The Private Life of Chairman Mao: The Memoirs of Mao's Personal Physician* (New York: Random House, 1994), 514.
13 Henry A. Kissinger to the President, "Chinese Communist Initiative," Memorandum, December 10, 1970,

The Beijing and Washington Back-Channel and Henry Kissinger's Secret Trip to China, September 1970-July 1971, ed. William Burr (Washington, D.C.: National Security Archive Electronic Briefing Book No. 66, 2002), Digital National Security Archive accession number Document 6.
https://nsarchive2.gwu.edu/NSAEBB/NSAEBB66/ch-06.pdf.

14 Kissinger, *White,* 701-717.

15 "Record of Conversation from [Chairman Mao Zedong's] Meeting with [Edgar] Snow," December 18, 1970, Wilson Center Digital Archive, Zhonggong zhongyang wenxian yanjiushi, ed., Jianguo yilai Mao Zedong wengao (Mao Zedong's Manuscripts since the Founding of the People's Republic of China), vol. 13 (Beijing: Zhongyang wenxian chubanshe, 1998), 163-187. Translated by Gao Bei. Originally included in Chen Jian, ed., "Chinese Materials on the Sino-American Rapprochement (1969-1972)" (unpublished collection, February 2002) https://digitalarchive.wilsoncenter.org/document/134722.

16 Richard M. Nixon to Zhou Enlai, via Agha Hilaly, 10 May 1971, *The Beijing and Washington Back-Channel and Kissinger's Secret Visit to China, September 1970-July 1971,* ed. William Burr (Washington, D.C.: National Security Archive Electronic Briefing Book No. 66, 2002), Digital National Security Archive accession number Document 23. https://nsarchive2.gwu.edu/NSAEBB/NSAEBB66/ch-23.pdf.

17 Nixon, *Arena,* 327.

18 Winston Lord, "Memorandum of Your Conversations with Chou En-lai," Memorandum of conversation, July 29, 1971, *The Beijing and Washington Back-Channel and Kissinger's Secret Visit to China, September 1970-July 1971,* ed. William Burr (Washington, D.C.: National Security Archive Electronic Briefing Book No. 66, 2002), Digital National Security Archive accession number Document 34.
https://nsarchive2.gwu.edu/NSAEBB/NSAEBB66/ch-34.pdf.

19 Winston Lord, "Conversations with Chou En-lai: July 10, afternoon sessions," Memorandum of conversation, August 6, 1971, *The Beijing and Washington Back-Channel and Kissinger's Secret Visit to China, September 1970-July 1971,* ed. William Burr (Washington, D.C.: National Security Archive Electronic Briefing Book No. 66, 2002), Digital National Security Archive accession number Document 35.
https://nsarchive2.gwu.edu/NSAEBB/NSAEBB66/ch-35.pdf.

20 "Remarks to the Nation Announcing Acceptance of an Invitation To Visit the People's Republic of China." The American Presidency Project, July 15, 1971. https://www.presidency.ucsb.edu/documents/remarks-the-nation-announcing-acceptance-invitation-visit-the-peoples-republic-china.

21 "MEMORANDUM OF CONVERSATION," Memorandum of conversation, *Nixon's Trip to China, Records now Completely Declassified, Including Kissinger Intelligence Briefing and Assurances on Taiwan,* ed. William Burr (Washington, D.C.: National Security Archive Electronic Briefing Book No. 106, 2003), Digital National Security Archive accession number Document 1.
https://nsarchive2.gwu.edu/NSAEBB/NSAEBB106/NZ-1.pdf.

22 "Joint Communique between the United States and China," February 27, 1972, Wilson Center Digital Archive, Nixon Presidential Library and Museum, Staff Member Office Files (SMOF), President's Personal Files (PPF), Box 73. https://digitalarchive.wilsoncenter.org/document/121325.

23 Richard M. Nixon. *The Memoirs of Richard Nixon* (New York: Warner Books, 1979), 650.

24 Nixon, *Arena,* 329.

25 “Keynote Speech by Ambassador Qin Gang at the Commemoration for the 50th Anniversary of President Richard Nixon's Visit to China.” Ministry of Foreign Affairs of People's Republic of China, February 25, 2022. https://www.fmprc.gov.cn/mfa_eng/wjb_663304/zwjg_665342/zwbd_665378/202203/t20220303_10647768.html.

26 “National Security Strategy of the United States of America.” The White House, December 2017. https://trumpwhitehouse.archives.gov/wp-content/uploads/2017/12/NSS-Final-12-18-2017-0905.pdf.

27 “National Security Strategy.” The White House, October 2022. https://www.whitehouse.gov/wp-content/uploads/2022/10/Biden-Harris-Administrations-National-Security-Strategy-10.2022.pdf.

28 William Safire. “Essay; The Biggest Vote.” *The New York Times*, May 18, 2000. https://www.nytimes.com/2000/05/18/opinion/essay-the-biggest-vote.html.

29 Henry Kissinger. Interview by Fareed Zakaria. *Fareed Zakaria GPS,* CNN, November 21, 2021. https://transcripts.cnn.com/show/fzgps/date/2021-11-21/segment/01.

第４章　「中華帝国」に漂う歴史的復讐心

1 金田直次郎 and 沈暁寧. “上海・嘉興　党はここで生まれた 第一回大会会場跡.” *人民中国インターネット版*, April 21, 2011. http://www.peoplechina.com.cn/zhuanti/2011-04/21/content_352401.htm.

2 “中国共産党創立１００周年祝賀大会における 習近平総書記の演説全文.” 中華人民共和国駐日本国大使館, July 2, 2021. http://jp.china-embassy.gov.cn/jpn/zt/zggcdcl100zn/202107/t20210702_8934774.htm.

3 Daniel Russel (Former US Assistant Secretary of State for East Asian and Pacific Affairs), in discussion with the author, March 2, 2022.

4 “Achieving Rejuvenation Is the Dream of the Chinese People.” National Ethnic Affairs Commission of the PRC, November 29, 2012. https://www.neac.gov.cn/seac/c103372/202201/1156514.shtml.

5 Jeremy Page. “中国国家主席の隣に常に寄り添う王滬寧氏とは何者か.” *The Wall Street Journal*, June 5, 2013.
https://jp.wsj.com/articles/SB10001424127887323614804578526921046891886?ns=prod/accounts-wsj.

6 “The Great Rejuvenation of the Chinese Nation Is Closer than Ever.” *CGTN*, October. 15, 2019. https://news.cgtn.com/news/2019-10-15/The-great-rejuvenation-of-the-Chinese-nation-is-closer-than-ever-KOIq1HnG48/index.html.

7 “Global Trends 2030: Alternative Worlds.” The US National Intelligence Council, December 2012. https://www.dni.gov/files/documents/GlobalTrends_2030.pdf.

8 Michael Pillsbury. *The Hundred-Year Marathon : China's Secret Strategy to Replace America as the Global Superpower*. New York: Henry Holt and Co., 2015.

9 “国連憲章テキスト.” 国際連合広報センター. https://www.unic.or.jp/info/un/charter/text_japanese/.

10 “Russian-Chinese Talks.” President of Russia, February 4, 2022. http://en.kremlin.ru/events/president/news/67712.

11 “Joint Statement of the Russian Federation and the People's Republic of China on the International Relations Entering a New Era and the Global Sustainable Development,” President of Russia, February 4, 2022. http://en.kremlin.ru/supplement/5770

12 Chen Qingqing and Hu Yuwei. "Unprecedented China-Russia Ties to Start a New Era of Intl Relations Not Defined by US." *Global Times,* February 5, 2022. https://www.globaltimes.cn/page/202202/1251416.shtml.
13 David M. Lampton. *Following the Leader: Ruling China, from Deng Xiaoping to Xi Jinping* (Berkeley: University of California Press, 2014), 126.
14 "Speech By Chairman of the Delegation of the People's Republic of China, Deng Xiaoping, At the Special Session of the U.N. General Assembly." Marxists Internet Archive, April 10, 1974. https://www.marxists.org/reference/archive/deng-xiaoping/1974/04/10.htm.
15 "中国共産党創立100周年祝賀大会における 習近平総書記の演説全文." 中華人民共和国駐日本国大使館, July 21, 2021. http://jp.china-embassy.gov.cn/jpn/zt/zggcdcl100zn/202107/t20210702_8934774.htm.
16 "Working Together to Deliver a Brighter Future For Belt and Road Cooperation Speech by H.E. Xi Jinping President of the People's Republic of China At the Opening Ceremony of the Second Belt and Road Forum for International Cooperation." Ministry of Foreign Affairs, the People's Republic of China, April 26, 2019. https://www.mfa.gov.cn/eng/wjdt_665385/zyjh_665391/201904/t20190426_678729.html.
17 "'Wolf Warrior 2' Sets Box Office Records in China." *Voice of America*, August 25, 2017. https://learningenglish.voanews.com/a/wolf-warrior-2-sets-box-office-records-in-china/3994889.html.
18 "習近平総書記「闘争精神を発揚、闘争能力を増強」." *人民網日本語版*, September 4, 2019. http://j.people.com.cn/n3/2019/0904/c94474-9612080.html.
19 冨名腰隆. "(時時刻刻) 強国実現、突き進む習氏　毛沢東・鄧小平に並ぶ権威付け." *朝日新聞*, November 12, 2021. https://digital.asahi.com/articles/DA3S15109024.html?iref=pc_ss_date_article.
20 John J. Mearsheimer. *The Tragedy of Great Power Politics* (New York: W.W. Norton & Company, 2014), 371.
21 "Remarks by President Obama and President Xi Jinping of the People's Republic of China Before Bilateral Meeting." The White House, June 7, 2013. https://obamawhitehouse.archives.gov/the-press-office/2013/06/07/remarks-president-obama-and-president-xi-jinping-peoples-republic-china-.
22 Eyre Crowe. *Memorandum on the Present State of British Relations with France and Germany*. Good Press, 2022. Kindle.
23 "Achieving Rejuvenation Is the Dream of the Chinese People." National Ethnic Affairs Commission of the PRC, November 29, 2012. https://www.neac.gov.cn/seac/c103372/202201/1156514.shtml.
24 "The Great Rejuvenation of the Chinese Nation Is Closer than Ever." *CGTN,* Oct. 15, 2019. https://news.cgtn.com/news/2019-10-15/The-great-rejuvenation-of-the-Chinese-nation-is-closer-than-ever-KOIq1HnG48/index.html.
25 "'Break Their Lineage, Break Their Roots' China's Crimes against Humanity Targeting Uyghurs and Other Turkic Muslims." Human Rights Watch, April 19, 2021. https://www.hrw.org/report/2021/04/19/break-their-lineage-break-their-roots/chinas-crimes-against-humanity-targeting.
26 "China: Power and Prosperity -- Watch the Full Documentary." *PBS NewsHour*, November 22, 2019. https://www.pbs.org/newshour/show/china-power-and-prosperity-full-documentary.
27 "CHINA 2021 HUMAN RIGHTS REPORT." US Department of State, 2021. https://www.state.gov/wp-content/uploads/2022/03/3136152_CHINA-2021-HUMAN-RIGHTS-REPORT.pdf.
28 "Fight against Terrorism and Extremism in Xinjiang: Truth and Facts." Information Office of the People's

Government of Xinjiang Uyghur Autonomous Region, August 2022. http://kw.china-embassy.gov.cn/eng/zgxw/202209/P020220912088416288194.pdf.
29 Katie Hunt and Matt Rivers. "Xinjiang Violence: Does China Have a Terror Problem?" *CNN,* December 2, 2015. https://edition.cnn.com/2015/12/02/asia/china-xinjiang-uyghurs/index.html.
30 Rushan Abbas (Founder and Executive Director of Campaign for Uyghurs), in discussion with the author, November 7, 2019.
31 Lindsay Maizland. "China's Repression of Uyghurs in Xinjiang." Council on Foreign Relations, September 22, 2022.
https://www.cfr.org/backgrounder/china-xinjiang-uyghurs-muslims-repression-genocide-human-rights.
32 "Foreign Ministry Spokesperson Wang Wenbin's Regular Press Conference on March 2, 2022." Ministry of Foreign Affairs of the People's Republic of China, March 2, 2022.
https://www.fmprc.gov.cn/mfa_eng/xwfw_665399/s2510_665401/202203/t20220302_10647299.html.
33 "Remarks by President Biden in Press Conference." The White House, March 25, 2021.
https://www.whitehouse.gov/briefing-room/speeches-remarks/2021/03/25/remarks-by-president-biden-in-press-conference/.
34 Steven Feldstein. "The Global Expansion of AI Surveillance." Carnegie Endowment for International Peace, September 17, 2019.
https://carnegieendowment.org/2019/09/17/global-expansion-of-ai-surveillance-pub-79847.
35 Hal Brands and Michael Beckley. *Danger Zone: the Coming Conflict with China*. New York: W.W. Norton & Company, 2022.

第5章 「あいまい戦略」見直し迫られる米国の台湾海峡政策

1 "Remarks by President Biden and Prime Minister Kishida Fumio of Japan in Joint Press Conference." The White House, May 23, 2022. https://www.whitehouse.gov/briefing-room/speeches-remarks/2022/05/23/remarks-by-president-biden-and-prime-minister-fumio-kishida-of-japan-in-joint-press-conference/.
2 "Taiwan Relations Act." US Congress, April 10, 1979. https://www.congress.gov/96/statute/STATUTE-93/STATUTE-93-Pg14.pdf.
3 "日本国とアメリカ合衆国との間の相互協力及び安全保障条約," 外務省.
https://www.mofa.go.jp/mofaj/area/usa/hosho/jyoyaku.html.
4 Steven M. Goldstein. *China and Taiwan.* Malden, MA: Polity Press, 2015.
5 "President Bush and Premier Wen Jiabao Remarks to the Press." The White House, December 9, 2003.
https://georgewbush-whitehouse.archives.gov/news/releases/2003/12/20031209-2.html.
6 Richard Bush. *The US Policy of Dual Deterrence*. Edited by Steve Tsang. *If China Attacks Taiwan: Military Strategy, Politics and Economics* (London: Routledge, 2006), 35-53.
7 "The Administration's Approach to the People's Republic of China." US Department of State, May 26, 2022.
https://www.state.gov/the-administrations-approach-to-the-peoples-republic-of-china/.
8 "Joint Communique between the United States and China." Woodrow Wilson International Center, February 27, 1972. https://digitalarchive.wilsoncenter.org/document/joint-communique-between-united-states-and-china.

9 Richard Haass and David Sacks. "American Support for Taiwan Must Be Unambiguous." *Foreign Affairs*, September 2, 2020.
https://www.foreignaffairs.com/articles/united-states/american-support-taiwan-must-be-unambiguous.
10 Ken Moriyasu. "US Should Rethink Taiwan 'Strategic Ambiguity': Indo-Pacific Chief." *Nikkei Asia,* March 10, 2021. https://asia.nikkei.com/Politics/International-relations/Indo-Pacific/US-should-rethink-Taiwan-strategic-ambiguity-Indo-Pacific-chief.
11 "Full Transcript of ABC News' George Stephanopoulos' Interview with President Joe Biden." *ABC News*, August 19, 2021. https://abcnews.go.com/Politics/full-transcript-abc-news-george-stephanopoulos-interview-president/story?id=79535643.
12 Kevin Liptak. "Biden Vows to Protect Taiwan in Event of Chinese Attack." *CNN*, October 22, 2021.
https://edition.cnn.com/2021/10/21/politics/taiwan-china-biden-town-hall.
13 Scott Pelley. "President Joe Biden: The 2022 60 Minutes Interview." *CBS News*, September 18, 2022.
https://www.cbsnews.com/news/president-joe-biden-60-minutes-interview-transcript-2022-09-18/.
14 "U.S.- Japan Joint Leaders' Statement: 'U.S. – JAPAN GLOBAL PARTNERSHIP FOR A NEW ERA.'" The White House, April 16, 2021.
https://www.whitehouse.gov/briefing-room/statements-releases/2021/04/16/u-s-japan-joint-leaders-statement-u-s-japan-global-partnership-for-a-new-era/.
15 "A Bristling China Says Biden Remarks on Taiwan 'Severely Violate' U.S. Policy." *CBS News,* September 19, 2022.
https://www.cbsnews.com/news/china-biden-taiwan-remarks-angry-reaction/#lnhe99zd8r6eom8or7k.
16 "U.S. Relations With Taiwan." US Department of States, May 28, 2022.
https://www.state.gov/u-s-relations-with-taiwan/.
17 "Overview on Taiwan Semiconductor Industry(2023 Edition)." Taiwan Semiconductor Industry Association, June 14, 2023. https://www.tsia.org.tw/EN/PublOverview?nodeID=60.
18 Mark Takano (Chairman of the House Committee on Veterans' Affairs), in discussion with the author, December 1, 2021.
19 園田耕司. "バイデン氏「専制国家は自由の炎消せない」 民主主義サミットが閉幕." *朝日新聞*, December 11, 2021. https://digital.asahi.com/articles/ASPDC3D6KPDCUHBI006.html.
20 "Remarks by President Biden in Press Gaggle." The White House, January 25, 2022. https://www.whitehouse.gov/briefing-room/speeches-remarks/2022/01/25/remarks-by-president-biden-in-press-gaggle-4/.
21 "Remarks by President Biden Announcing Actions to Continue to Hold Russia Accountable." The White House, March 11, 2022. https://www.whitehouse.gov/briefing-room/speeches-remarks/2022/03/11/remarks-by-president-biden-announcing-actions-to-continue-to-hold-russia-accountable/.
22 Justin Logan (Director of Defense and Foreign Policy Studies at the Cato Institute), in discussion with the author, February 22, 2022.
23 石田耕一郎. "台湾で米軍の信頼急落　有事参戦めぐる世論調査　自衛隊に期待43%." *朝日新聞*, March 22, 2022. https://digital.asahi.com/articles/ASQ3Q6S7NQ3QUHBI01H.html.
24 Eric Heginbotham (Principal Research Scientist at MIT Center for International Studies), in discussion with the author, March 10, 2022.

25 Michael Green (Former Senior Director for Asian affairs at the National Security Council), in discussion with the author, March 22, 2022.
26 "Remarks by President Biden and Prime Minister Kishida Fumio of Japan in Joint Press Conference." The White House, May 23, 2022. https://www.whitehouse.gov/briefing-room/speeches-remarks/2022/05/23/remarks-by-president-biden-and-prime-minister-fumio-kishida-of-japan-in-joint-press-conference/.
27 "Remarks by Former President Trump on Iran." US Embassy in Israel, January 8, 2020. https://il.usembassy.gov/remarks-by-president-trump-on-iran-january-8-2020/.
28 Lawrence Korb (Former Assistant Secretary of Defense), in discussion with the author, May 19, 2021.

第6章　習近平の台湾統一に向けた決意

1 Mallory Shelbourne. "Davidson: China Could Try to Take Control of Taiwan In 'Next Six Years.'" *USNI News,* March 9, 2021. https://news.usni.org/2021/03/09/davidson-china-could-try-to-take-control-of-taiwan-in-next-six-years.
2 Idrees Ali and Phil Stewart. "Low Probability of China Trying to Seize Taiwan in near Term -Top U.S. General." *Reuters,* June 18, 2021. https://www.reuters.com/world/asia-pacific/low-probability-china-tries-seize-taiwan-militarily-near-term-top-us-general-2021-06-17/.
3 William D. Hartung (Senior Research Fellow at Quincy Institute for Responsible Statecraft), in discussion with the author, May 5, 2021.
4 Philip S. Davidson (Former Commander of US Indo-Pacific Command), in discussion with the author, September 23, 2021.
5 Michael Martina and David Brunnstrom. "CIA Chief Warns against Underestimating Xi's Ambitions toward Taiwan." *Reuters*, February 3, 2023. https://www.reuters.com/world/cia-chief-says-chinas-xi-little-sobered-by-ukraine-war-2023-02-02/.
6 "Cairo Communiqué." National Diet Library.
https://www.ndl.go.jp/constitution/e/shiryo/01/002_46/002_46tx.html.
7 "Potsdam Declaration." National Diet Library. https://www.ndl.go.jp/constitution/e/etc/c06.html.
8 Richard C. Bush. *At Cross Purposes: U.S.-Taiwan Relations Since 1942* (London: Routledge, 2004), 9-39.
9 井波律子訳. *三国志演義(一)*(東京: 講談社, 2014), 34.
10 The Taiwan Affairs Office and the Information Office of the State Council. "'The One-China Principle and The Taiwan Issue.'" *The New York Times*, February 21, 2000.
https://archive.nytimes.com/www.nytimes.com/library/world/asia/022200china-taiwan-text.html.
11 習近平. "中国共産党第20回全国代表大会報告全文." *新華社*, October 16, 2022.
https://jp.news.cn/20221028/7d7768e4a1b34579b9b49d0bcad9ec14/202210287d7768e4a1b34579b9b49d0bcad9ec14_zhongguogongchandangdi%EF%BC%92%EF%BC%90huidangdahuibaogaoquanwen.pdf.
12 "Foreign Ministry Spokesperson Wang Wenbin's Regular Press Conference on April 17, 2023." Ministry of Foreign Affairs, the People's Republic of China, April 17, 2023.
https://www.fmprc.gov.cn/mfa_eng/xwfw_665399/s2510_665401/202304/t20230417_11060585.html.
13 "Joint Communique of the United States of America and the People's Republic of China (Normalization Communiqué)." American Institute in Taiwan, January 1, 1979.

https://www.ait.org.tw/u-s-prc-joint-communique-1979/.
14 "White Paper: The Taiwan Question and China's Reunification in the New Era." Embassy of the People's Republic of China in the United States of America, August 10, 2022. http://us.china-embassy.gov.cn/eng/zgyw/202208/t20220810_10740168.htm.
15 "A Policy of 'One Country, Two Systems' on Taiwan." Ministry of Foreign Affairs of the People's Republic of China.
https://www.fmprc.gov.cn/eng/ziliao_665539/3602_665543/3604_665547/200011/t20001117_697847.html.
16 "世界に中国はただ一つ—「台湾問題と新時代の中国統一事業」白書　特別号." 中華人民共和国駐大阪総領事館, August 2022.
http://osaka.china-consulate.gov.cn/jpn/gk/202302/P020230210580801749250.pdf.
17 Steven M. Goldstein. *China and Taiwan.* Malden, MA: Polity Press, 2015.
18 "汪道涵会長、宋楚瑜親民党主席一行と会見." 中華人民共和国駐日本国大使館, May 9, 2005. http://jp.china-embassy.gov.cn/jpn/zt/www12/200505/t20050509_1988219.htm.
19 "馬総統：「一つの中国」は中華民国を指す." 中華民国（台湾）外交部, August 29, 2011.
https://jp.taiwantoday.tw/news.php?unit=148&post=68744.
20 習近平. "中国共産党第20回全国代表大会報告全文." *新華社*, October 16, 2022. https://jp.news.cn/20221028/7d7768e4a1b34579b9b49d0bcad9ec14/202210287d7768e4a1b34579b9b49d0bcad9ec14_zhongguogongchandangdi%EF%BC%92%EF%BC%90huidangdahuibaogaoquanwen.pdf.
21 Xi Jinping. "Working Together to Realize Rejuvenation of the Chinese Nation and Advance China's Peaceful Reunification Speech at the Meeting Marking the 40th Anniversary of the Issuance of the Message to Compatriots in Taiwan." Taiwan Work Office of the Communist Party of China (CPC) Central Committee, January 2, 2019. http://www.gwytb.gov.cn/wyly/201904/t20190412_12155687.htm.
22 "Full Text of Resolution on Party Constitution Amendment." Press Center for the 20th National Congress of the Communist Party of China, October 22, 2022. http://20th.cpcnews.cn/english/n101/2022/1022/c111-841.html.
23 "China's Xi Says Political Solution for Taiwan Can't Wait Forever." *Reuters*, October 6, 2013.
https://www.reuters.com/article/us-asia-apec-china-taiwan-idUSBRE99503Q20131006.
24 冨名腰隆. "習氏演説、「強国」路線に触れず　警戒されて軌道修正か." *朝日新聞,* October 2, 2019.
https://digital.asahi.com/articles/ASMB154R0MB1UHBI034.html?iref=pc_ss_date_article.
25 習近平. "中国共産党第20回全国代表大会報告全文." *新華社*, October 16, 2022. https://jp.news.cn/20221028/7d7768e4a1b34579b9b49d0bcad9ec14/202210287d7768e4a1b34579b9b49d0bcad9ec14_zhongguogongchandangdi%EF%BC%92%EF%BC%90huidangdahuibaogaoquanwen.pdf.
26 John Feng. "Taiwan's Desire for Unification With China Near Record Low as Tensions Rise." *Newsweek,* 2022. https://www.newsweek.com/taiwan-china-politics-identity-independence-unification-public-opinion-polling-1724546.
27 "89% of Taiwanese Oppose China's 'One Country, Two Systems': Poll." *Taiwan News*, August 7, 2020.
https://www.taiwannews.com.tw/en/news/3982562.
28 "Taiwan Political Upstart Replaces KMT as Second Most Popular Party: Poll." *The Straits Times*, June 16, 2023. https://www.straitstimes.com/asia/east-asia/taiwan-political-upstart-replaces-kmt-as-second-most-

popular-party-poll.
29 "反国家分裂法（全文）." 中華人民共和国駐日本国大使館, March 14, 2005. http://jp.china-embassy.gov.cn/jpn/zt/www12/200503/t20050314_1988153.htm.
30 David C. Gompert, Astrid Stuth Cevallos, and Cristina L. Garafola. "War with China: Thinking Through the Unthinkable." RAND Corporation, 2016. https://www.rand.org/content/dam/rand/pubs/research_reports/RR1100/RR1140/RAND_RR1140.pdf.

第7章　台湾海峡有事のメカニズムと軍事衝突シナリオ

1 "Wang Yi on Pelosi's Taiwan Trip: Those Who Offend China Will Be Punished." *CGTN,* August 3, 2022. https://news.cgtn.com/news/2022-08-03/Wang-Yi-says-those-who-offend-China-will-be-punished--1cc3rdc9ESQ/index.html.
2 "Chart of the Day: Multiple Firsts of the PLA's Military Drills Surrounding Taiwan Island." *CGTN*, August 5, 2022. https://news.cgtn.com/news/2022-08-05/Multiple-firsts-of-the-PLA-s-military-drills-surrounding-Taiwan-island-1cfu5MLwKS4/index.html.
3 "中国による弾道ミサイル発射事案後の岸防衛大臣臨時会見." 防衛省, August 4, 2022.
https://www.mod.go.jp/j/press/kisha/2022/0804a_r.html.
4 "Foreign Ministry Spokesperson Announces China's Sanctions on U.S. House Speaker Nancy Pelosi." Ministry of Foreign Affairs of the People's Republic of China, August 5, 2022.
https://www.fmprc.gov.cn/mfa_eng/xwfw_665399/s2510_665401/202208/t20220805_10735509.html.
5 Gordon H. Chang and He Di. "The Absence of War in the U.S.-China Confrontation over Quemoy and Matsu in 1954-1955: Contingency, Luck, Deterrence," *The American Historical Review* 98, no. 5 (December 1993): 1500–1524. https://www.jstor.org/stable/2167064.
6 "The Taiwan Straits Crises: 1954–55 and 1958." US Department of State.
https://history.state.gov/milestones/1953-1960/taiwan-strait-crises.
7 "110. Telegram From the Embassy in the Soviet Union to the Department of State." US Department of State, September 19, 1958. https://history.state.gov/historicaldocuments/frus1958-60v19/d110.
8 Chen Jian. *Beijing's Changing Policies Toward Taiwan: A Historical Review*. Edited by Kenneth K. Klinkner. *The United States & Cross-Straits Relations: China, Taiwan and the US Entering a New Century.* Champaign, IL: Center for East Asian and Pacific Studies, University of Illinois, 2001. 25-52.
9 Robert S. Ross. "The 1995-96 Taiwan Strait Confrontation: Coercion, Credibility, and the Use of Force." *International Security* 25, no. 2 (2000): 87–123. http://www.jstor.org/stable/2626754.
10 Charlie Savage. "Risk of Nuclear War Over Taiwan in 1958 Said to Be Greater Than Publicly Known." *The New York Times,* May 22, 2021.
https://www.nytimes.com/2021/05/22/us/politics/nuclear-war-risk-1958-us-china.html.
11 Morton Halperin. "THE 1958 TAIWTAN STRAITS CRISIS: A DOCUMENTED HISTORY (U) ." *The New York Times*, December 1966. https://int.nyt.com/data/documenttools/1958-taiwan-straits-crisis-rand-halperin-ellsberg-unredacted/5a0106bdaea6ad38/full.pdf.
12 Daniel Ellsberg (Nuclear Policy Expert), in discussion with the author, May 25, 2021.
13 Elbridge Colby. "If You Want Peace, Prepare for Nuclear War." *Foreign Affairs,* October 15, 2018.

https://www.foreignaffairs.com/articles/china/2018-10-15/if-you-want-peace-prepare-nuclear-war.
14 “President Tsai Meets US Delegation Led by House of Representatives Speaker Nancy Pelosi.” Office of the President ROC, August 3, 2022. https://english.president.gov.tw/NEWS/6292.
15 Andrew Desiderio. “Pelosi and China: The Making of a Progressive Hawk.” *Politico,* July 28, 2022. https://www.politico.com/news/2022/07/28/pelosi-china-taiwan-00048352.
16 “Remarks by President Biden After Air Force One Arrival.” The White House, July 20, 2022. https://www.whitehouse.gov/briefing-room/speeches-remarks/2022/07/20/remarks-by-president-biden-after-air-force-one-arrival-5/.
17 “President Xi Jinping Speaks with US President Joe Biden on the Phone.” Ministry of Foreign Affairs of the People's Republic of China, July 29, 2022. https://www.fmprc.gov.cn/eng/zxxx_662805/202207/t20220729_10729593.html.
18 “Foreign Ministry Spokesperson Zhao Lijian's Regular Press Conference on August 1, 2022.” Ministry of Foreign Affairs of the People's Republic of China, August 1, 2022. https://www.fmprc.gov.cn/eng./xwfw_665399/s2510_665401/2511_665403/202208/t20220801_10731629.html.
19 “Foreign Ministry Spokesperson Hua Chunying's Regular Press Conference on August 4, 2022.” Ministry of Foreign Affairs of the People's Republic of China, August 4, 2022. https://www.fmprc.gov.cn/mfa_eng/xwfw_665399/s2510_665401/2511_665403/202208/t20220805_10734891.html.
20 Global Times (@globaltimesnews). “‘We are fully prepared for any eventuality. Fight upon order, bury every intruder, move toward joint and successful operation!’ Check the video released by the PLA Eastern Theater Command on #ArmyDay on Monday which marks the 95th anniversary of the founding of the PLA.”X, August 1, 2022, 9:43 p.m. https://twitter.com/globaltimesnews/status/1554085419784245248?lang=en.
21 “Tracking the Fourth Taiwan Strait Crisis.” CSIS. https://chinapower.csis.org/tracking-the-fourth-taiwan-strait-crisis/.
22 Jayce Lee and Jamie Freed.“Airlines Scrap, Reroute Flights as China Fires Live Missles in Drills near Taiwan.” *Reuters*, August 5, 2022. https://www.reuters.com/world/asia-pacific/airlines-cancel-reroute-flights-during-chinese-military-drills-near-taiwan-2022-08-05/.
23 Liu Wei.“PLA Drill around Taiwan: What Has Been Accomplished and What's Ahead?” *CGTN*, August 8, 2022. https://news.cgtn.com/news/2022-08-08/PLA-drill-around-Taiwan-What-has-been-accomplished-and-what-s-ahead--1cjmeBbSZSo/index.html.
24 高田正幸 and 冨名腰隆. “「怒り」の裏で「悲願」へ布石か　ペロシ氏訪台、時計の針進める中国.” *朝日新聞*, August 9, 2022. https://digital.asahi.com/articles/ASQ895TFSQ89UHBI01K.html?_requesturl=articles%2FASQ895TFSQ89UHBI01K.html&pn=8.
25 General Charles Q. Brown, Jr. (US Chairman of the Joint Chiefs of Staff), in discussion with the author, November 10, 2021.
26 “Military Expenditure (Current USD) - China.” The World Bank. https://data.worldbank.org/indicator/MS.MIL.XPND.CD?locations=CN.
27 Oriana Skylar Mastro. “The Taiwan Temptation: Why Beijing Might Resort to Force.” *Foreign Affairs,* June 3, 2021. https://www.foreignaffairs.com/articles/china/2021-06-03/china-taiwan-war-temptation.

28 Kathryn Watson. “Joint Chiefs of Staff Chairman Mark Milley says China's hypersonic weapons test was almost a ‘Sputnik moment.’” *CBS News,* October 27, 2021. https://www.cbsnews.com/news/china-hypersonic-missile-sputnik-moment/.

29 “China Aiming 200 More Missiles at Taiwan: MND.” *Taipei Times*, September 4, 2012. https://www.taipeitimes.com/News/front/archives/2012/09/04/2003541913.

30 Scott W. Harold (Senior Political Scientist and the Associate Director of the Center for Asia Pacific Policy at the RAND Corporation), in discussion with the author, April 29, 2021.

31 Michael E.O'Hanlon. “Can China Take Taiwan? Why No One Really Knows.” Brookings Institution, August 2022. https://www.brookings.edu/articles/can-china-take-taiwan-why-no-one-really-knows/.

32 Joseph Webster. “Does Taiwan's Massive Reliance on Energy Imports Put Its Security at Risk?” Atlantic Council, July 7, 2023. https://www.atlanticcouncil.org/blogs/new-atlanticist/does-taiwans-massive-reliance-on-energy-imports-put-its-security-at-risk/.

33 Bradley Martin, Kristen Gunness, Paul DeLuca, and Melissa Shostak. “Implications of a Coercive Quarantine of Taiwan by the People's Republic of China.” The RAND Corporation, 2022. https://www.rand.org/pubs/research_reports/RRA1279-1.html.

34 習近平. “中国共産党第20回全国代表大会報告全文.” *新華社*, October 16, 2022. https://jp.news.cn/20221028/7d7768e4a1b34579b9b49d0bcad9ec14/202210287d7768e4a1b34579b9b49d0bcad9ec14_zhongguogongchandangdi%EF%BC%92%EF%BC%90huidangdahuibaogaoquanwen.pdf

35 西本秀. “「台湾有事は日本有事」 安倍元首相が台湾のシンポでオンライン講演.” *朝日新聞*, December 1, 2021. https://digital.asahi.com/articles/ASPD15JM0PD1UHBI01K.html.

36 “世界の核兵器保有数（2023年1月時点）.” へいわ創造機構ひろしま(HOPe), 2023. https://hiroshimaforpeace.com/nuclearweapon2023/.

37 “Military and Security Developments Involving the People's Republic of China.” US Department of Defense, 2023. https://media.defense.gov/2023/Oct/19/2003323409/-1/-1/1/2023-MILITARY-AND-SECURITY-DEVELOPMENTS-INVOLVING-THE-PEOPLES-REPUBLIC-OF-CHINA.PDF.

38 Bruce A Elleman. *High Seas Buffer*. Newport, Rhode Island: U.S. Naval War College Press, 2012.

39 “Chinese Warship Passed in ‘unsafe Manner’ near Destroyer in Taiwan Strait, US Says.” *Reuters*, June 5, 2023. https://www.reuters.com/world/asia-pacific/chinese-warship-passed-unsafe-manner-near-us-destroyer-taiwan-strait-us-2023-06-04/.

第8章「対中抑止同盟」へと変質する日米同盟

1 “Ex-Japanese PM: Japan, US, like-Minded Nations Must Be Ready to Deter War amid Taiwan Tensions.” *ANC 24/7*, August 8, 2023. https://www.youtube.com/watch?app=desktop&v=cN_8Z2NUy4k.

2 “National Security Strategy.” The White House, October 2022. https://www.whitehouse.gov/wp-content/uploads/2022/10/Biden-Harris-Administrations-National-Security-Strategy-10.2022.pdf.

3 Glenn H. Snyder. “The Security Dilemma in Alliance Politics.” *World Politics* 36, no. 4 (1984): 461–95. https://doi.org/10.2307/2010183.

4 “国家安全保障戦略.” 国家安全保障会議, December 16, 2022. https://www.mod.go.jp/j/policy/agenda/guideline/pdf/security_strategy.pdf.

5 “National Security Strategy.” The White House, October 2022. https://www.whitehouse.gov/wp-content/uploads/2022/10/Biden-Harris-Administrations-National-Security-Strategy-10.2022.pdf.

6 “未来に目を向けた友好関係を 鄧小平中国副首相 .” 日本記者クラブ, October 25, 1978. https://s3-us-west-2.amazonaws.com/jnpc-prd-public-oregon/files/opdf/117.pdf.

7 園田耕司. “(検証・尖閣国有化５年：上) 尖閣沖衝突「日中関係考え政治決着」.” *朝日新聞*, September 13, 2017.

8 “「古来から中国の海洋領土である」「尖閣諸島」周辺で中国船4隻が一時‘領海侵犯’ 海保との‘緊迫のやりとり’が公開.” *JNN*, January 31, 2023. https://www.youtube.com/watch?v=T59J3tl4a_E.

9 国吉美香. “沖縄・石垣市長が尖閣諸島を海上視察 初使用のドローンで撮影も.” *朝日新聞*, January 31, 2023. https://digital.asahi.com/articles/ASR106D5SR10UTIL025.html.

10 “尖閣諸島周辺海域における中国海警局に所属する船舶等の動向と我が国の対処.” 海上保安庁. https://www.kaiho.mlit.go.jp/mission/senkaku/senkaku.html.

11 “釣魚島問題の基本的状況.” 中華人民共和国駐日本国大使館, September 15, 2012. http://jp.china-embassy.gov.cn/jpn/zt/diaoyudao/jibenqingkuang/201209/t20120915_2038114.htm.

12 “尖閣諸島情勢に関するQ&A.” 外務省. https://www.mofa.go.jp/mofaj/area/senkaku/qa_1010.html.

13 “日米安全保障条約（主要規定の解説）.” 外務省. https://www.mofa.go.jp/mofaj/area/usa/hosho/jyoyaku_k.html.

14 園田耕司. *独裁と孤立 トランプのアメリカ・ファースト*（東京: 筑摩書房, 2020）, 263

15 “Remarks by President Trump in Press Conference | Osaka, Japan.” The White House, June 29, 2019. https://trumpwhitehouse.archives.gov/briefings-statements/remarks-president-trump-press-conference-osaka-japan/.

16 John R. Bolton. *The Room Where It Happened : A White House Memoir*. New York, NY: Simon & Schuster, 2020.

17 Stephen M. Walt. *The Hell of Good Intentions : America’s Foreign Policy Elite and the Decline of U.S. Primacy*. New York: Farrar, Straus and Giroux, 2018.

18 “The Top 15 Military Spenders, 2022.” Stockholm International Peace Research Institute, April 2023. https://www.sipri.org/visualizations/2023/top-15-military-spenders-2022.

19 “TICAD VI開会に当たって・安倍晋三日本国総理大臣基調演説.” 外務省, August 27, 2016. https://www.mofa.go.jp/mofaj/afr/af2/page4_002268.html.

20 “Remarks by President Trump at APEC CEO Summit | Da Nang, Vietnam.” The White House, November 10, 2017. https://trumpwhitehouse.archives.gov/briefings-statements/remarks-president-trump-apec-ceo-summit-da-nang-vietnam/.

21 “Indo-Pacific Strategy Report, Preparedness, Partnerships, and Promoting a Networked Region .” Department of Defense, June 1, 2019. https://media.defense.gov/2019/Jul/01/2002152311/-1/-1/1/DEPARTMENT-OF-DEFENSE-INDO-PACIFIC-STRATEGY-REPORT-2019.PDF.

22 Saloni Salil. “AUKUS and QUAD: Beijing’s Response.” *SP’s Naval Forces,* May 2021. https://www.spsnavalforces.com/story/?id=775&h=AUKUS-and-QUAD-Beijingandrsquo.

23 “総合政策集2021 J-ファイル.” 自由民主党. October 18, 2021. https://storage2.jimin.jp/pdf/pamphlet/20211018_j-file_pamphlet.pdf.

24 “国家安全保障戦略.” 国家安全保障会議, December 16, 2022.
https://www.mod.go.jp/j/policy/agenda/guideline/pdf/security_strategy.pdf.
25 “Remarks by President Biden at a Campaign Reception.” The White House, June 20, 2023. https://www.whitehouse.gov/briefing-room/speeches-remarks/2023/06/20/remarks-by-president-biden-at-a-campaign-reception/.
26 “Remarks by President Biden, Prime Minister Kishida of Japan, and President Zelenskyy of Ukraine in a G7 Joint Declaration of Support for Ukraine | Vilnius, Lithuania.” The White House, July 12, 2023. https://www.whitehouse.gov/briefing-room/press-briefings/2023/07/12/remarks-by-president-biden-prime-minister-kishida-of-japan-and-president-zelenskyy-of-ukraine-in-a-g7-joint-declaration-of-support-for-ukraine-vilnius-lithuania/.
27 “衆議院議員伊藤英成君提出内閣法制局の権限と自衛権についての解釈に関する質問に対する答弁書.” 衆議院, July 15, 2003.
https://www.shugiin.go.jp/internet/itdb_shitsumon.nsf/html/shitsumon/b156119.htm.
28 “国家安全保障戦略.” 国家安全保障会議, December 16, 2022.
https://www.mod.go.jp/j/policy/agenda/guideline/pdf/security_strategy.pdf.
29 “林外務大臣会見記録.” 外務省, December 16, 2022.
https://www.mofa.go.jp/mofaj/press/kaiken/kaiken24_000158.html.
30 “岸田総理大臣のNATO首脳会合出席（結果）.” 外務省, June 29, 2022.
https://www.mofa.go.jp/mofaj/erp/ep/page4_005633.html.
31 “共同声明.” 外務省, January 31, 2023. https://www.mofa.go.jp/files/100453089.pdf.
32 “China-Russia Trade Rises 34.3% to $190 Billion in 2022, a New Record High.” *Global Times,* January 13, 2023. https://www.globaltimes.cn/page/202301/1283761.shtml.
33 Shinya Sugisaki. “NATO Head Outlines Ways Japan could do more for Ukraine.” *The Asahi Shimbun,* February 2, 2023. https://www.asahi.com/ajw/articles/14830019.
34 “NATO. 2022, Strategic Concept.” NATO, June 29, 2022. https://www.nato.int/strategic-concept/.
35 “The North Atlantic Treaty.” NATO. https://www.nato.int/cps/en/natohq/official_texts_17120.htm.
36 Amy Qin and Austin Ramzy. “Labeled a ‘Challenge’ by NATO, China Signals its Own Hard-Line Worldview.” *The New York Times,* July 1, 2022. https://www.nytimes.com/2022/07/01/world/asia/china-nato.html.
37 “日本の安全保障政策.” 外務省. https://www.mofa.go.jp/mofaj/fp/nsp/page1w_000098.html.
38 “外交青書２０２２.” 外務省.
https://www.mofa.go.jp/mofaj/gaiko/bluebook/2022/html/chapter3_01_03.html.
39 “各セッションの概要.” 外務省, December 17, 2023.
https://www.mofa.go.jp/mofaj/files/100596423.pdf.
40 “日本ＡＳＥＡＮ友好協力に関する共同ビジョン・ステートメント.” 外務省, December 17, 2023.
https://www.mofa.go.jp/mofaj/files/100601311.pdf.
41 “フィリピン上下両院合同セッションにおける岸田総理大臣の政策スピーチ（「次世代に繋ぐ心と心の絆」）.” 外務省, November 4, 2023. https://www.mofa.go.jp/mofaj/s_sa/sea2/ph/page1_001886.html.
42 “National Security Strategy.” The White House, October 2022. https://www.whitehouse.gov/wp-content/

uploads/2022/10/Biden-Harris-Administrations-National-Security-Strategy-10.2022.pdf.
43 "ASEAN Remains China's No.1 Trade Partner from Jan to Apr, Accounting for 14.6% of Total Trade." *Global Times*, May 9, 2022. https://www.globaltimes.cn/page/202205/1265133.shtml.
44 "ASEAN OUTLOOK ON THE INDO-PACIFIC." ASEAN. https://asean.org/asean2020/wp-content/uploads/2021/01/ASEAN-Outlook-on-the-Indo-Pacific_FINAL_22062019.pdf.
45 "Remarks by President Biden and Prime Minister Suga of Japan at Press Conference." The White House, April 16, 2021. https://www.whitehouse.gov/briefing-room/speeches-remarks/2021/04/16/remarks-by-president-biden-and-prime-minister-suga-of-japan-at-press-conference/.
46 "Background Press Call by a Senior Administration Official on the Official Working Visit of Japan." The White House, April 15, 2021. https://www.whitehouse.gov/briefing-room/press-briefings/2021/04/15/background-press-call-by-a-senior-administration-official-on-the-official-working-visit-of-japan/.
47 "National Security Strategy." The White House, October 2022. https://www.whitehouse.gov/wp-content/uploads/2022/10/Biden-Harris-Administrations-National-Security-Strategy-10.2022.pdf.
48 園田耕司 and 佐藤武嗣. "米、対中ミサイル網計画　配備先、日本は「最有力候補」." *朝日新聞*, July 8, 2021. https://digital.asahi.com/articles/ASP7776F4P50UHBI03L.html.
49 Eric Sayers (Former Special Assistant to the Commander at US Pacific Command), in discussion with the author, May 18, 2021.
50 Lawrence Korb (Former Assistant Secretary of Defense), in discussion with the author, May 19, 2021.
51 "危機に抗して国家の総合力を発揮できる安全保障戦略." 一般財団法人平和・安全保障研究所, July 2022. https://www.rips.or.jp/jp/wp-content/uploads/2022/07/840a6c60bdfe00bdcdfa29b98bddfcfe.pdf.
52 Scott W. Harold (Senior Political Scientist and the Associate Director of the Center for Asia Pacific Policy at the RAND Corporation), in discussion with the author, April 29, 2021.
53 "U.S. Strategic Framework for the Indo-Pacific." The White House, January 5, 2021. https://trumpwhitehouse.archives.gov/wp-content/uploads/2021/01/IPS-Final-Declass.pdf.
54 "木原防衛大臣が初めて沖縄を訪れる　宮古·石垣の自衛隊を視察　各市長と面談." *琉球朝日放送*, September 25, 2023. https://www.qab.co.jp/news/20230925187440.html.
55 "防衛力整備計画について." 国家安全保障会議, December 16, 2022. https://www.kantei.go.jp/jp/content/000120948.pdf.
56 "日米安全保障共同宣言." 外務省, April 17, 1996. https://www.mofa.go.jp/mofaj/area/usa/hosho/sengen.html.
57 "Quad Setting Itself up as Core of Divisive, Disruptive 'Asian NATO': *China Daily* Editorial." *China Daily*, March 6, 2023. https://www.chinadaily.com.cn/a/202303/06/WS6405d400a31057c47ebb2941.html.
58 "Level of GDP per Capita and Productivity." OECD. https://stats.oecd.org/index.aspx?DataSetCode=PDB_LV.
59 "2024 Japan Military Strength." Global Firepower. https://www.globalfirepower.com/country-military-strength-detail.php?country_id=japan.
60 Shayna Freisleben. "A Guide to Trump's Past Comments about NATO." *CBS News*, April 12, 2017. https://www.cbsnews.com/news/trump-nato-past-comments/.

終章　米中衝突という最悪の事態を回避するために

1 "『世界の核弾頭データ』2023年版." 長崎大学核兵器廃絶研究センター , June 5, 2023. https://www.recna.nagasaki-u.ac.jp/recna/topics/43620.

2 Jim McKairnes. "A Slice of Television History: Why 100 Million Viewers Tuned in to Watch a TV Movie in 1983." *USA TODAY,* November 20, 2023. https://www.usatoday.com/story/entertainment/tv/2023/11/20/the-day-after-1983-movie-turns-40/71570792007/.

3 "令和５年版防衛白書." 防衛省, 2023. http://www.clearing.mod.go.jp/hakusho_data/2023/html/n130202000.html.

4 "Military and Security Developments Involving the People's Republic of China." US Department of Defense, 2023. https://media.defense.gov/2023/Oct/19/2003323409/-1/-1/1/2023-MILITARY-AND-SECURITY-DEVELOPMENTS-INVOLVING-THE-PEOPLES-REPUBLIC-OF-CHINA.PDF.

5 "2022 Nuclear Posture Review." US Department of Defense, 2022. https://media.defense.gov/2022/Oct/27/2003103845/-1/-1/1/2022-NATIONAL-DEFENSE-STRATEGY-NPR-MDR.PDF.

6 Robert F. Kennedy and Arthur M. Schlesinger. *Thirteen Days : A Memoir of the Cuban Missile Crisis.* New York: W.W. Norton, 1999.

7 Rob Garver. "Mexico Unseats China as Top Exporter to US." *VOA,* January 12, 2024. https://www.voanews.com/a/mexico-unseats-china-as-top-importer-to-us/7438109.html.

8 "China-Russia Trade Rises 34.3% to $190 Billion in 2022, a New Record High." *Global Times,* January 13, 2023. https://www.globaltimes.cn/page/202301/1283761.shtml.

9 Dale C. Copeland. "Economic Interdependence and War: A Theory of Trade Expectations." *International Security* 20, no. 4 (1996): 5–41. https://doi.org/10.2307/2539041.

10 "Watch: President Biden Welcomes Chinese President Xi to Summit at Filoli House in Woodside, Calif." *KPIX | CBS NEWS BAY AREA,* November 15, 2023. https://www.youtube.com/watch?v=GRIJWKIxU50.

11 "Remarks by President Biden and President Xi Jinping of the People's Republic of China Before Bilateral Meeting | Woodside, CA." The White House, November 15, 2023. https://www.whitehouse.gov/briefing-room/speeches-remarks/2023/11/15/remarks-by-president-biden-and-president-xi-jinping-of-the-peoples-republic-of-china-before-bilateral-meeting-woodside-ca/.

12 "Xi, Biden Share Nostalgic Moment Ahead of Banquet." *Xinhua*, November 16, 2023. https://english.news.cn/20231116/b85054db7343431fa64aed2c08ddbcaa/c.html.

13 "Xi, Biden Talk on Strategic Issues Critical to China-U.S. Relations, World." *Xinhua,* November 16, 2023. https://english.news.cn/20231116/05437ba269bc4ba498951f42f7100eb5/c.html.

14 "Remarks by President Biden in a Press Conference | Woodside, CA." The White House, November 16, 2023. https://www.whitehouse.gov/briefing-room/speeches-remarks/2023/11/16/remarks-by-president-biden-in-a-press-conference-woodside-ca/.

15 Kurt M. Campbell and Jake Sullivan. "Competition Without Catastrophe." *Foreign Affairs*, August 1, 2019. https://www.foreignaffairs.com/china/competition-with-china-catastrophe-sullivan-campbell.

16 "Remarks by President Biden and President Xi of the People's Republic of China Before Virtual Meeting." The White House, November 15, 2021.

https://www.whitehouse.gov/briefing-room/statements-releases/2021/11/15/remarks-by-president-biden-and-president-xi-of-the-peoples-republic-of-china-before-virtual-meeting/.

17 Nixon, *Arena*, 351.

18 "U.S. Arms Sales to Taiwan." Forum on the Arms Trade. https://www.forumarmstrade.org/ustaiwan.html.

19 日本再建イニシアティブ. *現代日本の地政学*(東京: 中央公論新社, 2017), 103-119.

園田耕司(そのだ・こうじ)

朝日新聞元ワシントン特派員（現政治部次長）

1976年宮崎県生まれ．早稲田大学卒，米ジョンズ・ホプキンス大学高等国際関係大学院（SAIS）修了（国際公共政策学修士）．専門は日米政治・外交安全保障，国際政治．

2000年朝日新聞入社．福井，長野総局，西部報道センター（北九州）を経て，2007年から政治部．首相官邸，自民党，民主党，防衛省，外務省を担当．2015～2016年米ハーバード大学日米関係プログラム客員研究員．2018～2022年アメリカ総局．国防総省，国務省，ホワイトハウスを担当．その間に2020年米大統領選を取材．2023年9月より政治部次長．

著書に『トランプ大統領のクーデター　米連邦議会襲撃事件の深層』(筑摩書房，2022年),『独裁と孤立　トランプのアメリカ・ファースト』(筑摩書房，2020年),『この国を揺るがす男　安倍晋三とは何者か』(共著，筑摩書房，2016年),『安倍政権の裏の顔 「攻防集団的自衛権」ドキュメント』(共著，講談社，2015年).

覇権国家《はけんこつか》アメリカ「対中強硬《たいちゆうきようこう》」の深淵《しんえん》

米中《べいちゆう》「新冷戦《しんれいせん》」構造《こうぞう》と高《たか》まる台湾有事《たいわんゆうじ》リスク

2024年3月30日　第1刷発行

著　者　園田耕司
発行者　宇都宮健太朗
発行所　朝日新聞出版
〒104-8011 東京都中央区築地5－3－2
電話 03-5541-8832（編集）
03-5540-7793（販売）
印刷製本　広研印刷株式会社

Published in Japan by Asahi Shimbun Publications Inc.
ISBN978-4-02-251973-3
定価はカバーに表示してあります。
落丁・乱丁の場合は弊社業務部（電話03-5540-7800）へご連絡ください。
送料弊社負担にてお取り替えいたします。